★ 旅 游 中 等 职 业 学 校 教 材

XINGTI XUNLIAN

形体训练

（第5版）

冯兆军◎主编

北京·旅游教育出版社

图书在版编目（CIP）数据

形体训练 / 冯兆军主编. -- 5版. -- 北京 : 旅游教育出版社, 2021.11

旅游中等职业学校教材

ISBN 978-7-5637-4322-3

Ⅰ. ①形… Ⅱ. ①冯… Ⅲ. ①形体－训练－中等专业学校－教材 Ⅳ. ①G831.3

中国版本图书馆CIP数据核字(2021)第219897号

旅游中等职业学校教材

形体训练

（第 5 版）

冯兆军　主编

责任编辑	陈凤玲
出版单位	旅游教育出版社
地　　址	北京市朝阳区定福庄南里 1 号
邮　　编	100024
发行电话	（010）65778403　65728372　65767462（传真）
本社网址	www.tepcb.com
E - mail	tepfx@163.com
排版单位	北京旅教文化传播有限公司
印刷单位	北京市泰锐印刷有限责任公司
经销单位	新华书店
开　　本	710 毫米 × 1000 毫米　1/16
印　　张	17.25
字　　数	234 千字
版　　次	2021 年 11 月第 5 版
印　　次	2021 年 11 月第 1 次印刷
定　　价	45.00 元

（图书如有装订差错请与发行部联系）

第 5 版修订说明

为了进一步贯彻教育部与国家旅游局的教育改革方案，满足旅游中等职业学校教学的新需要，我社组织专家学者编写了中等职业学校饭店服务与管理教材，并于 2002 年 1 月起陆续出版。

这套教材以教育部职业教育与成人教育司 2001 年颁布的“中等职业学校饭店服务与管理专业教学大纲”为依据编写，总结了我社多年出版旅游中等职业学校教材的经验，密切结合旅游中专教学实践，注意理论联系实际，在保证教材体系完整的前提下，注重学生实践能力、操作能力的培养；吸纳了当时国内外最新研究与实践成果，具有一定的前瞻性。

该套教材首批出版的《前厅服务与管理》《客房服务与管理》《餐饮服务与管理》《康乐服务与管理》和《形体训练》五本书，获得了良好的社会效益。随着旅游业的发展，旅游教学实践也发生了许多新的变化，为了使教材适应时代发展的需要，我们于 2021 年又对这套教材进行了修订。

《形体训练》一书由天津师范大学副教授、特级教师冯兆军担任主编，由天津体育学院副教授王延鹏担任副主编。参加编写的还有 (按姓氏笔画为序): 天津师范大学副教授王吉平、苏爱洁、金爱茹；南京旅游学校讲师徐新国。摄影图片制作：赵放、麦立勋。

《形体训练》第 2 版的修订工作由冯兆军老师负责组织，原各章节作者参与修订。

《形体训练》第 3 版的修订工作由冯兆军老师负责。

《形体训练》第 4 版的修订工作由冯兆军老师负责。第 4 版中增加当今学生最喜欢最流行最有效的锻炼内容。在第四章增加了第三节“美体瑜伽”，介绍了瑜伽的知识和练习注意的事项，并向学生推荐了相应的练习内容。

《形体训练》第5版的修订工作由冯兆军老师负责。第四章第三节“美体瑜伽”中更新了瑜伽热身练习姿势，并增加了大量的演示图片，以帮助学生更好练习。

书中存在的疏漏之处，恳请广大师生提出宝贵的意见和建议。

另外，这套教材在组织修订出版时，我社邀请了有关专家对大纲和书稿进行了审定，在教材的编写过程中，也曾得到许多单位和部门的支持，在此表示感谢。

旅游教育出版社

2021年10月

目　录

绪　论

- 你想有一个健康的体魄吗?
- 你想有一个姣好的身材吗?
- 你想有一个优美的姿态吗?
- 你想有一个理想的旅游职业岗位吗?
- 你想成为一名风度翩翩的现代成功人士吗?

这本《形体训练》会告诉你:
- 什么是形体训练?
- 关于形体训练的中西方文化观念有什么差异?
- 如何学习《形体训练》这门课?
- 如何成为一名快乐的现代旅游从业人士?

一、职业与形训

某五星级酒店正在招工面试。忐忑和不安不时地啃噬着每一个应聘者的心。结果公布了，有人欢喜雀跃，有人忧伤抱怨。正当欢喜雀跃的人们沉浸在喜悦之中，而无暇思索实现愿望原因的时候，忧伤抱怨的人们，却几乎异口同声地谴责酒店招工面试“以貌取人”。

在求职、招工过程中，“以貌取人”，虽然似乎有失公允，也近乎残酷，颇受人们的诟病，声名不佳，但是，毋庸置疑，它的确是一些行业，特别是酒店服务业的一条不言而喻的招工规则。

原本令人质疑的、不言而喻的“以貌取人”的这项招工规则，在就业形势比较严峻的情况下，丝毫不见收敛，反而，被越来越多的求职群体默默地接受。越来越多的求职者越来越注重求职前自己的形象设计，甚至出现了求职人员组团整容的现象。

就像自然界没有两片完全相同的叶子一样，人类社会中也没有两个相貌完全一样的人。应该说，每个不同相貌的人，都有各自的相貌魅力。但是，酒店出于经营的考虑，还是人为地规定了若干项相貌姣好的标准。

相貌，即面貌和形象。广义的相貌不仅仅包括身高、体重、姿容、五官、发型等外在的形象，还包括表情、气质和修养等内在的条件。越是高星级的酒店，越关注后者。

相貌，或者面目、身材、体形，甚至姿容，既然来自遗传，每一个求职者，真的是后天就无所作为了吗？

如果规避极端的手段，可不可以通过轻松、愉快的后天训练，改变或者矫正自己不良的体形、体态，塑造自己优美的形体呢？

于是，形体训练应运而生。

形体训练，作为一门课程，是20世纪晚期才进入旅游学校课堂的。形体训练这门课，无论与基础性的文化课还是与职业性的专业课相比，都是一门尚待开发建设和逐步完善的年轻课程。但是，这门年轻课程一经设置，便为旅游专业教育的发展做出了令人瞩目的学科贡献，受到旅游专业学校学生的青睐和欢迎。

一门新辟课程，在情感上赢得学生的倾慕，在理论上也得到教育实践的支持，确实发人深省。除去任课教师的个人魅力——当然这种魅力也是基于该课程为教师提供了展示才华的空间——之外，准确定位，也是该课程获得成功的重要原因。

二、形训与生活

形体训练的出现，不仅有其现实需要，同时，也有其历史传承。

关于形体训练的产生，目前，大约有几种说法：一种观点认为形体训练起源于芭蕾舞、各种民族舞蹈和体操的基本功训练；还有一种观点认为，形体训练是在职业生活中，应职业行为强化规范的需要而出现的。

形体训练，如果从更宽泛的角度而论，它不过是人的肢体活动的强化和规范，而肢体活动应该是伴随着人类的生命活动、身体活动开始的。

人类早期或者原始的肢体活动，主要是生命的生存活动。从形式上划分，包括人们个体的独立活动、家庭的交往活动和社会的交际活动。从内容上划分，有生理的活动和心理的活动，有物质的活动和精神的活动，还有世俗的活动和宗教的活动。

生产中的肢体活动作为人类最基本的肢体活动，有鲜明的功利性，因而很实用，虽然显得很原始，很粗糙，但是，它是基础性的。它的基础性不仅仅体现在物质财富的创造方面，也不仅仅体现在人类赖以生存和发展的基本能力方面、维系人类繁衍的基本条件方面，更重要的它是人类一切精神文化方面肢体活动的源泉，为人类更高雅的、更健康的、更科学的、更愉悦的活动提供了升华的条件，奠定了基础。

例如，人们劳动之余，为了表达庆祝获得生产劳动成果的喜悦，宣泄生产劳动的情感，抒发群体协调合作的愉快心情，而情不自禁地手舞足蹈起来。由此推断，人类原始的情绪宣泄，总是与明显的功利性、生产性联系在一起的；人类原始的情绪宣泄，总是与自发的、自主的肢体活动联系在一起的。应该说，这种原始的、带有情绪性的肢体活动，就是原始的"舞蹈"，最古老的形体训练的雏形。

几乎与此同时，正是这种原始的、表现为生产活动的徒手模仿的肢体活动"舞蹈"，也就是形体训练的雏形，进而可能演变成为一种对超自然力量的敬畏和崇拜，即原始宗教仪式。人们在原始宗教仪式中的舞蹈或者形体训练，表达了人们对未来美好生活的企盼、憧憬和向往。

大自然孕育了人类。我们看到，一方面人类依赖大自然，另一方面人类生活也丰富了大自然。就像婴儿依恋着母亲一样，既享受襁褓中的安逸，又不时地力图挣脱襁褓中的束缚。人类要不断成长，这种成长就鲜明地表现在对自然的"反叛""异化"和"超越"上。与上述意识情感相适应，人们下意识的、情绪宣泄性的、宗教崇拜性的肢体活动开始演变成有意识的、个体性的、艺术性的强身健体的规定动作。

三、修身与形训

中国自古就有重视形体训练的传统。

《礼记·大学》中曾经提道："自天子以至庶人，一是皆以修身为本。"这句话的意思是说：无论上至国家的最高领导者——天子，还是处于社会底层的普通老百姓，修身是作为一个人在社会中立足的根本。修，是修饰、整饬和培养的意思。身，有身体，自我，自己的品德、仪容和行为的含义。修身，就是整肃自己的仪容，就是训练自己美好的形体，就是培养自己良好的品德，就是整饬规范自己的行为。

可见，在中国传统文化中，虽然，“修身”不能等同于今天的“形体训练”，但是，“修身”确实隐含着“形体”及“训练”的内容。而在这项内容中，鲜明地体现着中国文化的特征。

特征之一是“形体”及“训练”的普及性。“自天子以至庶人”，就是要求社会各阶层都要“修身”，无一例外。

特征之二是“形体”及“训练”的职业性。“天子”“庶民”都是人的身份，身份是个体的人在社会中享有的权利、承担的义务。这身份中必然涵盖谋生的成分，那就是职业。

特征之三是“形体”及“训练”的深刻性。“一是皆以修身为本”，本，就是起点、基础、根本。

特征之四是“形体”及“训练”的内外兼修性。“修身”要求坚持形体、体态、仪容、仪表等外在的修饰与品德、仁义等内在涵养并重的原则。形体训练的理念决定了形体训练的方式和程式，决定了形体训练肢体动作的样式类型。

四、体操、芭蕾与形训

西方的运动和舞蹈，是以古希腊、古雅典、古奥林匹克运动为起点的。19 世纪以瑞典为代表的西方运动学理论形成。该理论对解剖学、生理学进行了深入的研究，指出体操必须符合人体生理规律，必须能使身体得到协调、均衡的发展。其中，瑞典体操体系将体操分为教育体操（以身体各部位自然、协调发展为目的）、兵士体操（以熟练使用武器、对付敌人为目的）、医疗体操（以矫正身体偏缺，促使身体均衡发展为目的）、健美体操（以表现人的思想感情为目的）四大类，主要特点是强调身体各部位及身心的协调发展，其形式分为徒手和器械两大部分。从 19 世纪中叶开始，瑞典体操在世界各地广为流传。1900~1903 年，瑞典体操从美国传入日本，不久又传入中国。

芭蕾艺术孕育于意大利，诞生于 17 世纪后期路易十四的法国宫廷，18 世纪在法国日臻完美，到 19 世纪末期，在俄罗斯进入最繁荣的时期。芭蕾在近四百年的长期历史发展过程中，对世界各国影响很大，流传极广，至今已成为世界各国都努力发展的一种艺术形式。

西方的“形体”及“训练”的特征之一是注重人体美。它不像中国那样，将修身紧紧与家庭、伦理生活联系在一起，与仁、义等礼仪行为联系在一起，而是注重人体各部位的比例的协调，注重人在动态或者静态时体态和姿态是否优美。

特征之二是强调人的骨骼和肌肉的生理机能的训练。它不像中国那样，形体、修身必须切合个人的身份、角色，而是进行各种力量训练、速率训练、柔韧性训练、协调性训练等，并将这些训练确定为形体训练的重要内容和项目。

特征之三是追求科学化。它不像中国那样模糊地、整体地、天人合一地看待运动，而是将这种运动分割，分别进行局部的量化研究。训练时，严格遵循生理学、解剖学、医学、美学、心理学和伦理学等科学理论；从形式和手段方面看，训练采用量化标准，使用各种器械，编排有趣味的节奏运动，从而调动训练的兴趣，使参与者个体最大限度地释放自己的情感。

五、时尚的形训

今天我们看到的这本《形体训练》，就是基于对中国传统修身文化合理继承的同时，借鉴了西方科学的形体训练理论和技巧，而为旅游行业职业中等教育学校编写的形体训练课程教材。

本书第一章和第二章是基础知识和基本理论部分；第三、四、五、六、七章是基本训练部分和基本技能部分；第八章是选修部分。这三部分的逻辑关系是：第一部分旨在明确课程定位，使学习者了解形体训练在旅游专业课程体系中的地位和价值，初步掌握形体训练的基础知识和基本理论，在正确、科学的理论指导下，进行科学的训练。第二部分是形体训练课的重点部分，目的在于通过这部分的训练，使学习者达到形体训练课的目标要求。第三部分是素质提高部分，或称为选修部分，力图通过这部分的讲授和实践，提升学习者的职业形象。总体上，第一部分以讲、读为主；第二、三部分以训练为主，通过讲练结合、以练为主的教学方法，培养学习者的创造能力和实践能力。

形体训练课是训练课，要学习好这门课程，就要遵循训练课的学习规律。

首先，形体训练要科学化。科学化的训练，以科学理论为指导，从自身的生理、心理、体能、体型、体力的实际出发，循序渐进，持之以恒。不攀比，不盲从，不追风，不揠苗助长，不东施效颦。科学化的训练也提倡勤于思考。无数事实证明，锻炼动手能力可以促进头脑的进化和发达。因此，要十分重视训练中的科学思想、科学知识和科学方法。

其次，形体训练生活化，即形体训练只是将生活中的姿态美化、规范化、艺术化，但不是抽象化、绝对化。形体训练的姿态，需要来源于生活，服务于生活。它不仅不能与生活对立，不能与生活抗衡，相反，从生活中提炼出来的优美的形体训练姿态，将会提高生活的品位，提升生活的质量。形体训练生活化，还主张形体训练的过程和结果都要突破课堂的空间，主动自觉地在生活中坚持运用，形成风气，培养整体美。

最后，形体训练还应职业化。旅游业属服务行业，服务的结果是无形的产品，这种无形产品的消费过程形成的情感穿透性和记忆性，是漫长而恒久的。因此，旅游职业学校形体训练要从旅游职业的特点和要求出发，突出职业定位，突出岗位特点，突出服务优势，突出针对性和个性化的特点。

“不愤不启，不悱不发。”兴趣生发动力，勤奋造就人才。在训练中塑造自己，熔炼职业形象，塑造高尚而健美的旅游职业群体形象，是形体训练课所企盼的理想。

思考与练习

1. 什么是形体训练和形体训练课？
2. 旅游专业的学生，为什么要进行形体训练？
3. 东西方关于形体训练的要求有什么不同？你怎样认识？
4. 你将怎样学习形体训练这门课？

第一章　形体训练的基础知识

教学目标

通过本章的学习，要求学生掌握以下内容：

- 初步了解形体训练概念及功能的一般含义
- 初步认识旅游中等专业学校形体训练的目的、任务及要求，增强学习的使命感
- 掌握青少年身心发展的基本特征，以及体型标准和自测的方法
- 懂得科学的训练原则和方法，从思想上做好形体训练的准备

第一节　形体训练及其目的、任务和要求

一、形体训练

形体训练，是以人体科学理论为基础，通过各种身体练习以增进健康、增强体质、塑造体型、训练仪态、陶冶情操，它是一个有目的、有计划、有组织的教育过程。

形体训练，是一门塑造人体美的科学，它以强身健体、美化体型、端正姿态的独到效果，赢得了社会公众的喜爱。它把音乐、舞蹈、体育融为一体，创造了一种既能锻炼身体，又能塑造形体；既能陶冶情操，又能进行艺术创造；既健身又健心又健美的综合身体活动，最终达到全方位美的效果。

健美的含义有二：一要健康，也就是说，人的各器官系统发育良好，功能正常，体格健壮，精力充沛，有适应自然环境和抵御疾病的能力；二要符合人体美的标准，即骨骼发育正常，五官端正，肌肉丰满，体形匀称，仪态优美，举止稳健，肤色健康及动作协调、灵敏、准确等。坚持开展科学的形体训练，是实现健美的重要途径之一。

二、形体训练的目的

根据旅游中等专业学校的培养目标和饭店工作需要，形体训练的目的：使学生掌握形体训练的基本方法，塑造学生优美的体型和仪态，提高学生鉴赏、表现、创造形体美的能力，培养学生良好的职业素养，为今后从事饭店工作奠定良好的形体基础和相关知识基础。

三、形体训练的任务

1. 全面锻炼学生身体，增强体质

中等专业学校的学生，处在青春发育时期，是从少年向成人过渡的阶段，身体体形尚未定型。通过全面的身体练习给予各器官、各系统一定强度和运动量的刺激，可以使身体在生理机能等方面产生一系列适应性反应。另外，系统的形体训练可以发展力量、耐力、灵敏、柔韧等基本身体素质，提高人体支配自己活动的能力。健康的体质和良好的身体素质，是每位学生从事职业服务工作必须具备的条件。

2. 塑造健美的体型和优雅的姿态

青春期，不仅是身体生长发育的阶段，而且是塑造优美形体的最佳时期。在这个时期，科学地安排训练的内容不仅可以改变形体的原始状态，还可以培养坐、立、行等正确的姿态和高雅的气质。体型美、姿态美、动作美对于从事饭店服务的工作人员来说尤为重要。若是每位服务人员都能够具有适应所从事工作的形体和姿态，不但能提高工作效率，而且能为客人营造一个动态美的环境，使服务质量得到提高。因此，塑造健美的体型和优雅的姿态是形体训练的重要任务之一。

3. 培养正确的审美意识，陶冶美的情操

形体训练，以自己丰富的内容和独特的形式，培养着学生的正确审美观。优美、欢快的音乐，丰富多彩的动作，矫健匀称的体型，五颜六色的服装，构成了一幅美的图画。学生在形体练习中不仅心情愉快，精神上得到满足，而且可以使他们懂得什么是美的动作、美的仪表、美的心灵，提高对美的感受、鉴赏、表现和创造的能力。

4. 培养奋发向上、拼搏进取的集体主义精神，磨炼刻苦、顽强、坚毅等意志品质

形体训练中的课堂练习任务，不经过努力是无法完成的，它需要学生的刻苦、顽强、坚毅。在集体练习中，需要学生团结、协作、守纪。正是在那些改变形体的一定强度的练习和提高姿态的控制力的训练中，在教师有秩序的指挥和严格要求下，这些优良的思想品质得以逐步形成。因此，形体训练是当代青年人实现全面发展的有效方法之一。

四、形体训练的要求

1. 明确形体训练的目的，提高自觉性和积极性

要不断提高对形体训练重要意义的认识，把训练的目的与职业需要紧密联系起来，与树立正确的人生观联系起来。只有对形体素质在现代生活中和饭店服务业中的地位有比较深刻的认识，才能把形体训练当作学习、生活的自觉需要，激发训练的主动性和积极性。形体训练是一个自我锻炼、自我完善的过程，其中需要克服自身的惰性，战胜各种困难，才能达到预想的结果。同时，还要有一定的作息制度来保证。只有把形体训练当作生活中不可缺少的一部分时，才能获得愉悦的情感体验。有的人虽然也希望自己有健美的体型，但常常是“三天打鱼，两天晒网”，不坚持锻炼，还有的身顺心违，这样很难取得应有的效果。有了兴趣，就会表现出极大的主动性和自觉性，做到身心统一。长期检测训练效果，通过信息反馈，使自己经常看到训练后体型改善的结果和进步，增强自信心，这将有助于不断巩固和提高锻炼的积极性。

2. 掌握形体训练基础知识、基本技术和基本技能，提高训练的科学性和实效性

重视学习形体训练的理论知识，了解学生形体训练的心理和生理特征、体型的标准和测量方法、科学的训练原则，以及人体运动生理基础知识。

掌握形体训练的基本方法、动作的技术规格，科学合理地安排训练内容、训练计划、训练负荷，将会提高形体训练的实效性，促进形体改善。

3. 形体训练要紧密与日常生活、学习、工作行为相结合

形体训练塑造了健美的体型和优雅的姿态，应该表现在学生日常的学习生活的行为中，“坐有坐相”“站有站相”“走有走相”，坐得端庄，站得挺拔，走得优雅。但是，我们发现许多学生在训练时与日常的生活中有较大的差别，判若两人。当我们的训练还没有达到动作定型的阶段时，需要的是人的约束力和自控力。要有意识地要求自己姿势正确，姿态优美，时时提醒自己不做不文雅的动作。为此，在形体训练的课堂上，不仅要完成课上的练习，还要布置课后的作业。这个作业不是书面上的，而是对课下的实际行为的检查。这是其一。其二，学校要开展“日常行为举止”评比活动，评选班级和个人之星。其三，建立学生之间、师生之间互促互帮互查制度，形成“学以致用”的良好学习风气。为实现形体训练的目的，为更好地完成形体训练的任务，为培养饭店服务业的优秀合格人才而努力。

第二节　青少年形体训练的心理特征

形体训练，既是身体活动，又是心理活动。形体训练与心理健康之间，是一种相互作用、相互制约的关系，心理健康对于个体学习和掌握动作技能，提高训练效果和培养坚持锻炼的毅力具有重要的作用；反过来，形体训练也有助于增进个体的心理健康。

一、心理健康

健康不仅是人们的生活需要，而且也是建设物质文明和精神文明的基础，健康还是国富民强的重要标志之一。一个人怎样才算得上健康呢？现代医学的研究表明，人体无疾病并不等于健康。世界卫生组织将“健康”定义为：不但没有身体的缺陷和疾病，还要有良好的生理、心理状态和社会适应能力。可见，只讲生理或躯体健康是不够的，应该既注意生理健康，又注意心理健康，同时还要增强人的社会适应能力。

国外学者对心理健康的解释有多种。美国心理学家英格里士认为：“心理健康是指一种持续的心理状况，当事者在这种状况下能得到良好的适应，具有生命力，而且能充分发挥身心的潜能，这乃是一种积极的丰富的状况，不仅是免于心理疾病而已。”日本体育心理学家松田岩男指出：“心理健康是以预防心理疾病和各种不健康心理状态，以及维护和增进心理健康为目的的实践和理论。”

由于学者们对心理健康所下的定义不同，因此，他们确定的心理健康标准也迥然不一。我国医学家傅连暲将心理健康标准规定为：精力充沛，能经常保持清醒的头脑，全神贯注，思想集中，工作和学习都能保持较高的效率，以及意志坚强、情绪正常和精神愉快。

著名的美国心理学家马斯洛和米特尔曼认为，心理健康的标准包括以下十个方面：

（1）有充分的安全感；

（2）充分了解自己，并能对自己的能力做出恰当的评价；

（3）生活目标、理想的确定切合实际；

（4）与现实环境保持接触；

（5）能保持个性的完整和和谐；

（6）具有从经验中学习的能力；

（7）能保持良好的人际关系；

（8）适度的情绪控制和表达；

（9）在不违背集体利益的前提下，有限度地发展个性；

（10）在不违背道德规范的情况下，适当地满足个人的基本需要。

尽管学者们所定的心理健康的标准不一，但基本观点是一致的。我们认为，心理健康的人应智力正常，有充沛的精力和稳定的情绪状态，对自己能做出恰当的评价，并能保持良好的人际关系。

二、心理健康对形体训练的作用

种种事实表明，在形体训练中，学生在身体素质、技术水平和训练条件等方面的差距愈来愈小，形体训练的有效性愈来愈取决于他们的心理健康水平。换言之，心理健康水平高的学生更易掌握动作技能，更易从形体训练中获得乐趣，也更易持之以恒地参加形体训练。

1. 智力对形体训练的作用

人的智力和身体活动之间有复杂的关系。在婴幼儿身上可以发现，智力的发展与身体活动之间存在着较高程度的相关。其原因之一是智力的发展与身体活动的发展尚未明显地分化，智力的强弱直接影响着身体活动的强弱。智力发展明显落后的婴儿，身体活动能力的发展也明显迟滞。

然而，随着年龄的增长，智力的发展与身体活动能力的发展逐渐分化开来，它们之间的关系变得不明显了。这时智力与身体活动能力之间的相关度很低，但是，智力的发展与身体活动能力的发展不是毫无关系的。研究表明，智商在 75 分以下的低能儿童的身体活动能力比同龄正常儿童低得多；一个智力落后的 14 岁少年立卧撑的成绩只等于一个 7 岁正常儿童的成绩，纵跳和平衡的成绩仅仅稍优于 7 岁的正常儿童，但与 12 岁的正常儿童相比，却有很大的差距。

此外，形体训练要求练习者有敏锐的观察能力、精确的记忆能力、丰富的想象能力以及快速反应的思维能力。这些都是智力成分。这表明个体的智力对形体训练起着重要的作用。

2. 情绪对形体训练的作用

情绪对形体训练影响很大。心理学的研究表明，良好的情绪可以明显地提高人的活动能力，起着“增力”作用，使人精神焕发，干劲倍增，积极主动，并坚韧不拔地坚持下去；不良的情绪起着“减力”作用，使人精神不振，心灰意冷，做事无精打采。

在形体训练的学习过程中，如果情绪不稳定，自控能力很差，心慌意乱、忧心忡忡，就很难掌握好新动作，也很难在表演中发挥自己应有的水平。相反，倘若情绪稳定，并以饱满的精神投入到训练中去，就能取得好的学习效果。

3. 意志对形体训练的作用

形体训练能够培养坚强的意志品质，同样，坚强的意志品质对于掌握动作、提高形体训练的效果都有重要的作用，主要表现在以下几个方面：

（1）肌肉紧张时的意志努力

在形体训练中，肌肉紧张程度超过日常生活中的紧张程度，并且还需要在不同困难、条件和情景下完成各种动作，这就要求通过意志努力使肌肉的紧张程度达到动作需要的水平。

（2）注意力集中时的意志努力

在形体训练中，听教师讲解、看教师示范以及练习动作时都需要注意力高度集中，而注意力高度集中本身就需要意志努力。在体育锻炼过程中常常还会受到外部刺激和内部刺激的干扰，只有通过意志努力才能克服不良刺激的影响。

（3）面临危险时的意志努力

有些动作完成起来有一定的难度，经常会使学生在练习中产生畏惧和恐慌心理，要克服这些消极心理需要一定的意志努力。

（4）克服疲劳和运动损伤时的意志努力

从事长时间的肌肉活动，常常会感到肌肉酸痛，身体疲乏，此外还可能导致不同程度的运动损伤。意志坚强者能够克服由于疲劳和运动损伤而产生的消极情绪，并坚持参加形体训练。

4. 人际关系对形体训练的作用

人际关系和谐的学生能更好地掌握动作技能，这是因为：首先，这些学生既能得到老师更多的指导，也能得到其他同学的帮助；其次，这些学生在学习过程中能与其他同学友好相处，相互合作，能体验到良好的课堂团体心理氛围，因而，他们的心情舒畅，能享受到训练的学习乐趣，积极性也就随之提高。

三、形体训练对心理健康的影响

研究和实践表明，形体训练有助于人的心理健康，可以提高心理满足感和生活质量。形体训练对心理健康的影响主要表现在以下几个方面：

1. 振奋精神

心境很差、精神不振的人常常从形体训练中获益。这是因为人在活动过程中，各种感觉信息输入机体内而引起唤醒水平的提高，继而精神振奋。一般来说，在一个舒适愉快的情景中散步，只能产生放松效果，不能提高唤醒水平，只有身体活动达到一定的运动量时才能导致唤醒水平的提高。因而，在学习和生活中，当我们碰到困难和挫折而产生烦恼和压抑情绪时，就可以通过形体训练摆脱烦恼，振奋精神。

2. 降低焦虑反应

形体训练可以降低焦虑反应，这是因为形体训练可以降低肾上腺素能受体的数目或敏感性。此外，由于经常从事运动降低了心率和血压，从而减轻了特定的应激源对生理的影响。形体训练可以锻炼人的意志，增强人的心理坚韧性。学生常常因为名目繁多的考试而产生持续的焦虑反应，经常参加运动可使焦虑反应降低。

3. 提高智力水平

经常参加形体训练可以提高智力水平，不仅可以使学生的注意力、记忆力、反应速度以及思维和想象等能力得到提高，还可使人情绪稳定、性格开朗、疲劳感下降等。这些非智力成分对人的智力功能具有促进作用。

4. 建立良好的自我概念

所谓自我概念，是指一个人对自己的身体、思想和情感等的整体评价，它是由许许多多的自我认识所组成的，包括我是什么人、我主张什么、我喜欢什么等。经常坚持进行形体训练可使体型优美，体格强健，精力充沛，因此，形体训练对于改善人的自我概念的作用是毋庸置疑的。人的身体的自我概念是人的自我概念的重要组成部分，主要包括个人对自己能力的评价，对自己身体外貌（吸引力）的评价，对自己身体的抵抗力和健康状况的评价。研究表明，经常参加运动的学生比不经常参加运动的学生对自己的评价更为积极。建立一个良好的身体自我概念，将有助于提升对自我价值的认知，增强自尊心。

5. 培养坚强的意志品质

意志品质，指一个人的果断性、坚韧性、自制力以及勇敢顽强和主动独立等精神。意志品质在克服困难的过程中表现出来，又在克服困难的过程中培养起来。形体训练中要不断克服客观困难（如气候条件的变化、动作的难度或意外的障碍等）和主观困难（如胆怯和畏惧心理、疲劳和运动损伤等），学生越能努力克服主、客观方面的困难，也就越能培养良好的意志品质。这种坚强的意志品质能够使日常的学习、生活和工作受益。

6. 消除疲劳

疲劳，是一种综合性症状，与人的生理和心理因素有关。当一个人的情绪消极或任务超出个人的能力时，生理上和心理上都会很快地产生疲劳。如果形体训练时保持良好的情绪状态和中等强度的运动量，就能减轻疲劳。学生持续、紧张的学习极易造成身心疲劳和神经衰弱，形体训练可以使他们的身心得到放松。

7. 增加社会联系

随着社会的发展以及生活节奏的加快，人与人之间的社会联系越来越少。形体训练是一种增加人与人之间相互接触的好形式。通过与他人的接触，也可以忘却烦恼与痛苦，消除孤独感。

一系列的研究表明，增加与社会的联系会带来心理上的益处。从社会联系中，女性比男性在心理上受益更多。性格内向的人需要更多地从事身体运动，以增加与他人联系的机会。不难看出，形体训练对于消除学生的孤独感和人际关系的障碍具有显著的作用。

第三节　青少年训练的生理特征

形体训练是一门科学，是专门改善人体形状和质量的特有的运动项目。它通过徒手和器械的练习，锻炼身体，塑造体型，是增强青少年体质、促进青少年身体全面发展的积极手段。要使学生在形体训练中收到预期的效果，必须要了解青少年在形体训练中的生理机能，了解运动对身体健康的重要作用。实践证明，科学地从事形体训练，可以对中枢神经和内分泌系统产生良好的刺激，促进人体新陈代谢，改善血液循环和呼吸功能，延缓有机体适应能力的降低，推迟生物体各组织器官结构、功能发生逆向性变化。从而使学生树立“生命在于运动”“健美在于锻炼”的决心和信心。

一、形体训练能促进身体正常发育，使青少年个子长高

青少年正处在生长发育的旺盛阶段，有着很多与成年人不同的生理特点，在进行形体训练时必须充分注意这些特点。

1. 生长发育的概念

生长和发育，是个体成长过程中相互联系的两个方面。生长，是指细胞的繁殖及细胞质增加的结果，表现为身体的大小、长短、轻重的增加，如身体体重等变化；而发育，则比较复杂，包括形态的改变与机能的完善。生长与发育两者是紧密联系的。

青少年的生长是由量变到质变的复杂过程。他们不仅身高、体重等不断增加，而且器官也在逐渐分化，机能也逐渐成熟。

2. 生长发育的一般规律

人的一生可以分成九个时期：胎儿期、婴儿期（出生至 1 周岁）、幼儿前期（1~3 岁）、幼儿期（3~6 岁）、儿童期（6~12 岁）、青春发育期（12~17 岁）、青年期（17~25 岁）、成年期和老年期。中专生正处在青春发育期和青年期，这个时期是生长发育至关重要的阶段。

人体的生长发育并不是直线上升的，而是波浪式的，时快时慢。以身高、体重为例，从胎儿到成熟时期有两次生长较快的阶段，称突增期或生长发育的两次高峰期。一次是由胎儿时期开始至出生后第一年内，称为第一次高峰。

出生后第二年就比第一年生长速度略降，当然这时增长绝对值仍较快，但比第一年已有所下降。以后增长速度继续下降，保持一个相对平稳的增长速度。至青春发育期，生长发育速度又出现一个突增，称第二次高峰期（见表 1-1），以后增长速度又减慢，直至发育成熟。

表 1-1　身高、体重的增长速度

生长发育时期	身高增长速度（每年增长厘米）	体重增长速度（每年增长千克）
出生后第一年	20~25	6~7
第二年	10	2.5~3.5
第三年	8	2
以后每年	4~6	1.5~2
青春发育期	7~8（有时 10~12）	5~6（有时 8~10）

3. 形体训练对促进青少年生长发育的重要作用

生长发育水平的高低，受多种因素的影响，如种族、遗传等，后天生活环境、气候、营养、疾病等因素也都可以影响生长发育。而形体训练则是能给生长发育以积极影响的一个重要因素。

身高的增长，主要是由于四肢发育不断加长。在四肢发育的骨干与骨骺（hóu，指长骨两端膨大的部分）之间，青少年时期有一层骺软骨，这层软骨不断变成硬骨，又不断生成新的软骨，这样，骨头就不断加长，青少年时期这个生长过程十分旺盛，一般要到 20~25 岁，骺软骨才完全骨化形成一条骨骺线，那时骨就不再加长。在骨头生长的旺盛时期，合理的运动能促进血液循环，增加对骨的血液供应，而这些血液中带有大量的氧气和养料，从而可以加速造骨过程，使得骨骼的生长速度加快。同时，跑跳等活动可使骺软骨不断地受到挤压和摩擦，加速骨细胞分裂和骨化，下肢骨就长得长。因此，加强形体训练能促进青少年个子长高。

二、形体训练能改善神经系统的功能，促进智力发展

神经系统是由脑、脊髓和周围神经组成的。它是人的生命活动的主要调节机构，机体各系统的正常生理活动都是在神经系统的统一支配下进行的。当神经系统，特别是中枢神经（脑和脊髓）系统的正常功能受到破坏时，整

个机体的兴奋、抑制过程失去平衡，人就会发生疾病。

形体训练动作具有连续、协调、快速等特点，训练注重在规定时间内完成动作的数量和质量。当人体处于运动状态时，中枢神经将随时随地迅速动员各器官及系统机能，使之协调配合骨髓、肌肉的工作需要。因此，经常参加形体训练，能使神经活动过程的强度得到提高，使人长期保持旺盛的精力。除此之外，对致病因素的抵抗力和外界各种刺激的适应力，也都有明显的增强。

良好的身体素质是促进智力发展的物质基础。因为智力的发展、知识的获得，所依赖的是思维器官，即脑或神经中枢。体质的强弱与脑的发育关系十分密切。在活动中，视觉、听觉、触觉、运动觉等各种感觉器官，都能得到训练，不断提高脑中枢传导速度，从而使思维敏捷，记忆力增强，提高智力水平。

此外，运动能使大脑的调节功能、反应速度得到提高。譬如，较长时间地看书学习，会使人感到头昏，注意力不易集中，思考问题变得迟钝，这时只要活动一下身体，做一下形体操，再去看书学习，就觉得头脑特别清醒。这是因为大脑是由许许多多不同形态、不同功能的神经组成的，这些神经在大脑皮层，大脑皮层命令视神经及有关看书学习的神经进行工作，而另一些神经细胞则处于休息状态。看书学习时间长了，有关神经就会产生疲劳而引起一系列反应。当参加运动时，运动神经开始工作，主管看书学习的神经得到了休息。因此，运动起到调节神经的作用。另外，运动加速心跳，进而促进血液循环，使单位时间内流过大脑的血量增多，脑细胞就可以得到更多的氧气和养料。这样不但加快神经疲劳的消除，而且大大地提高了大脑的质量，增加了皮层的厚度。更主要的是，运动能使脑子里的化学物质脑啡肽和内啡肽释放出来，参加到代谢中去，起到提高理解能力、思维能力和记忆力的作用。

三、形体训练能改善心血管系统的功能

形体训练对人体各器官都有良好的作用，对心血管系统更是如此。青少年时期心脏的发育进入了第二次高峰期，经常参加训练运动的人，心肌常常处在激烈收缩状态，肌纤维逐渐增粗，心房及心室壁增厚，心脏体积增大，血容量增大（由一般人的 700 克左右增加到 1000 克左右），心跳频率可减少

到每分钟60次左右（安静状态），每搏输出量可达100毫升左右，大大减轻了心脏的工作负荷，使心脏永葆青春。

青少年时期也是数亿肺泡渐趋成熟及迅速发展的时期，运动能使肺泡充分张开，对肺泡的生长发育及弹性的维持都十分有益，可以加大肺活量。

形体训练运动，对血管的作用也是很显著的，它能消耗血管壁周围多余的脂肪，使血管壁富有弹性，口径增大，血流量增加，进而使心脏得到充分的氧气和营养物质，起到积极预防冠心病的作用。

四、形体训练能矫正骨骼的形态

青少年的骨骼中软骨成分较多，骨组织的水分和有机物质（骨胶原）多，无机盐（磷酸钙、碳酸钙）少，骨密度较差。骨富有弹性而坚固性不足，骨的形态结构易随着人体内外环境的变化而改变。日常生活中不正确的站、走、坐姿势，易导致“O”形腿、弓背、扣肩等现象，而这些现象对形体美都有直接的影响。

经常接受训练，能使不良骨形在训练动作的压力和拉力作用下，向正确方向发展，矫正骨形，健美身材。长期坚持形体训练，还有利于增强骨的抗折、抗压和抗扭能力。

五、形体训练能使肌肉丰满结实

肌肉是构成人体外表轮廓的重要因素。一个人身上的肌肉不丰满，没有力度感，是谈不上线条美的。要使全身肌肉丰满、结实、匀称，只有积极参加形体训练。

在形体训练中，可使肌肉中的毛细血管大量开放，其开放的数量可达安静状态时的20~50倍，此时肌肉可获得比平时多得多的氧气及养料，增加肌肉的血液供应量，促进肌肉的生长。此外，运动还使肌肉组织的化学成分发生变化，例如，可使肌肉中的肌糖原、肌球蛋白、肌动蛋白和肌红蛋白等含量增加，使肌纤维内线粒体的大小和数量成倍增加。

由于形体训练对肌肉产生的特殊作用，肌纤维变粗，肌肉丰满结实，这样人体线条也就更美了。

第四节　青少年体型标准和测量方法

一、青少年体型标准

青少年健美体型的标准，可以参考以下几个参数来衡量。

1. 身高指数

由身高（厘米）减体重（千克）而获得。我国男青年身高指数应为 109 左右，女青年应为 104 左右。

2. 体重指数

由体重（克）除以身高（厘米）而获得。通常情况是，我国男青年应为 348 克 / 厘米左右，女青年应为 335 克 / 厘米左右。若男青年超过 450 克 / 厘米，女青年超过 420 克 / 厘米，则表示偏肥胖；男、女青年低于 300 克 / 厘米，则表示瘦弱。

3. 胸围指数

由胸围（厘米）减去身高（厘米）的 1/2 而获得。男女青年胸围指数大于 1 者，说明胸廓和胸部发育良好；反之，则说明胸廓和胸部肌肉发育较差。

4. 肩宽指数

应相当于身高的 1/4。

5. 腿长指数

应相当于身高的 1/2。

男、女青年健美体型体围标准可以参考表 1–2，表 1–3。

表 1–2　男青年健美体围标准

身高（厘米）	体重（千克）	胸围（厘米）	腰围（厘米）
169~171	63	100	69
171~174	65	100	70
174~177	67	102	77

表 1–3　女青年健美体围标准

身高（厘米）	体重（千克）	臀围（厘米）	腰围（厘米）
161~163	51.5	89	60
163~166	53	90	60
166~169	54.5	90	61
169~171	56	92	61

二、青少年体型测量方法

在开始进行形体训练之前，应首先测量一下自己的体型。通过体型测量，了解身体发育状况和体型特点，并可及时发现身体某方面的不足或畸形缺陷，使锻炼更有针对性。也可将形体训练前后测量的数据相对照，来评定锻炼的效果及掌握身体的发展变化情况。这对青少年更为重要。正确掌握测量体型的方法是十分必要的。

1. 脂肪厚度的测量

检查时被测者直立，两臂自然下垂；测量者在其肩胛骨下角 5 厘米处，将其皮肤和皮下脂肪与脊柱成 45 度角捏起，用卡尺量得一数值，该数值即为脂肪厚度。一般正常人的脂肪厚度为 0.5~0.8 厘米，超过这个数值说明脂肪过多；反之，说明脂肪过少。对同样体重的人检测脂肪厚度，可确定到底是肥胖型还是肌肉型。

2. 体重的测量

体重是身体发育状况的基本指标。测量时被测者需穿背心短裤，赤足平稳地站在体重计上。测量的误差不得超过 0.5 千克，在清晨空腹和饭后，测量的重量均不准确。所以体重测量应在相同时间、相同的条件，用统一方法进行，以减少误差。

3. 身高的测量

身高是反映骨骼发育情况的主要指标。测量时被测者不得穿鞋，足跟、足底部和两肩胛骨中间部位与身长计的立柱紧贴，两臂自然下垂，眼睛平视。测量误差不超过 0.5 厘米。人的身高一般在早晨较高，晚上较低，早晚相差 2 厘米左右。这是因为经过一天的活动和身体重力的压迫，足弓变浅，椎体间隙变小，椎间盘变薄，脊柱也会弯曲一些。而经过一夜的休息，早晨身高又复原了。所以，身高的测量也应在相同时间、相同条件，用统一方法进行，以减少误差。

4. 胸围的测量

胸的围度，反映胸廓的大小和胸部肌肉发育的情况，是身体发育状况的重要指标。

测量时，被测者身体直立，两臂自然下垂，测量者将皮尺水平放在被测者两肩胛骨下角，前方放在第四肋骨与胸骨连接处，测胸廓一周的围度。先测安静状态时的胸围度，再测深吸气时的胸围度，最后测深呼气时的胸围度。深吸气时与深呼气时的胸围之差称为呼吸差，可反映呼吸器官的功能。一般成人呼吸差为 6~8 厘米，经常锻炼者的呼吸差可达 10 厘米以上。在测量时，应注意让被测者不耸肩，呼气时不弯腰。

5. 肩围的测量

肩的围度，反映肩部骨骼和肌肉的发育情况。

测量时，被测者直立，两臂自然下垂，测量者将皮尺放在被测者两腋前线顶点，水平围肩一周所测量的围度为肩围。

6. 腿长的测量

腿的长度，反映下肢骨的发育情况。

（1）大腿长度的测量：被测者两腿并拢直立，两臂自然下垂；测量者将皮尺置于髋部大转子骨上缘至膝关节褶折水平面处，所测量的长度为大腿长。将所测量的左右两大腿的长度比较，看长度是否相同。

（2）小腿长的测量：被测者两腿并拢直立，两臂自然下垂；测量者将皮尺置于被测者膝关节褶折处至腓骨处踝下缘，所测量的长度为小腿长。将所测量的左右两小腿的长度比较，看长度是否相同。

7. 腰围的测量

腰的围度，反映腰腹部肌肉的发育情况。

测量时，被测者直立，两臂自然下垂；不要收腹，呼吸保持平稳；测量者将皮尺水平放在被测者髂嵴以上三四指处，即腰最细的部位，这样测得的围度为腰围。

8. 臀围的测量

臀部的围度，反映髋部骨骼和肌肉发育的情况。

测量时，将皮尺水平放在髋部左右大转子骨的尖端，围臀一周所测得的围度为臀围。

三、饭店服务人员体型美的标准

无论从事前厅、餐厅还是客房服务的工作，服务人员的体型和仪态表现，都具有十分重要的意义。一方面，形体美不仅能使宾客产生良好的第一印象，而且还有助于自身操作技能的发挥；另一方面，服务人员的体型体态直接影响着饭店形象。因此，强调服务人员的体型美，是饭店管理在不断总结经验的基础上，对服务人员提出的新的要求。

根据饭店工作需要，结合我国民族体型特点，提出服务人员体型美的标准：

（1）男服务人员身高 172 厘米以上。

体重：身高在 172~175 厘米者，体重（千克）= 身高（厘米）−105；身高在 176 厘米以上者，体重（千克）= 身高（厘米）−110。

女服务人员身高 162 厘米以上。体重（千克）= 身高（厘米）−102。

（2）男、女裸眼视力均在 5.0 以上。

（3）男、女脸型端正；五官匀称；口唇平正；牙齿整齐、洁白；鼻梁饱满、鼻尖无钩、鼻长是脸长的 1/3。两眼间隔距离等于一只眼睛的长度。双目有神，不凸不眯，不斜视、对视。

（4）男、女双肩对称，稍有后振，形态自然。男肩峰略上翘；女肩峰圆滑，微显下削，无耸肩、垂肩。

（5）男、女胸部自然挺拔。男胸宽厚；女胸丰满而不下垂。

（6）男双肩与腰呈 V 形；女腰细而有力，略呈圆柱形，腹部扁平。

（7）男、女臀部圆满适度，不显下坠。

（8）男、女手臂无疤痕，手指灵活，腕关节不显得粗大凸出。

（9）男、女正立：脚跟、臀尖、背部三点在一平面上，倒视具有正常的生理曲线，以脐眼为割点，下身长于上身，无“O”形腿。大腿线条柔和，小腿修长，腓肠肌稍突出。

（10）男、女仪表端庄，举止大方，不卑不亢，性格开朗，气质优雅。

第五节　青少年形体训练应注意的问题

科学锻炼身体的原则和方法，是安排训练计划、选择训练内容和手段应遵循的基本要求。只有讲究运用科学的理论和方法指导锻炼实践，才有助于收到理想的效果。

一、青少年形体训练应注意全面发展

全面锻炼是要求身心全面协调发展，使身体形态、机能、各种身体素质以及心理品质等诸方面得到和谐的发展。

人体是一个完整的统一体，其各部分组织器官、系统之间，虽各有相对独立的机能，但又相互联系、相互影响、相互制约。任何局部机能的提高，必然促进机体其他部位机能的改善；当某一素质得到提高时，其他素质也会有不同程度的提高。但是，如果形体训练内容和方法单一化，机体就不能获得良好的整体效应。长期只从事力量练习，心肺系统的功能和耐力素质就不会得到较大的提高；长期只从事耐力练习，速度、力量素质以及上肢的发展就受到一定的影响；长期只从事身体一侧肢体的活动，则整个机体就不能得到匀称的发展。只有全面锻炼，才能促进整个身体的全面发展；否则，就会导致身体发展不均衡和不协调。对于正在生长发育阶段的青少年来说，这一点尤为重要。因此，在形体训练中全面锻炼是一个应该引起注意的重要问题。

（1）形体训练的内容、方法要尽可能考虑身体的全面发展，努力掌握多种技能，既不能面面俱到，又不可单一。

（2）注意活动全身，不要限于局部。

（3）在全面锻炼的基础上，有目的、有意识地加强饭店服务实用性的练习。

二、青少年形体训练应注意循序渐进的原则

形体训练对人体产生刺激，促使机能和形态改变，是在多次重复中逐渐适应、发展、提高的过程。或者说，它是通过形体训练，提高身体素质，增

强体质，达到优美的体型、体态的过程，是有序地逐渐完成的，不可能一蹴而就，正如俗话说的“一口气吃不成个胖子”。因此，形体训练的方法、手段和运动量，必须根据身体的适应能力，依照合理的顺序，逐渐改变和提高，不能急于求成，不可揠苗助长；不能用训练专业运动员的方法、手段和过大的运动量，试图使他们的体能和体型在短时期内达到很高的水平。过犹不及，任何超越适应能力和违反循序渐进规律的做法都不仅不能提高能力和获得实效，反而有害健康，甚至使身体受到损伤。因此，循序渐进的原则是我们在进行形体训练中必须遵循的。

三、青少年形体训练应合理安排运动负荷

运动负荷通常称运动量，由运动强度、密度和持续的时间等因素所构成。运动强度也称运动负荷强度，是指运动时人体在一次或一组练习时所承受的生理负荷的强度；计算运动量和运动强度的方法，通常是测量运动时心率的变化情况。它是根据人体最大摄氧量的原理（即摄氧量越大，能源物质的消耗也越大的原理）划分强度的。

现代健美训练的实践和科学研究表明，人体形态的改善，必须在一定量和强度的刺激下才能实现。如果量和强度对学生有机体刺激过小、运动系统（肌肉、骨骼）形态结构得不到改变，就达不到塑造形体美的目的；反之，如果量和强度过大，会造成身体过度疲劳或导致意外的伤害事故，也会有损健康。因此，研究安排形体训练的运动负荷，是极为重要的。

1. 合理安排形体训练的运动负荷

（1）依据学生状况安排运动负荷

形体训练的运动负荷安排应根据教学任务、年级、年龄、性别以及学生生理机能活动的变化规律和特点区别对待：

①年龄特点。人体随年龄的增加而变化，无论是形态结构还是生理功能，在不同年龄阶段都各不相同。因此，在安排形体训练的难易项目和运动负荷等方面，要考虑到学生的接受能力，要量力而行。

②性别特点。学生性别差异是在形体训练中需要区别对待的。针对女生的特殊情况，在训练中尤其应注意适当地安排运动负荷。

③身体发育特点。学生处在生长发育的不同阶段，有不同的生理机能特征。训练的运动量要有助于学生的身体形态机能，使之得到正常的发育和

发展。

（2）依据训练内容确定运动负荷

确定形体训练运动负荷的大小，要根据训练内容而定。例如，骨连接（关节）灵活性的训练，不宜采用重量强度较大的训练；发展肌肉的训练，则一般是在量和强度极限范围内的运动负荷越大，肌肉产生的作用越大，可对增强发展肌纤维起促进作用。

（3）负重练习与放松休息合理交替进行

从生理上看，有机体的应答性反应大小，一般与刺激作用的大小成正比，在一定限度内，结合合理的休息，负荷越大，超量恢复的效果就越好，使有机体在下一次练习之前处于良好状态。如果忽视负荷与休息的统一，就会发生伤害事故。

休息的时间，要根据训练项目的内容来决定。一次练习的负荷较大，安排的休息时间便可相对长一些。休息时间过长或过短，都会降低练习的效果。休息的方式有积极性休息和消极性休息。积极性休息是通过身体练习，加强有机体机能水平的恢复。消极性休息是通过安静方式进行休息。两种休息方式也要结合训练项目来考虑。

（4）合理利用有氧练习

有氧练习对于塑造理想的体型是非常有效的。有氧练习，简单地说就是人在运动时，身体采用的是有氧代谢的供能方式。通常表现在运动负荷的水平上，使之保持在运动时最大心率的 70%~80%（计算最大心率的方法是用 220 减去每个人的年龄）最为合适。

2. 检查和评定运动强度的方法

（1）观察法。观察法是教师常用的一种方法。在训练中，观察学生完成动作的质量、动作的准确性、控制身体的能力、呼吸、面部表情及情绪，来判断运动量的大小。

（2）学生自我感觉。包括训练后，学生的主观感觉、疲劳程度、饮食、睡眠、精神及对练习的兴趣等方面。教师经常听取学生的反馈，并与观察相结合加以分析，判断运动量大小。

（3）生理测量法。生理测量是检查运动量的一种较为客观的方法。可采用脉搏测定的简单方法来检查评定运动量。

3. 形体训练课的密度

训练课的密度，是指课中各项活动合理运用的时间与总课时之间的比例。运动密度，是指学生做练习的总时间与总课时之间的比例。要加强训练课中学生做练习的比重，提高课的密度，以便使学生掌握训练技巧、技能，更有效地塑造形体、完成训练的任务。

合理安排形体训练课密度的基本要求：

（1）加强课前准备，做好三备：备学生、备教材、备教法。对各项练习的时间、次数进行周密的安排、计划。

（2）加强课中组织，改进和提高组织教学的水平。

（3）提高教学艺术，改进教学方法，做到精讲多练，加大运动密度。

（4）教育学生自觉遵守组织纪律，充分调动学生的自觉性和积极性。测量练习密度一般使用人工测量法，人工计时，公式计算。

合理安排运动量，提高练习密度，是保证完成形体训练教学任务的重要因素。

四、青少年形体训练的营养、饮食卫生

我们在生活中深深体会到：饮食是健康的基础，进入青春期的中等专业学校的学生，身体正处在生长发育的高峰期，身高、体重激增。在这个时期，不仅要合理地安排形体训练，而且要高度重视训练中的饮食。在锻炼中消耗了大量的能量，必须摄取足够的营养素，多吃各种营养丰富的食品，才能保证机体的正常运转和恢复，维持热量的平衡，从而，使青少年在形体训练中达到增进健康、美化体型的最终目的。

掌握科学的饮食方法，建立合理的膳食结构，培养训练中的卫生意识是十分重要的。

1. 科学合理的饮食方法

一个人在饮食方面随心所欲，不加节制地贪吃或者过分节食，或者不定时不定量，饥一顿饱一顿，或挑食偏食好吃零食，都不是正确的态度。不仅影响健康，还会使体重超过标准或者体重过轻，面黄肌瘦，形象欠佳。俗话说："民以食为天"，人们对食物的依赖性正说明食物对人体健康以及体态容貌的重要性。

（1）合理进餐，一日三餐要保持平衡。我们常说"早上吃好，中午吃饱，

晚上吃少”，三餐要定时。早餐一定要坚持进餐，并要吃饱、吃好。有人认为不进早餐，少吃一顿能达到减肥的目的，还有的人早上起来胃口不佳，只喝一点饮料，都是不科学的。“一日之计在于晨”，上午工作时间最长、热量消耗多，如果不吃早餐到中午前血糖就会降低，就会出现头晕、眼花甚至困乏不堪。早餐不吃，中餐和晚餐就会多吃，晚上活动量小，多吃就会造成脂肪储存。日本相扑运动员就是不吃早餐，上午训练，中午大吃一顿，然后上床睡觉，个个肥胖，体重大增。中餐时间一般很充裕，应该注意提高饮食质量，吃好，要多吃一些高蛋白食品。晚餐要吃少吃精，饮食要严格控制，少吃油腻食物，可以吃易消化的流食，如粥等。我们曾经就人体何时饮食最佳做过这样一个试验，受试者分三组，每组所进的食物相同，只是时间不同，一组在早上进食，一组在中午进食，一组在晚上进食。最后测试的结果表明：早上进食的一组体重下降，中午进食的一组体重不变，晚上进食的一组体重有所增加。试验证明，食物摄入越早，消耗率越高，在体内积存变成脂肪的可能性就越小。

（2）合理进餐的另一点是应避免吃零食。这里所说的零食是指糖果、点心和某些咸食等诱人的食品，通常吃起来只是出于习惯而不是为了充饥。两餐之间吃零食从卫生学角度来看是不合适的。常吃零食会影响正常进餐时的食欲。经常吃零食不仅增加体重，而且容易使人感到疲倦。因为，每摄入食物后，人体都要进入消化食物的工作状态，这时，血液进入消化系统帮助消化食物，而进入大脑的血液相对减少，这就是为什么人们饭后懒惰或困倦的原因。如果人总是在不停地吃，机体总是处在不停消化的过程中，人自然会感觉疲倦。

（3）食品摄入的多样化是极为重要的。食谱单调乏味，食欲会受到影响，而且机体也将会由于长期缺乏某些营养而容易得病，当然就谈不上健美了。

饮食的多样化，是指应当尽可能多地摄取各种食物和营养，做到什么都吃，挑食和偏食的习惯都不好，因为这样做的本身便是在拒绝赋予自己的机体以合理的营养比例，因为各种营养素存在于不同的食物中，只有兼收并蓄，才能充分摄取大自然提供的各种营养。只要明白了这个道理，许多本来不喜欢吃的东西会逐渐喜欢起来的。

（4）吃食物要细嚼慢咽。有的学生在形体训练后，饥饿感强烈，吃饭往往狼吞虎咽，这样既不利于体型，也影响健康。狼吞虎咽，容易吃得过多，而细嚼慢咽则因为加长了进餐的时间，而使饥饿感不复存在，所以，会吃正常量。

另外，细嚼慢咽能使食物充分分解，从而促进了食物的消化，减少了胃的负担。

唾液中含有十多种酶及维生素、矿物质，特别是过氧化氢酶和维生素C，有解毒防癌功能。对于唾液我们应充分利用，所以吃饭时要注意细嚼慢咽，切忌狼吞虎咽。

2. 青少年形体训练与膳食结构

光练不吃和光吃不练都不可取。科学的形体训练既强调适宜的负荷与密度的训练，又要重视合理的营养和恢复以获得超额补偿。美国著名的教练文斯认为健美训练85%与饮食营养有关。

步入青春期的学生饮食营养更为重要，因为只有合理的营养，才能促进正常的生长发育，保证健康"一半靠练，一半靠吃"。

（1）食物中的营养成分有六大类，即蛋白质、脂类、碳水化合物、无机盐、维生素和水，这些营养素可以满足人类维持生命和从事劳动所需的热量，提供细胞生长发育和修复的材料，以维持机体的正常生理功能和身心健康。

①蛋白质：蛋白质是构成人体细胞的主要材料，是形体训练时提供能量的主要营养素，缺之不得。成人每千克体重每天需要1克蛋白质来维持，如果是50千克体重，则每天需摄入50克蛋白质。蛋白质来源于动物性食物和植物性食物中的豆类。

动物性食物（包括畜禽肉类、鱼类、乳类等）中含有丰富的蛋白质。有的植物性食物如豆类、谷类、干果类等，也含有较多的蛋白质。

②脂类：向细胞提供油质，并以最集中的方式向机体提供能源。平均每千克体重每天需要0.9克脂肪，50千克体重的人每天需4.5克脂肪。它来源于动植物脂肪和一些动物性食物，如乳类、蛋类等，也来源于植物性食物中的干果类。

③碳水化合物：是人体热能的主要来源，也是供给机能最丰富、最易利用的能源。人体1/3的热能由糖供给，而具有纤维素的碳水化合物还可保持消化系统清洁和健康。它来源于植物性食物中的谷类、根茎类植物和各种食糖，也来自蔬菜和水果。

④无机盐：是人体的重要组成部分，其中含量较多的有钙、铁、镁、钾、

钠、磷、氯七种元素以及含量较少的微量元素。钙是构成人体骨骼和牙齿的重要成分，它来源于乳类、蛋黄、小虾皮、海带、芝麻等。铁是合成血红蛋白的重要原料之一，它来源于动物的肝脏、肉类、蛋类、鱼类和蔬菜。

⑤维生素：是人体所必需的一类有机营养素。它具有广泛的生理功能，来源于天然食物中。

⑥水：除氧外，水是人类赖以生存的最重要元素，约占体重的65%，水主要来源于饮用水、饮料、汤等，也来源于食物中。

六种营养素对人体有着必不可少、不可替代的作用，没有一种食物能具备所有的营养素。进行形体训练的青少年更要注意摄入较多的蛋白质。因为蛋白质是肌肉以及人体中的一种主要物质，在锻炼中为了快速促进生长和发育，应多吃含高蛋白质的食物，吃容易消化吸收、生物价高的食物。这就要多吃瘦肉、鱼和蛋，另外牛奶和奶制品如奶酪等，是现代化的高蛋白，是热量含量少的上佳营养品，其营养价值仅次于瘦肉。蛋和蛋制品营养价值高，热量含量较小，每餐可食用2~3个。牛奶蛋白质和肉类蛋白质都是生物价很高的蛋氨酸。蔬菜中热量含量少而维生素和矿物质含量较高，应大量食用。水果则是更好的健康食品，热量含量少，维生素含量多。有些坚果如核桃、花生，则含有更丰富的被称为“生命之花”的锌元素。

（2）参加形体训练的青少年，应该多吃的食物：

①鱼、肉、禽类。

②蛋，尤其是蛋白。

③牛奶及奶制品。

④豆浆及豆制品。

⑤蔬菜。

⑥水果，如山楂等。

⑦坚果，如核桃、瓜子、花生等。

（3）不吃或应少吃的食物：

①少吃动物脂肪和油腻食物。

②少吃胆固醇高的食物，如动物内脏、黄油等。

③少吃糖，但不等于不吃糖。大量食用低分子糖有害，而无糖膳食也会导致严重的代谢紊乱，易出现低血糖等情况。

④少吃盐。因盐含钠，人体含钠过多，易得高血压等病。

⑤不饮酒。

3. 形体训练中的卫生措施

严格执行训练中的卫生措施，是确保锻炼效果、提高健康水平的重要保证。

（1）主观方面

①自我感觉。长期参加锻炼且运动量适宜的人总是精力充沛，情绪饱满，积极、愿意参加锻炼。但运动过度或身体不适时，就会出现头晕，头疼，精神萎靡不振，四肢无力，身体感到疲劳，对锻炼没有兴趣等。

自我评定：良好、正常、不好。

②睡眠。长期参加锻炼和适度的运动量对睡眠能起到积极作用，表现为入睡快、睡得熟、做梦少，第二天起床后自然感觉精力充沛；反之，如出现不易入睡、易醒、多梦甚至失眠，早晨起来后头昏脑涨，无精打采等现象，就是运动量大了，应适当减量。

自我评定：好、中、差。

③排汗量。运动时排汗量的多少，与训练因素、天气因素、年龄因素、体质因素及训练水平有密切的联系，如果诸多因素相同，那么初练者运动时出汗多，随着训练次数的增加和训练水平的提高，汗量逐渐减少。若发现大量出汗、出虚汗或是盗汗等反常现象，可能是疲劳过度或是疾病的先兆，要引起注意。

自我评定：汗量减少、正常、增多、大量、盗汗。

④肌肉疼痛。刚开始训练或中断训练后恢复训练及加大运动量时，肌肉会出现疼痛，坚持几天疼痛就会消失；倘若三四天后疼痛未减轻或者消失，甚至加重，应引起注意，因为这种疼痛已不是训练后的正常反应，有可能是肌肉拉伤或挫伤引起。

自我评定：减轻、好、加重。

（2）客观方面

①脉搏。长期参加锻炼的人，安静时脉搏频率缓慢。安静时脉搏频率的减少，表示体质的增强和训练水平的提高。测试方法一般为早晨醒来时测试。如果早晨测试，脉搏逐渐下降或比较稳定，说明机体反应良好，若早晨脉搏反而加快，说明机体反应不好，可能与失眠或身体不适有关，也有可能与运动量过大有关。

自我评定：脉搏每分钟增加 6 次以下为较差，增加 7~12 次为差，增加 13 次以上应停止锻炼。

②体重。正常情况下，训练初期，体重有逐渐下降的现象，这是身体内的水分和多余脂肪消耗的结果，对健康是没有妨碍的；持续一段时间后，体重恢复；再坚持锻炼一段时间后，体重有所增加，其原因是肌肉变得结实发达。

③女生经期锻炼。身体健康、月经正常的女生，可参加适当的锻炼活动，多做上肢动作的练习，可以调整大脑皮质的兴奋和抑制过程，减轻全身不舒服的感觉，有助于经血排出。但要注意，经期活动量不宜过大，不宜做强度大的蹲跳动作，也不宜做腹压过大的动作，以免引起经血过多。

思考与练习

1. 形体训练中，如何促进心理健康？
2. 青少年形体训练的生理特征有哪些？
3. 测量自己的体型，对照体型标准作自我评价。
4. 在形体训练中，如何安排合理的膳食，保证营养？

第二章　人体解剖与运动生理基础知识

教学目标

通过本章的学习，要求学生掌握以下内容：

- 人体解剖基础知识
- 运动生理基础知识
- 形体训练对人体各系统的影响与作用
- 形体训练如何推迟疲劳的出现与加速疲劳的消除

人体的结构、机能以及外形不是一成不变的，形体锻炼对人体的生长发育状况、各器官系统生理功能水平、对外界自然环境的适应能力、外形的塑造等方面都会产生较大的影响。

人体解剖和运动生理学是体育科学的一门基础理论学科。中专生形体训练要收到科学的锻炼效果，首先要了解相关基础知识，并把这些知识运用到实践中去，以便取得良好的训练效果，为他们今后的自我学习和自我锻炼打下一个基础。

第一节　人体解剖基础知识

一、神经系统

神经系统，由位于颅腔中的脑、椎管中的脊髓，以及由脑和脊髓发出的周围神经组成。它在人体器官系统中占统治地位。人体各器官系统在神经及神经体液的统一调节和控制下，互相协调、制约和影响，完成统一的生理机能，也使肌体的内环境与外环境相适应、相统一。比如，运动员在进行运动时，随着骨骼肌积极有力的收缩，使得骨绕关节进行转动，完成各种各样的动作。与此同时，内脏器官也引起相应的变化来适应肌肉工作的需要（如心跳加强、加快，呼吸加深，汗腺分泌加强等）。肌体内部的各器官之间，以及肌体内部适应外环境的各种变化，无一不是在神经及神经体液调节作用下完成的，没有神经系统的有效作用，肌体就不能很好地实现其机能。

1. 神经组织及其分布

神经组织主要是由神经元（即神经细胞）和神经胶质细胞组成，它们都是具有突起的细胞。神经细胞是高度分化的细胞，既是构造单位，又是功能单位，故称为神经元。它的重要功能是感受体内、体外刺激和传导冲动。通过神经元间的联系，把传入的神经冲动加以分析或“贮存”，并发出经过调整后的信息，以产生效应。

神经组织在体内分布很广，各部分的神经组织构成了人体内部完整的神经系统。神经组织集中分布的器官有脑、脊髓和神经节等，它们集聚了庞大的神经元，具有非常复杂的结构和控制、调节整体活动的机能。脑和脊髓的位置居于身体中枢线上，所以称为中枢神经系统；位于脑、脊髓以外的神经元和神经纤维，以及分布到各组织、器官的神经末梢，称周围神经。

2. 大脑皮质对骨骼肌运动的调节

人除了先天的维持正常姿势的反射活动外，还有各种各样的复杂运动行为，而且这些行为都是靠大脑皮质通过锥体系和锥体外系来实现的。

在运动过程中，大脑皮质运动区的神经活动经常不断进行校正和改建。这种校正是靠视、听、本体或前庭感受器的传入冲动来实现的。这些感受器反映外环境的变化、肌肉收缩和放松的程度、动作阻力的大小、关节活动范围以及体位在空间位置的变化等。这些传入冲动作用于大脑皮质来校正运动区的活动。例如，当人向一侧倾倒，重心开始偏向一侧时，对侧的肌肉将受到牵拉的刺激，本体感受器发出冲动，进入中枢神经系统引起一系列冲动，沿传出神经传向效应器，肌肉在这些冲动影响下发生收缩，使身体恢复到原来直立的姿势。在人的运动中都包含着这种反馈的神经联系。由于这种反馈神经联系，人体的运动机能在时间上和空间上才能表现出高度的协调和精确，人体才能完成极其精细、复杂、多变的动作。

二、运动系统

人体各种动作的完成，主要是肌肉收缩作用于骨骼的结果。换句话说，运动是以骨为杠杆、关节为枢纽、肌肉收缩作为动力而实现的，所以运动系统包括骨、关节及肌肉三部分。

骨、关节和肌肉还构成了人体的支架和基本形状，它们占人体重量的大部分：在成年人身体中约为人体全部重量的 70%。人体运动主要靠四肢，为适应四肢大幅度的运动，四肢肌肉也就特别发达，它的重量约占全部肌肉的 80%。下肢肌肉负担大于上肢，肌肉也比较粗壮。四肢骨多为长骨，关节非常灵活，肌肉分化也最复杂，且多为作用力强大的长肌。

1. 人体运动的基本术语

（1）人体标准解剖姿势与方位术语（如图 2-1）

人体标准解剖姿势为身体直立，两眼向前平视，两脚并拢，足尖向前，上肢下垂于躯干两侧，手掌向前。

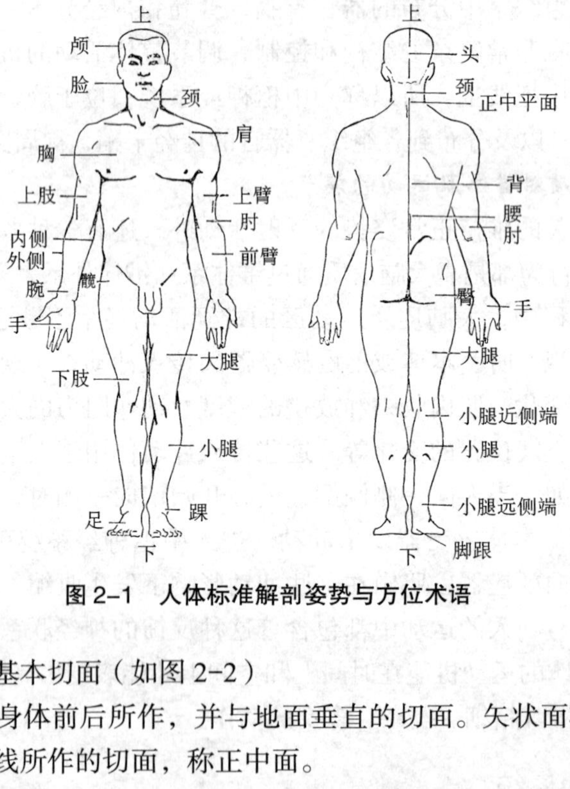

图 2-1　人体标准解剖姿势与方位术语

（2）人体的基本切面（如图 2-2）

矢状面：沿身体前后所作，并与地面垂直的切面。矢状面将人体分为左右两半，沿正中线所作的切面，称正中面。

水平面：横切直立人体与地面平行的切面，称为水平面，又称横切面。

额状面：沿身体左右所作，并与地平面垂直的切面，称为额状面。

水平面与额状面互相垂直。

（3）人体的基本轴（如图 2–2）

矢状轴：前后平伸与地面平行、与额状面垂直的轴。

额状轴：左右平伸与地面平行、与矢状面垂直的轴。

垂直轴：与人体长（纵）轴平行、与地面垂直的轴。

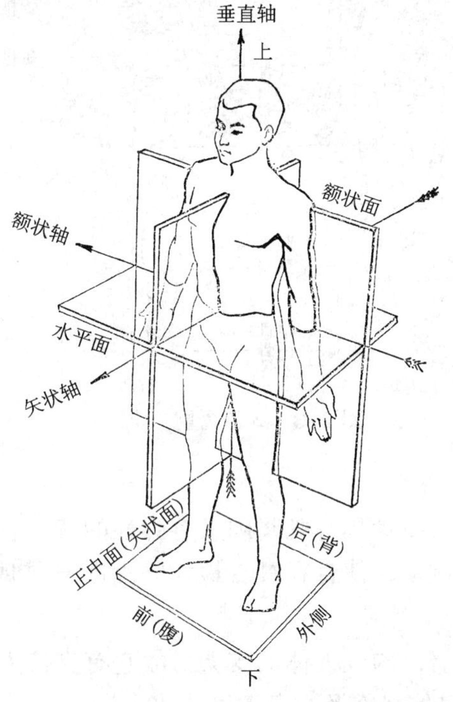

图 2–2　人体的基本切面和基本轴

2. 骨

骨（如图 2–3）是有机体内部最坚固的结构，在有机体生活中起机械作用。正常成人共有 206 块骨，可分为颅骨、躯干骨和四肢骨三部分。骨与骨联结成骨骼，构成人体的支架。正常的体育锻炼，可使骨骼结实强壮。

（1）骨的化学成分与物理性质

骨由有机物和无机物组成。成人骨的有机物占 28.2%，无机物占 71.8%。儿童和少年的骨中有机物和无机物之比约为 1∶1，因此儿童和少年骨的弹性较大，不够坚硬，容易变形。老年人骨中的有机物与无机物之比为 2∶8，故老年人骨的弹性较小，一旦受到打击，很容易发生骨折。

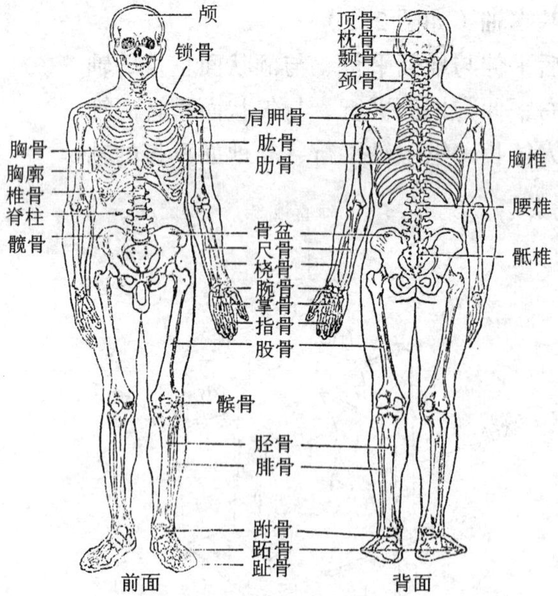

图 2–3　人体骨骼

（2）骨的功能

由于骨的化学成分，使骨具有既坚硬又有弹性的特点。骨还有骨松质和骨髓腔，这减轻了骨的重量，使骨在具有最大坚固性的同时，又有轻便的特点。骨的具体功能如下：

①骨与骨连接成骨骼，构成人体的支架，故它有支持人体的软组织（如肌肉、脏器等）和承担身体局部及全身重量的功能。

②骨被肌肉收缩时牵引，绕关节轴转动，使人体局部或整体产生各种各样的运动，因此骨是人体运动的杠杆。

③骨有保护功能。例如，颅骨保护脑，胸廓保护心、肺等。

④骨内有红骨髓，具有造血的功能。

⑤骨是钙磷的储备仓库。人体大多数组织中含有钙，包括血液。在正常情况下，骨与血液含钙量保持平衡状态。

（3）骨连接

骨与骨借结缔组织、软组织及骨组织相连。根据骨连接的方式，可以把全身骨连接分为两大类，即无腔隙的骨连接和有腔隙的骨连接（或称不动关节和动关节）。

①关节的主要结构：关节的主要结构有关节面、关节囊和关节腔。这些结构是每个可动关节必须具备的。

②关节的辅助结构：关节除上述主要结构外，有些关节还有滑膜囊、关节唇、关节内软骨、韧带和滑膜襞。

③关节的运动：关节运动分为六种，即屈伸、水平屈伸、内收、外展、回旋（旋转）和环转（如图 2-4）。

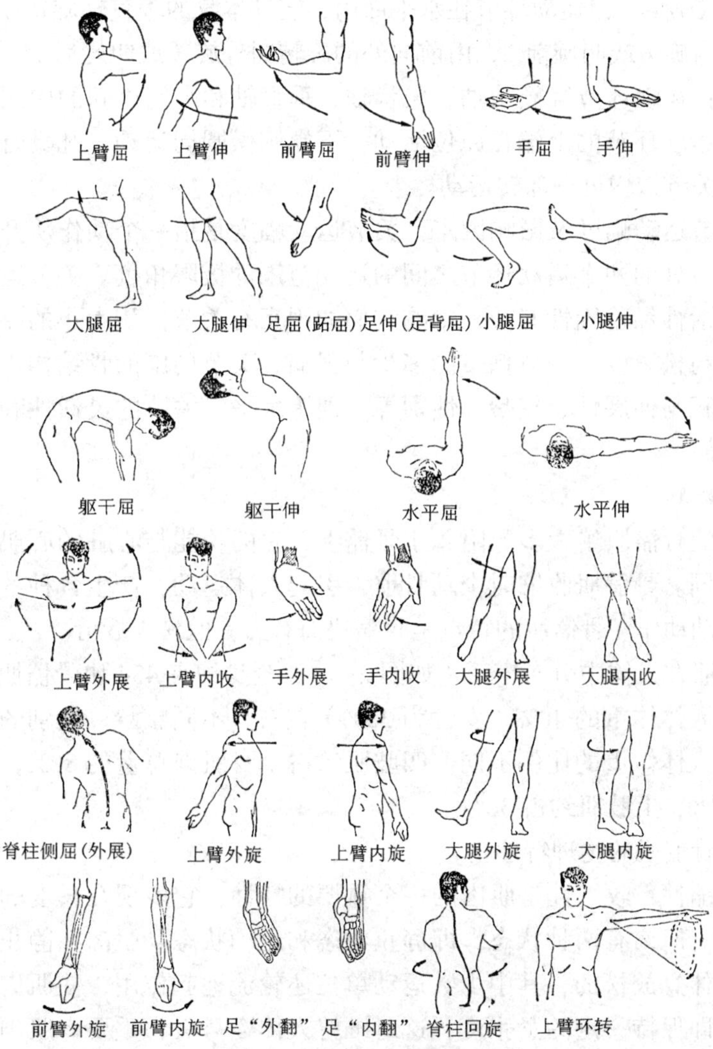

图 2-4 人体各关节的运动

屈伸：运动环节（指相邻两关节之间的部分）在矢状面内，绕额状轴运动，向前运动为屈，向后运动为伸（膝关节和踝关节相反）。

水平屈伸：上臂（大腿）在肩关节（髋关节）处外展90度后，向前运动为水平屈，向后运动为水平伸。

外展内收：运动环节在额状面内，绕矢状轴运动，环节末端远离正中面为外展，靠近正中面为内收。

回旋（旋转）：运动环节在水平面内，绕其本身的垂直轴旋转，由前向内的旋转叫内旋（或叫旋前），由前向外的旋转叫外旋（或叫旋后）。

环转：运动环节绕额状轴、矢状轴、垂直轴和它们之间的中间轴做连续的运动。运动环节的上端在原位活动，下端则做圆周运动。凡具有额状轴和矢状轴的关节，均可做环转运动。

④关节运动幅度及影响因素：关节运动幅度是指一个动作从开始到结束时某一关节处的两个运动环节之间的运动范围的极限角度。关节运动幅度与关节的灵活性和稳固性有关，影响它们的因素有关节面积大小的差别、关节囊的厚薄与松紧度、关节韧带的多少与强弱、关节周围的骨结构、关节周围肌肉的体积与伸展性、年龄、性别等。训练水平对关节的灵活性和运动幅度也有影响。

3. 骨骼肌

人体的骨骼肌绝大多数附着于骨骼上，它的功能与心脏的心肌和内脏的平滑肌不同。骨骼肌收缩时牵动骨骼，引起人体运动，产生各种各样的体育活动和劳动动作。骨骼肌的特点是收缩快而有力，但易于疲劳。

骨骼肌在人体中分布广泛（如图2-5），全身约有434块骨骼肌。成年人骨骼肌占人体体重的40%（女性为35%）左右，不同年龄、性别的人身体中骨骼肌占人体体重的比例不同。四肢肌约占全身肌肉总量的80%，其中下肢肌约占50%，上肢肌约占30%。

（1）骨骼肌的物理特性

①收缩性：收缩性是肌肉的一个重要的特性，它表现在长度的缩短和张力的变化。肌肉有两种状态，即静止状态和运动状态。肌肉在静止状态时并不是完全休息放松的，其中少数运动单位还轮流地起作用，使肌肉保持轻微的收缩，即保持一定的紧张度，这对维持人体姿势极为重要。肌肉在运动状态时，参与活动的运动单位增多，肌纤维明显缩短，肌肉周径增粗。肌肉收

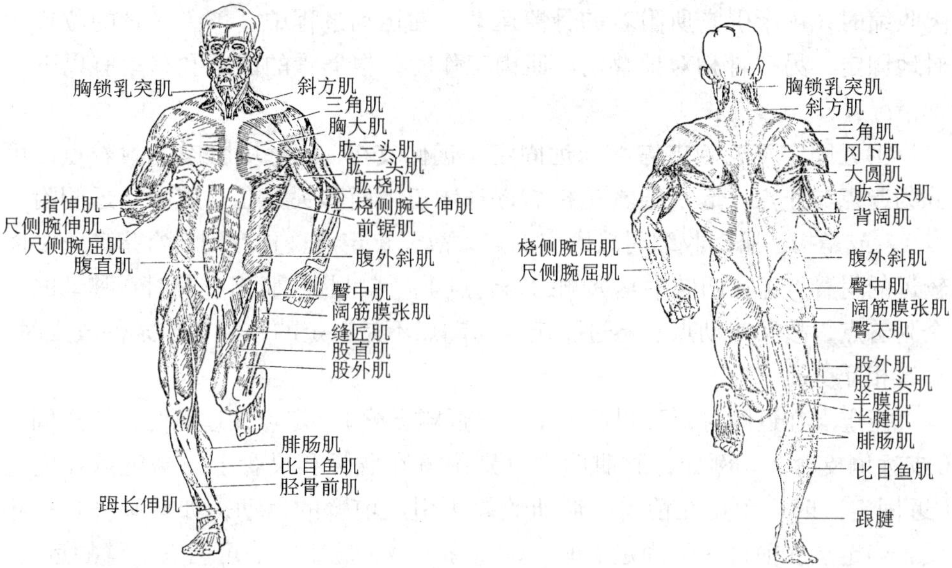

（前面）　　　　（后面）

图 2-5　人体肌肉

缩时肌纤维长度比静止时要缩短 1/3 到 1/2。

②伸展性与弹性：骨骼肌与有弹性的橡皮相似，在受外力作用时可被拉长，这种特性叫伸展性。外力解除后，原被拉长的肌肉又可缩短，这种特性叫弹性。骨骼肌的伸展性在发展力量和柔韧素质方面有着重要的意义。肌肉收缩前的长度称为初长度。要充分发挥肌肉的力量，适宜的初长度很重要。初长度太小或太大都不利于肌肉力量的发挥。在发展柔韧素质上，加强对抗肌和多关节肌的伸展性练习，增强这些肌肉的伸展性，有利于增大关节运动幅度，提高运动技能。

③黏滞性：黏滞性是原生质（细胞质和细胞间质）的普遍特性，是它内部所含胶状物质造成的。由于肌纤维内的这种特性，在肌肉收缩时产生阻力，要克服这种阻力，需要消耗一定能量。气候寒冷时，肌肉的黏滞性增加，做好准备活动，可使体温升高，减少肌肉的黏滞阻力，从而加快肌肉收缩和放松速度，提高肌肉工作能力。

（2）肌肉工作

骨骼肌附着在两块或两块以上的骨面上，中间跨过一个或数个关节，肌肉收缩时，可牵引它所附着的骨骼运动。在运动过程中，多为一骨的位置相对地固定，另一骨相对地移动。肌肉工作时，根据骨的固定和移动有以下三种情况：

①近固定（近侧支撑）与远固定（远侧支撑）：每块肌肉的附着点，可分为起点与止点。起点通常是指靠近身体正中面和头（在四肢中是近侧附着点），或是指在肌肉收缩时较固定的点，故又称定点；止点则通常指离正中面较远的附着点（在四肢中是远侧的附着点），或是指在肌肉收缩时在移动的一个附着点，故又叫动点。不过，定点与动点不是恒定的，当工作条件改变时，二者相互交换。

当定点在近侧时，又叫近固定（或近侧支撑）；定点在远侧时，叫远固定（或远侧支撑）。例如，肱肌两端分别附着在肱骨和尺骨上，当定点在上臂（近固定）时，动点在前臂，肱肌收缩可引起前臂的运动，如弯举杠铃；相反，当定点在前臂（远固定）时，动点在上臂，肱肌收缩可引起上臂的运动，如引体向上的动作。

②上固定（上支撑）与下固定（下支撑）：在分析附着在躯干上的肌肉工作时，往往叫上固定（上支撑）和下固定（下支撑）。例如，腹直肌，它的上端附着在5~7肋软骨和胸骨上，下端附着在耻骨上。做仰卧举腿时，腹直肌是在上固定情况下进行工作；做仰卧起坐时，腹直肌是在下固定情况下进行工作的。

③无固定（无支撑）：是指肌肉在工作时，它的两端都不固定，这常见于腾空后一些相向运动中。

（3）肌肉工作的解剖学基础

①肌肉的配布规律：全身骨骼肌有数百块，但和分析体育动作有重要关系的肌肉只有数十块。它们在人体内都是以相互对抗的形式配布于关节运动轴的两侧。换句话说，关节的任何一个运动轴总是有与拉力方向相反相成的两组肌群。单轴关节，如指关节有屈和伸两组肌群；双轴关节，如腕关节就有屈和伸、外展与内收肌群；三轴关节则除了具有屈、伸、展、收肌群外，还有回旋和外回旋肌群。

②肌肉的协作关系：人体各环节的运动，即使是最简单的动作，也是许多的肌肉在神经系统支配下共同活动的结果。根据肌肉在运动中所起的不同作用，把它们分为原动肌、对抗肌、中和肌和固定肌。

原动肌：在完成某一动作中起主要作用的肌群称原动肌群，借助它们的主动收缩完成动作。

对抗肌：与原动肌作用相反的肌群称对抗肌，它起着调节原动肌收缩的作用。

中和肌：原动肌对动点骨具有两种以上的作用时，为了有效地发挥其中一种作用，需要有其他肌肉抑制另一种作用。这里其他的肌肉即为中和肌。

固定肌：当肌肉收缩时，其拉力可使该肌肉附着的两骨发生相向运动。为了充分发挥原动肌的拉力对动点骨的作用，就需要有其他肌群固定原动肌的定点骨，这些起着固定原动肌定点骨作用的肌肉称固定肌。

（4）肌肉工作的分类

肌肉工作可分为两类，第一类为静力工作，第二类为动力工作。在动力工作中可分为克制工作和退让工作。

①静力工作或称等长收缩，即肌肉收缩但其长度未发生变化，这类工作可使身体各环节之间保持一定的位置，取得相对的平衡，所以又称为支持工作。例如，“马步站桩”这个动作，需要股四头肌在远固定的条件下，单位骨盆和股骨不使它们向下运动，此时肌力与重力相互平衡，股四头肌的工作属于静力工作。

②动力工作或称等张收缩，是肌肉收缩使身体各环节的位置发生改变，肌肉的长度亦有变化，这类工作又可分为两种：

克制工作又称向心收缩：这种工作表现为肌肉的动点向定点靠拢，肌力大于阻力。从肌肉的外形看，在完成这种工作时，肌肉外形变短、变粗，触摸时较硬。

退让性工作又称离心收缩：这种工作表现为肌肉动点和定点彼此分离，其原因为重力大于肌力，但为了延缓重力下降的速度，肌肉仍需收缩。此时肌肉的外形变得较长较细，但触摸时感到较硬。

三、心血管系统

心血管系统是由心脏、动脉、静脉及毛细血管组成的。在神经系统的调节下，心脏有节律地收缩，推动血液不断地在血管内循环。动脉是离心血管，它运送血液至肺和身体各部的血管，经过多个分支，越分越细，最后分为毛细血管。毛细血管是连于动脉与静脉之间的微细血管，血液与组织之间的物质交换在此进行。静脉是向心血管，连通于毛细血管，由小静脉逐渐汇合成大静脉。最后，把血液运回心脏。血液就是这样由心脏射出，经动脉、毛细血管和静脉返回心脏，周而复始地循环不止。

1. 体循环和肺循环

人体的血液循环，根据其途径和功能分为两部分：循环于周身的体循环和循环于肺内的肺循环。

（1）体循环（大循环）

当心脏收缩时，携带着丰富氧气和营养物质的血液，即动脉血，自左心室经主动脉及其各级分支流到全身各部的毛细血管。血液在毛细血管处与组织之间进行物质交换和气体交换，它把氧气和营养物质释放给组织，同时又把组织中的代谢物质和二氧化碳收纳到血液中，这样血液就变成含有组织代谢物和较多二氧化碳的静脉血，再经各级静脉，最后汇入上、下腔静脉，流入右心房。

（2）肺循环（小循环）

经体循环返回心脏的血液，从右心房流入右心室，由右心室沿肺动脉到左、右两肺，经过多个分支最后到达肺泡壁周围的毛细血管网，在此进行气体交换，静脉血变成动脉血，最后经肺静脉流回左心房之后，再由左心房流入左心室，然后又进入体循环。

2. 心脏

心脏为中空的肌性器官，为血管系统的枢纽。在生命状态下，它有节律地搏动。其形状、大小和位置不是恒定的，可随年龄和生理功能状态的不同而有所变化。

（1）心脏的位置和形态结构

心脏位于胸腔纵隔内，左、右两肺之间，在第 2~6 肋软骨后方、第 5~8 胸椎前方，其三分之二在身体正中线的左侧。心腔可分为右心房、右心室、左心房、左心室。左、右心房间及左、右心室间分别被房间隔及室间隔分隔，互不相通。但同侧心房与心室间则有房室口相通。

（2）心动周期

心脏的一舒一缩，叫作一个心动周期。首先是心房收缩，接着是心房舒张，与此同时心室收缩，然后是心室舒张。经过一个短暂的间歇之后，心房再收缩，如此周而复始，不断进行。因为心房、心室并不是同时舒缩，所以心动周期实际上包括心房的舒缩和心室的舒缩四个过程。

（3）心搏频率（简称心率）

成年人平均每分钟 75 次左右。心率随年龄、性别、机能状态而不同。新生儿心率快，每分钟可达 120 次以上，以后随年龄增加而递减，到少年时期接近成人心率数。女子比男子稍快。缺乏体育锻炼的人比常锻炼的人快。心搏频率可作为检查心脏机能的指标之一。

（4）心输出量

心脏的一项重要工作是推动血液循环，因此心输出量的大小可以衡量心脏活动的能力。每一次心室收缩射出的血量称为每搏输出量。每分钟心脏射出的血量称为每分输出量。每搏输出量和每分钟心搏频率的乘积等于每分输出量。正常成年人安静时每搏输出量为 50~70 毫升，每分钟输出量为 3.5~5.25 升。

3. **血管**

血管是运送血液和进行物质交换的器官。全身血管按其功能、构造及血流方向的不同可分为动脉、静脉和毛细血管。

（1）动脉脉搏

每当心脏收缩时，心室血液急剧地射入大动脉管内，其内压骤然上升，有弹性的动脉血管即膨大；每当心室舒张时，主动脉内压降低，动脉管壁弹回。动脉血管内压的这种周期性升降和管壁的弹性振动，不断地沿着动脉管向前传播，血管的这种局部上下起伏的搏动，即为动脉脉搏。脉搏常被作为反映心脏活动的指标之一，也可用来反映运动强度、运动量对人体的影响，以及评定训练水平和运动后恢复的情况等，也是检查心血管系统机能状态的重要指标之一。

（2）毛细血管机能

由于毛细血管壁具有通透性，血液就依靠毛细血管的通透性与组织液进行物质交换。肌肉组织中的毛细血管并不同时开放，安静时肌肉中开放的毛细血管数量很少，口径也很小。但在肌肉活动时，代谢率高，代谢产物多，就刺激原先不开放的毛细血管大量开放，数量较安静状态时可多 20~50 倍。又由于毛细血管中血流速度在血管中是最慢的，所以有充分时间与组织液进行物质交换。

（3）静脉的机能

在循环血量中有 75% 的血液存于静脉系统里，因此静脉有容量血管之称。

它有输送血回心的作用，即毛细血管方面来的血液，汇合入小静脉、大静脉，最后经上下腔静脉流入右心房。

四、呼吸系统

人在日常生活和体育运动中必须不停地从外界吸进氧气，呼出体内产生的二氧化碳。这种体内与外界进行的气体交换过程叫呼吸。完成呼吸功能的一些器官组成呼吸系统，包括输送气体的呼吸道和交换气体的肺。

1. 呼吸运动

在进行呼吸的过程中，胸腔扩大和缩小的动作称为呼吸运动。肺本身并无自动扩张的能力，借着胸腔的扩大和缩小，肺随之被动地扩大和缩小。当胸腔扩大时，肺随之扩大，肺内压降低，空气通过呼吸道进入肺脏，称为吸气；当胸腔缩小时，肺随之缩小，肺内压升高，肺内气体通过呼吸道排出体外，称为呼气。

深呼吸是通过呼吸肌的主动性来完成的。人体尽全力吸气后，再尽全力呼出的气体总量称为肺活量，它可以表明人体呼吸功能的潜在能力。肺活量的正常值与性别、年龄、身高、体重、胸围及有无体育锻炼等因素有关。我国成年男子的肺活量为3500~4000毫升，成年女子为2500~3500毫升。训练有素的运动员可达5000毫升以上。

2. 气体运输和交换

空气进入肺泡后，和肺循环毛细血管的血液进行气体交换。空气中的氧由肺泡进入血液，而体内代谢所产生的二氧化碳则从血液进入肺泡。这样交换后，氧由血液运到身体各个组织，在组织与血液之间再一次进行气体交换，最后进入组织细胞。与此相反，组织细胞代谢产生的二氧化碳则经由细胞间隙液进入血液，随血液循环到肺，然后进入肺泡排出体外。可见，细胞获得氧和排出二氧化碳的过程，必须经过两次气体交换和一次运输。

3. 运动时的需氧量和氧债

人体活动需要消耗能量，能量的来源实质上是来自体内能源物质的氧化分解。运动愈剧烈，能源物质分解愈多，因此消耗的氧必然愈多。人体运动时消耗的氧量，加上运动后恢复期消耗的氧量，称为总需氧量。人体在运动时每分钟所消耗的氧量，称为每分需氧量。当人体在运动中，呼吸和循环系统发挥出最大机能水平时，每分钟所能摄取的最大氧量，称为最大吸氧量。

人体处于安静或轻微活动时，需氧量完全能从吸氧量中得到满足，体内糖原可以得到充分的氧化分解，生成二氧化碳和水，没有乳酸的堆积，这就是有氧代谢。当激烈运动时，需氧量超过人体的最大吸氧量，这时肌肉活动所需要的部分能量要由糖原的无氧分解来维持，糖原分解的中间产物乳酸逐渐在体内堆积，这就是无氧代谢。人体在无氧代谢过程中欠下的这部分氧，需要在活动结束后的恢复时期内偿还，故称氧债。

第二节　运动生理基础知识

一、形体训练与肌肉

对形体训练中的肌肉训练来讲，首先要注意全身肌肉的匀称发展，包括上肢、下肢、腹部及背部的全面训练。另外，还要注意肌肉的体积和结实程度，形体训练要因人而异。形体训练中的器械练习是非常必要的。

1. 力量练习时要注意所负的重量

从生理学角度分析，力量大小的生理学基础有两个，一是肌肉的横断面（体积）的大小，二是神经调节机能的好坏。

一般情况下，采用大负重能有效地增大力量，但对于发展肌肉的体积效果较差。这是因为负重大时，连续练习的次数减少，消耗的总能量也减少，而要求皮质神经中枢发放强且高频率的神经冲动，且肌群间要密切协调，经常这样锻炼能大大提高神经系统的调节机能并增长力量。

以中等重量进行力量练习，对发展肌肉体积的效果最好。这是因为重复的次数多，肌肉中蛋白质等总的消耗大，超量后恢复时补偿得也更多，这种方法也能改善肌肉活动的协调性，从而增大力量。但因为活动强度较小，不用发放更高频率的冲动及动员更多的肌纤维参加工作，所以增大力量的效果不如大负重时。

小重量负荷主要是提高力量耐力，对增加力量和肌肉体积的效果都不显著。

2. 力量训练应遵循的原则

（1）超负荷原则

当肌肉或肌肉群受到超负荷训练后，肌肉力量和肌肉外形会得到有效的发展。

（2）循序递增负荷的原则

也就是讲，当力量获得增长后，原来的负荷就逐步变为小负荷，因此在整个力量训练过程中，有关肌群所阻抗的负荷要定期给予增加。

（3）要对准所需练习的肌肉

只有对准某肌群施以阻力，才能增加这群肌肉的质量，达到训练预期的目的。要运用这个原则，除了需具备一些人体解剖学知识以外，还应对自己的弱点有客观的分析。

（4）力量训练中，要使大肌肉群先于小肌肉群受到训练

这样安排的理由是若小肌肉群先于大肌肉群训练，则会出现疲劳。因此，在小肌肉群出现疲劳前，大肌肉群应先受到训练。

3. 形体训练对肌肉的作用

长时间坚持形体训练，可使肌肉化学成分发生变化，并使肌肉中的脂肪减少。

长期坚持锻炼，肌肉组织化学成分可发生变化，如肌肉中肌糖原、肌球蛋白、肌红蛋白和水分等含量增加。肌球蛋白和肌红蛋白是肌肉收缩的基本物质，这些物质增多，可提高肌肉收缩的能力。另外，骨骼肌表面和肌纤维之间有脂肪堆积，肌肉内的脂肪在肌肉收缩时会产生摩擦，因而会降低脂肪收缩的效率。通过体育锻炼，特别是通过韵律操、健美操等运动项目的练习，可有效地减少肌肉内的脂肪，提高肌肉收缩效率。

二、形体训练与能源

人们在进行体育锻炼时，体内代谢过程比平时大大加强，能量消耗增加。而锻炼后，体内能量物质的恢复过程更充分，可达到比锻炼前更高的水平，各器官系统功能增强。而人体在进行训练时，能源的足够供应是训练中体力充沛的保证。

1. 能源供应

能源通常指训练中用来供三磷酸腺苷（ATP）再合成之用的那些营养物质，共有三类：糖、蛋白质和脂肪。

（1）糖是构成人体组织的重要成分

糖是训练过程中能量的主要供给者。各器官、肌肉、大脑的活动都需要

消耗大量能源，首先要由糖来供应。糖在氧化时所需要的氧较脂肪和蛋白质少，是人体最经济的供能物质。糖在体内除供应能量外，还可以转变成蛋白质和脂肪。

（2）蛋白质是生命的基础，是建造、修补和再生组织的主要材料

蛋白质在分解时产生能量，是体内能量来源之一。体内的蛋白质不断分解，又不断地再合成新的蛋白质，因此，人的食物中必须有一定的蛋白质来补充分解时所消耗的蛋白质和供给产生新细胞所需的原料。

（3）脂肪是一种含能量最多的物质

脂肪在体内氧化所放出的能量，约为同量的糖和蛋白质的两倍。但体内能量供给首先来源于糖。运动中，在糖逐渐减少时，才开始由脂肪来供给能量。体内的脂肪贮存量较大，一般占体重的10%~20%。脂肪除了由食物获取外，还可以在体内由糖和蛋白质转变而成。营养较好而又不爱活动的人，多余的营养物质即转变成脂肪贮存起来，因而人会发胖。

2. 人体运动时的能量供应

肌肉收缩时能量的来源是三磷酸腺苷的分解，最终来源是糖或脂肪的氧化分解。但是肌肉中的三磷酸腺苷的储备很少，所以必须边分解边合成，才能使肌肉活动得以持久。运动时，人体以何种方式供能取决于需氧量和吸氧量的相互关系。运动时需氧量取决于运动强度，强度越大，需氧量越大。

（1）有氧氧化

有氧氧化系指糖（或脂肪）在氧的参与下分解为二氧化碳和水，同时释放大量能量，供二磷酸腺苷再合成为三磷酸腺苷。氧的供应充足是实现有氧氧化的先决条件。人体吸氧能力越大，有氧氧化水平也越高。所以，人体的最大吸氧量是人体内有氧氧化能力（或称有氧代谢能力）的标志。

（2）无氧酵解

糖原无氧酵解供能（乳酸能）是指由肌糖原分解成乳酸时放出能量，它是在人体处于缺氧情况下产生的。当组织缺氧70%时，糖的无氧酵解供能即开始。人体的无氧供能能力，可以用人体负氧债的能力来衡量。运动强度大的项目，都需要无氧酵解供能。

3. 形体训练中韵律操、健美操的供能特点

这类运动锻炼，由于运动强度不大而持续时间较长，补充体内三磷酸腺苷消耗的途径主要来自体内糖和脂肪的有氧代谢。特别是长时间的练习，脂

肪氧化供能的比例会逐渐增加，因此，肥胖者想消耗体内多余脂肪，就应当多进行一些强度不大但持续时间长些的韵律操或健美操的练习。但我们也应认识到，当人们从事任何一种运动时，事实上很少可能是仅属于一种供能系统供能，大多数情况是上述几类供能方式均参与供能，只不过所占的比例不同罢了。因此，在锻炼时要根据自己的特点及要达到的主要目的在锻炼手段、强度上进行恰当调整。

三、形体训练与心肺功能

经常从事体育锻炼，对人体的心血管的形态、结构和机能以及呼吸器官的构造和机能都会产生良好的影响。由于肌肉的紧张活动，心脏的工作量增加，可使心肌纤维增粗，心壁增厚，使心脏具有更大的收缩力。可使呼吸肌的机能得到提高，因此胸围加大，呼吸深度加深，安静时呼吸频率降低，肺通气量也相应增大。这些都是机体适应机能需要的反应。

1. 对心脏的良好影响

经常参加体育锻炼的人，心肌细胞能获得更充足的氧气及营养供应，因而心脏细胞产生营养性肥大，使心脏重量增加，容积增大，搏动有力，每搏输出量增多，因而安静时心跳次数比一般人慢。一般人每分钟心跳75次左右，而经常锻炼的人每分钟心跳60次左右。安静时心跳速度减慢，可使心肌获得更多休息时间，从而使心脏有更大的储备力。同时还对预防心血管系统疾病有良好作用。锻炼不仅使心脏功能增强，同时还改善体内物质代谢等过程，减少脂质在血管壁的沉积，保持与增进血管壁的良好弹性。还可促进体内脂肪的消耗，并能使具有保护性的高密度脂蛋白增加，这些都可以对心血管疾病起到积极的预防作用。

2. 对呼吸系统良好的影响

进行锻炼时，由于肌肉活动需要更多氧气，因而呼吸次数增加，深度加大，肺通气量大大增加。安静时一般人每分钟呼吸12~16次，每次呼吸吸入新鲜空气约500毫升，每分钟肺通气量6~8升，而剧烈运动时呼吸次数可增至每分钟40~50次，每次吸入新鲜空气达2500毫升，每分钟肺通气量可达70~120升。经常进行锻炼有助于呼吸肌力量增大，胸廓活动性增强，使肺泡具有更好的弹性。因而，在体育锻炼中，呼吸器官可得到很好的锻炼，功能会不断增强。

3. 形体训练的运动强度、持续时间与频度

（1）运动强度

要使锻炼能增大吸氧量，运动强度要适宜。过大的运动强度会使无氧代谢成分增加，而对增进最大吸氧量的效果不一定明显，强度太小对机体影响又太轻微。一般采取用测量心率来作为掌握和控制运动强度的方法。

有氧训练强度阈 = 安静心率 +［（220 - 年龄数）- 安静心率］× 60%

譬如：一位安静心率为每分钟 70 次的 18 岁中专生，发展有氧能力锻炼的强度阈应是 70+［（220−18）−70］× 0.6 = 70 + 79 = 149（次）。

这说明，这位学生在从事有氧代谢能力的锻炼时，心率达到每分钟 149 次左右是适宜的。

（2）一次锻炼持续时间

作为增强人体有氧工作能力的锻炼，无论是从事韵律操、健美操还是各种舞蹈训练，一次锻炼至少持续运动 5 分钟以上，根据健康状况及锻炼基础延长持续 15~20 分钟，甚至 30 分钟以上为好。

（3）锻炼频度

指每星期锻炼多少次。一般中专生每星期至少锻炼 3 次，如每周少于 3 次，则效果不明显，一周锻炼 4~5 次为好。可视个人锻炼习惯、体质基础及锻炼目的而定。

四、形体训练如何推迟疲劳的出现与加速疲劳的消除

1. 推迟疲劳的出现

形体训练时，如果运动性疲劳出现得迟一些，对提高锻炼质量会有帮助。

（1）增强自身抗疲劳能力

机体功能的增强，可使疲劳推迟出现。因此，平时要注意坚持经常锻炼，努力提高自己的身体素质及各器官机能水平。这是一项推迟疲劳出现的经常性的对策。

（2）合理安排每次锻炼的内容

无论是做韵律操、健美操，还是进行器械练习，锻炼时都要注意内容的合理安排，避免因局部负担过重产生局部疲劳，而过早影响全身整体工作能力。因此，在平时锻炼时，注意内容的交替，使身体各部位活动负荷合理搭配，有助于推迟疲劳的出现。

（3）加强意志品质的培养，提高心理素质

人体精神意志因素的改善，有助于机体机能潜力的充分动员，而使疲劳推迟出现。

2. 加速疲劳的消除

锻炼后产生的运动性疲劳，如得不到及时消除，势必影响继续锻炼及学习的精力。因此，应注意加速运动后的疲劳消除。

（1）合理休息

包括睡眠休息及活动性休息。

（2）物理性恢复手段

包括按摩、光疗、电疗、热水浴等，促进疲劳肌肉的代谢过程对加速消除疲劳有积极意义。

（3）合理补充营养

疲劳后要注意维生素和无机盐的补充，同时，各种高能运动饮料及营养滋补剂等对体力恢复也有帮助。

（4）心理调节

积极向上、乐观开朗的情绪也有助于加速疲劳的消除。

思考与练习

1. 什么是人体标准解剖姿势？人体的基本切面和基本轴都有哪些？

2. 负责人体运动的主要肌肉都有哪些？

3. 心血管系统由心脏、动脉、静脉及毛细血管组成，它们的功能是什么？什么是体循环？什么是肺循环？

4. 形体训练中如何锻炼肌肉？如何提高心肺功能？

第三章　体态训练

教学目标

通过本章的学习，要求学生掌握以下内容：

- 掌握正确的站、坐、走的姿态
- 通过多种训练培养优雅的举止
- 自觉纠正不良姿态

体态，是指人的身体姿态，也是人的肢体语言。端庄文雅的举止，能够给人深刻而美好的印象。正如著名哲学家培根所说“相貌的美高于色泽的美，而秀雅合适的动作美又高于相貌的美。这是美的精华”。没有经过专门训练的人很难具备各种规范而典雅的姿态。因此，作为中专生，必须了解和掌握规范的体态动作要领，结合相关的柔韧性训练，矫正不正确的动作，塑造并形成较规范优美的体态，以适应自身成长和未来工作的需要。

第一节　身体的基本姿势

一、正确的站姿

俗话说“站如松”，形容人的身躯像松树一样挺拔、伟岸。要想获得如此的效果，必须掌握以下动作要领：

1. 基本站姿

（1）脚跟靠紧，双腿直立。

（2）躯干挺直，重心应在两腿中间，收腹、挺胸、提臀、立腰。

（3）双肩放松，稍向下压，手臂自然垂于身体两侧。

（4）拔颈，头正，眼睛平视，面带微笑，略收下颌。

（5）整体感觉是上顶下压（头顶肩沉），前后相夹（收腹挺胸）（如图

3-1）。

2. 几种不同站姿

（1）脚跟靠紧，脚尖分开呈“V”字形，身体直立，双手置于身体两侧，其他同基本姿态（如图 3-2）。

（2）右脚的脚跟置于左脚踝骨位置，呈“T”字形，身体直立，双手置于身体两侧，其他同基本姿态（如图 3-3）。

（3）身体直立，右手搭在左手上，拇指藏于虎口之中，至于腹前，双脚可呈“V”字形或“T”字形，其他同基本姿态（如图 3-4）。

（4）双腿分开，两脚平行比肩宽略窄一点，身体直立，右手搭在左手上，贴在臀部，其他同基本姿态（如图 3-5）。

注意：前三种姿态适合于女生，第四种姿态适合于男生。

图 3-1

图 3-2

图 3-3

图 3-4

图 3-5

二、端庄的坐姿

“坐”是人们日常工作、学习、生活、休息中离不开的一种姿态。俗话说“坐如钟”，形容人的坐姿像钟一样沉稳、端庄、大方、舒展，起立落座之时应该轻如鸿雁。

1. 基本坐姿

（1）脚跟靠紧，两膝并拢，双腿正放或侧放，大小腿之间保持 90 度角（如图 3-6，图 3-7）。

（2）坐在椅子上，应至少坐满椅子的 2/3，脊背直立或轻靠椅背（如图

3-8）。

（3）立腰、挺胸，上体自然挺直。

（4）双肩平正放松，双臂自然弯曲放在膝上，也可放在椅子或沙发扶手上，掌心向下。

（5）头要正，眼睛平视，面带微笑，略收下颌。

（6）起立和落座时要轻要稳。落座时，右脚向后退半步，同时男生提裤线、女生拂裙摆，上身顺势前倾，眼睛平视，面带微笑（如图 3-9，图 3-10）；起立时，右脚同样后退半步用力蹬地起身站直（如图 3-11）。

图 3-6

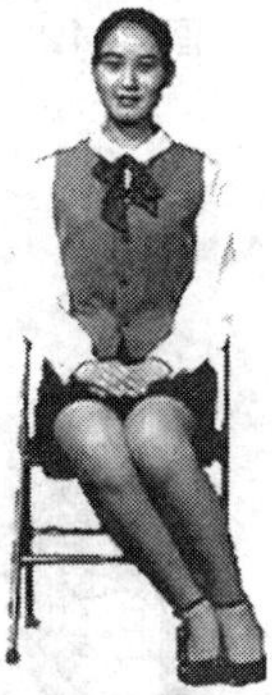
图 3-7

图 3-8

图 3-9

2. **几种不同坐姿**

（1）脚跟靠紧，脚尖分开呈“V”字形，双膝并拢，上体挺直坐正（如图 3-12）。（女生坐姿）

（2）右脚的脚跟靠在左脚的踝骨处，呈“T”字形，双膝并拢，上体挺直坐正（如图 3-13）。（女生坐姿）

（3）双腿并拢，双脚交叉置于一侧或收后，脚面朝前，脚尖向下，双手叠放置于左腿或右腿上，上体挺直坐正（如图 3-14）。（女生坐姿）

（4）双脚左右开立略比肩窄，双手放置双膝上，上体挺直坐正（如图 3-15）。（男生坐姿）

（5）双脚前后开立略比肩窄，其他同上（如图 3-16）。（男生坐姿）

（6）侧坐时，身体向左或向右转体 45 度，双脚自然开立，女生应注意双膝并拢，右手搭左手放置在左腿或右腿上（如图 3-17）。（女生坐姿）

图 3–10

图 3–11

图 3–12

图 3–13

图 3–14

图 3–15

图 3–16

图 3–17

三、优美的走姿

俗话说“行如风”，比喻人的步态应该像风一样轻盈、敏捷。只有这样才能呈现一种朝气蓬勃、积极向上的精神状态，给人留下一幅难以忘怀的动态美的画面。

1. 正确的走姿

（1）在站立的基础上，重心应该平行地向前移动，切忌重心上下或左右摆动。

（2）行走时，双脚的脚尖应向正前方，同时，双脚内侧在一条直线上，脚跟先着地，膝和脚腕要自然放松，步幅适当，一般情况下两脚相隔一脚长的间隔左右（也应考虑性别、身高、着装及场合等因素）。

（3）收腹，提臀，挺胸，立腰，上体挺直。

（4）双肩平稳，双臂前后自然摆动，摆幅以 30~35 度为宜，双肩不要过于僵硬。

（5）头要正，眼睛平视，微收下颌，面带微笑。

（6）拐弯或上下楼时，要从容不迫、控制自如（如图 3–18）。

2. 几种不同走姿

（1）礼仪步：行走时，两腿交替迈步，两脚交替踏在直线上。前脚掌先着地，脚尖略向外呈柳叶形，重心前移，同时伴有轻微的摆胯；收腹，提臀，挺胸，立腰，两臂自然摆动；头要正，肩要平，眼睛平视，面带微笑（如图 3–19）。

（2）侧身步：上体分为右侧身步和左侧身步。上体侧转（左或右）45 度，行走时右脚先向右侧迈步，左脚随后向右上步至右脚前交叉，膝盖、脚尖与上体同方向；重心向侧前平行移动，双肩自然摆动；挺胸，立腰，头正，眼睛平视，面带微笑（如图 3–20）。

（3）退转步：向后行走时，应先退步 1 米左右，然后慢慢转体再向后走，表示对前面客人的尊重（如图 3–21，图 3–22）。

图 3–18

图 3–19

图 3–20

图 3–21

图 3–22

第二节　优雅的举止

体态训练不仅仅要使学生掌握规范的动作要领，更主要的是使学生的举手投足更加优美、典雅，给人以美的感受。这就要求教师在对学生进行基本姿势训练的基础上，配合芭蕾、舞蹈中的柔韧性及控制力等动作的辅助练习，并选用适当的音乐伴奏，使原本呆板、单一的体态训练变得丰富多彩，以提高学生对美的感受、理解和表现。

一、手位、脚位训练

1. 手位训练

第 1 节——手位组合（4 × 8 拍）

预备姿势：右丁字位站立，芭蕾手形，即手指自然展开，大拇指和食指稍向里合。

第一个 8 拍：

1—2：一位：右丁字位，芭蕾手形，双臂呈弧形下垂于体前，指尖相对（如图 3-23）；

3—4：二位：右丁字位，芭蕾手形，双臂弧形由一位向上伸至前平举略低于肩，手心相对（如图 3-24）；

5—6：三位：双臂由二位向上伸至头部上举，手心相对（如图 3-25）；

7—8：四位：左臂三位，右臂向下伸至二位（如图 3-26）。

图 3-23

图 3-24

图 3-25

图 3-26

第二个 8 拍：

1—2：五位：左手三位，右手臂由二位向右平行伸至右侧平举，手心向前，肘关节向后（如图 3-27）；

3—4：六位：右手五位，左手臂由三位向下伸至二位（如图 3-28）；
5—6：七位：右臂不动，左手臂由二位向左平行伸至左侧平举（如图 3-29）；
7—8：还原：双手臂回到原位，同时提踵手翻腕经半蹲成站立。
第三、四个 8 拍：动作相同，方向相反。

图 3-27

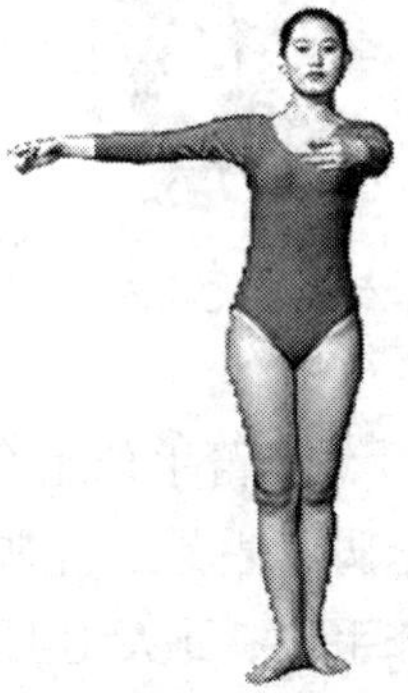
图 3-28

图 3-29

第 2 节——下蹲步手位组合（4×8 拍）

右丁字步站立，屈膝半蹲，膝盖向外，同时手臂做芭蕾 7 个手位（如图 3-30~ 图 3-36）。

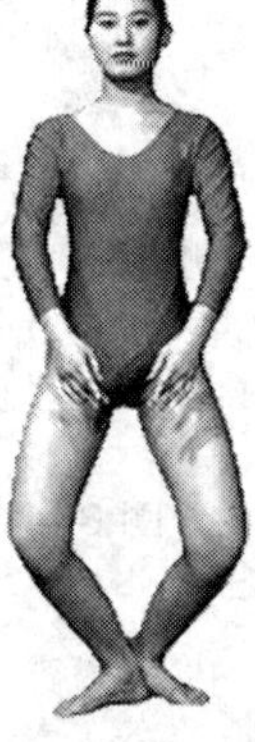
图 3-30

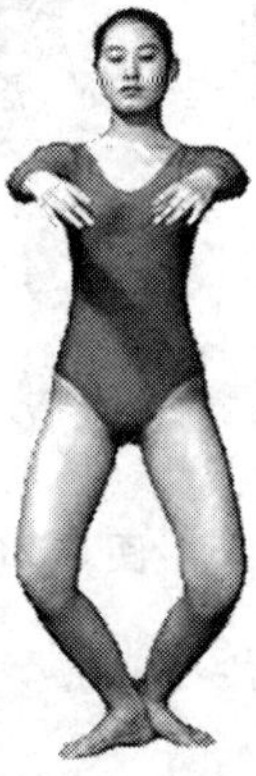
图 3-31

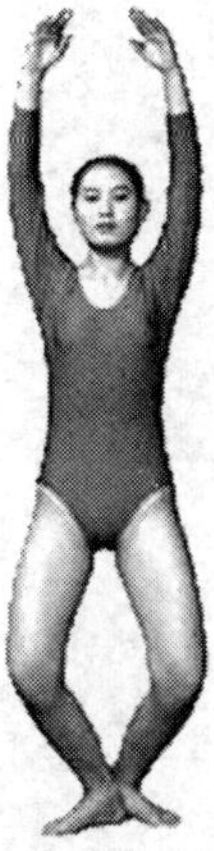
图 3-32

图 3-33

图 3-34

图 3-35

图 3-36

第 3 节——小踏步（左右），芭蕾手位组合（4 × 8 拍）

右脚向左斜 45 度踏步，全脚掌着地，左脚在后，脚尖点地，重心在两脚之间，手臂做 2 × 8 拍芭蕾 7 个手位，最后还原（如图 3-37~ 图 3-43）。其余两个 8 拍动作相同，方向相反。

第4节——二位脚提踵，芭蕾7个手位组合（4 × 8拍）（如图3-44~图3-50）

图 3-37

图 3-38

图 3-39

图 3-40

图 3-41

图 3–42

图 3–43

图 3–44

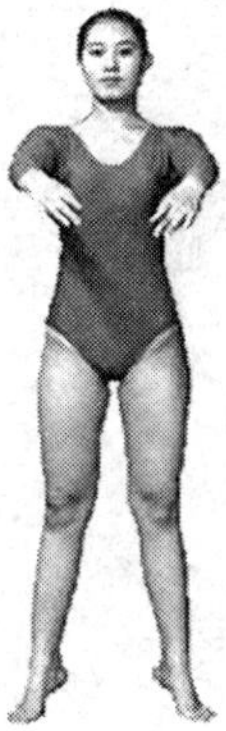
图 3–45

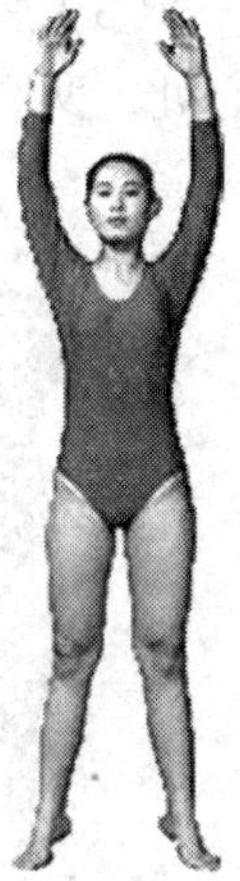
图 3–46

图 3–47

图 3–48

图 3–49

图 3–50

2. 脚位训练（增强腰、腿部力量，加强良好体态控制）

预备姿势：双脚自然并拢直立。

（1）脚一位：双脚跟并拢，双脚尖向外，两脚成一横线，双手叉腰（或二位手）（1×8 拍）（如图 3–51）。

（2）脚二位：右脚右侧点地，随后全脚掌着地，两脚成一横线，脚跟相距一脚长的距离（1×8 拍）（七位手）（如图 3–52）。

（3）脚三位：重心移回左脚成右侧点地，然后右脚左移至右脚跟对左脚心处，两脚平行并拢（1×8 拍）（如图 3-53）。

图 3-51

图 3-52

图 3-53

（4）脚四位：右脚前点地，第 2 拍右脚整脚掌横落地，两脚平行，前后相距一脚间距，右脚跟同左脚尖相对（五手位）（1×8 拍）（如图 3-54）。

（5）脚五位：重心移至左脚，右脚侧点地，第 2 拍右脚左移至双脚重合并拢，右脚跟同左脚尖相对，右脚在前为前五位（六位手）（1×8 拍前五位），右脚在后为后五位（1×8 拍后五位）（如图 3-55）。

图 3-54

图 3-55

二、波浪组合（手臂、身体混合）

1. 手臂波浪组合

第 1 节——单臂依次波浪（4×8 拍）

预备姿势：直立。

第一个 8 拍：

1—2：左手兰花指提腕，手臂呈弧形由身体左侧起缓慢伸至侧平举，手心向下（如图 3-56）；

3—4：左手臂由侧平举缓慢回原位，同时压腕，手心向下（如图 3-57）；

5—6：右手提腕，动作同 1—2，方向相反；

7—8：动作同 3—4，方向相反。

第二个 8 拍：

1—2：左手提腕，手臂成弧形由体侧缓慢伸至左肩上，手心向下（如图 3-58）；

3—4：左手臂向下压腕落至还原（如图 3-59）；

5—8：动作相同，方向相反。

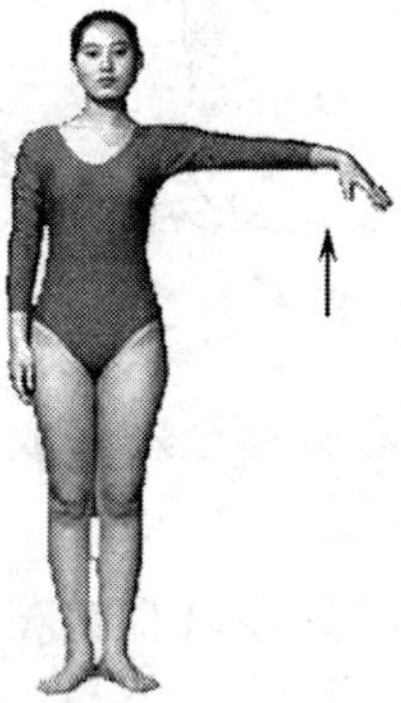
图 3-56

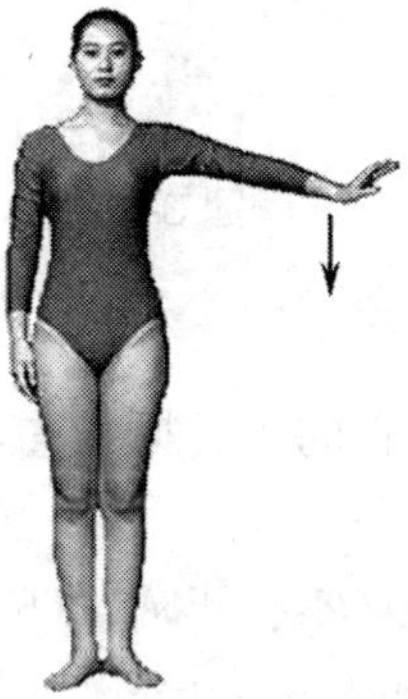
图 3-57

图 3-58

图 3-59

第三个 8 拍：

1—2：左手提腕，左臂波浪至左侧平举，同时双膝屈伸一次（如图 3-60）；

3—4：右手提腕波浪向上伸至右侧平举，左手压腕波浪向下至还原，同时双膝屈伸一次（如图 3-61）；

5—8：重复 1—4 动作。

第四个 8 拍：手臂波浪同第二个 8 拍，同时双腿屈伸 2 拍一次（如图 3-62，图 3-63）。

第 2 节——单臂波浪（加分腿）移重心（4×8 拍）

预备姿势：直立。

第一个 8 拍：

1—4：左脚向侧迈半步，左手臂波浪伸至左肩上，重心由右脚缓慢移至左脚（如图 3-64）；

5—8：左臂还原，同时右臂由体侧波浪伸至右肩上，身体重心由左脚缓慢移至右脚（如图 3-65）。

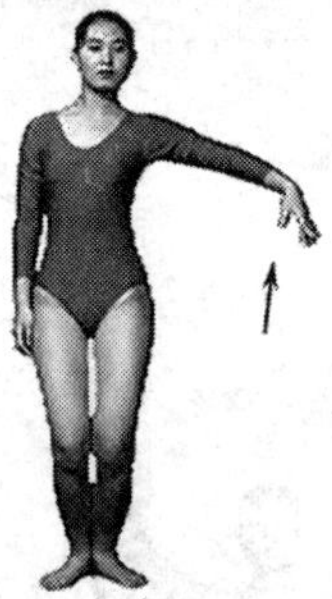

图 3-60

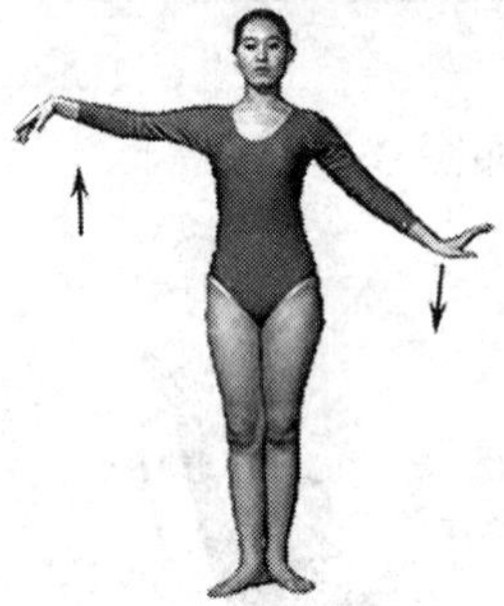

图 3-61

图 3-62

图 3-63

第二个 8 拍：

1—4：左臂波浪至左侧平举，手心向下，同时重心由右脚移至左脚成侧弓步，头向左侧屈（如图 3-66）；

5—8：右臂波浪从体侧伸至右侧平举，手心向下，同时身体重心由左脚移至右脚成右侧弓步，头向右侧屈（如图 3-67）。

第三个 8 拍：重复第一个 8 拍动作。

第四个 8 拍：重复第二个 8 拍动作。

图 3-64

图 3-65

图 3-66

图 3-67

2. **身体波浪**

第 3 节——手臂波浪加步伐练习（4×8 拍）

预备姿势：直立。

第一个 8 拍：

1—4：右脚向左前方小踏步，重心在右脚，左脚的脚尖点地；手臂五位，即左手在上，右手在下，手臂波浪（肩、肘、腕），手心向前。第四拍还原（如图 3-68，图 3-69）；

5—8：动作相同，方向相反。

第二个 8 拍：

1—4：提踵，足尖步，向后移，双臂直臂经体前向后绕环，同时送肩（如图 3-70，图 3-71）；

5—8：动作同 1—4。

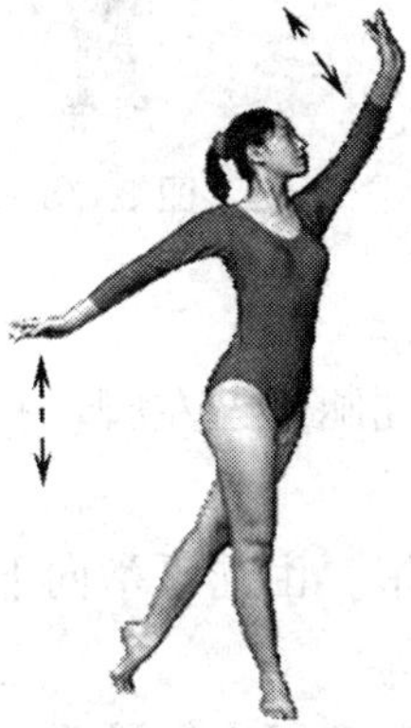

图 3-68

图 3-69

图 3-70

图 3-71

第三个 8 拍：

1—4：第 1 拍，左脚脚尖经体前向右点地，同时右腿半蹲，重心在右腿上（如图 3-72）；左手臂经体前向右绕至左上举，手心向右，右手臂侧平举，手心向前（如图 3-73），第 2 拍、第 3 拍双脚提踵向左小碎步，五位手，头转向左后方，第 4 拍还原；

5—8：与 3—4 动作相同，方向相反，最后 1 拍双手上举成三位手。

第四个 8 拍：

1—4：足尖步，向右后自转一圈，同时手臂依次由头上经体侧向下做手臂波浪（左右交替），送肩，头顺手臂左右摆动（如图 3-74，图 3-75）；

5—8：足尖步，向左后自转一圈，动作同上，方向相反。

第 4 节——全身的波浪练习（4×8 拍）

预备姿势：直立。

图 3-72

图 3-73

图 3-74

图 3-75

第一个 8 拍：

1—2：左脚向前踏半步，全脚掌着地，重心由右脚屈腿移至左脚，右脚脚尖点地；双臂波浪至前平举（如图 3-76）；

3—4：重心由左脚移至右脚，身体波浪伴随手臂波浪，由前平举向下经体前伸至侧平举，手心向下（如图 3-77）；

5—6：左脚在前，右脚向左脚并步，重心前移，同时双臂由侧平举向下经体前向后绕环（如图 3-78）；

7—8：动作同 1—2（如图 3-79）。

第二个 8 拍：

1—2：左脚尖点地，右脚全脚掌着地，重心在右脚上；两臂由前平举向下伸至侧平举（如图 3-80）；

3—4：同第一个 8 拍的 1—2；

5—6：重心向后，同时左脚向右脚并，提踵后成左脚尖点地，两臂由前平举向下经侧平举向内绕环；

7—8：动作同 1—2。

第三个 8 拍：

1—2：左脚向左侧踏步，同时经屈腿移重心至左脚，右脚脚尖点地；双臂由体侧波浪伸至左臂侧平举，右臂前平举（如图 3-81）；

3—4：动作同 1—2，方向相反（如图 3-82）；

5—6：左脚向左点地，右脚向左脚并步，双臂经体前向左绕环（如图 3-83）；

图 3-76

图 3-77

图 3-78

图 3-79

图 3-80

图 3-81

图 3-82

图 3-83

7—8：动作同 1—2（如图 3-84）。

第四个 8 拍：与第三个 8 拍动作相同，方向相反。

第 5 节——放松练习（4×8 拍）

预备姿势：直立。

第一个 8 拍：

1—2：双脚并拢，双腿屈伸；右手臂由体侧经体前波浪向左摆臂，左手不动（如图 3-85）；

3—4：右手臂向右侧摆动，其他同上（如图 3-86）；

5—6：动作同 1—2；

7—8：左脚向左前迈半步，提踵，同时左手臂经右下摆至左上，右手侧平举，头转向左上（如图 3-87），第 8 拍还原。

第二个 8 拍：动作同上，方向相反。

第三、四个 8 拍：重复第一、二个 8 拍动作。

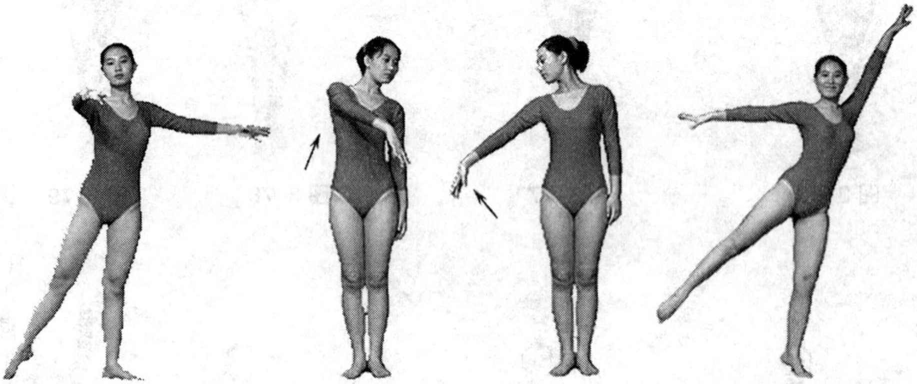

图 3-84　图 3-85　图 3-86　图 3-87

三、步伐训练

通过步伐训练，可以使学生了解、掌握不同步伐的动作要领，以提高身体的韵律感，为形成优雅的举止奠定基础。

1. 足尖步练习（节奏 2/4 或 4/4）

预备姿势：直立，预备时双脚提踵，提气（如图 3-88）。

动作要领：提踵向前迈步，要求脚尖着地，重心平稳向前移动；收腹，提臀，挺胸，立腰，胸式呼吸；肩平，头正，自然摆臂，眼睛平视，面带微笑（也可配合各种手位的变换练习）（如图 3-89）。

2. 变换步练习（节奏 3/4）

预备姿势：直立。

动作要领：第 1 拍左脚向前一步；第 2 拍右脚跟在左脚旁点地；第 3 拍左脚在原地点一下，重心随脚步变换；左右脚交替变换进行，伴随各种手位练习（如晃手）。

3. 柔软步练习（节奏 2/4 或 4/4）

动作要领：第 1、2 拍出左胯，重心向左移，同时右膝半屈，双手前后摆动；第 3、4 拍和第 1、2 拍动作相反（可配合多种手位变换练习，如摇摆）（如图 3-90）。

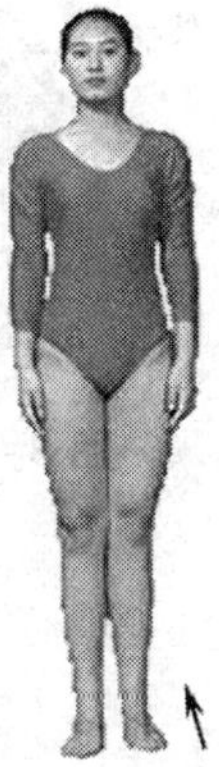

图 3-88

图 3-89

图 3-90

四、胸腰柔韧性练习

通过胸腰柔韧性练习，可以帮助学生纠正不良姿态，形成优雅举止。

1. 胸部柔韧性练习

第 1 节——含胸、展胸（4 × 8 拍）

预备姿势：左手扶把杆，脚跟靠拢，直立（右手由一、二至小七位）（如图 3-91）。

第一个 8 拍：

1—2：膝盖向外屈腿半蹲，右手臂由七位向下至一位同时含胸、低头（如图 3-92）；

3—4：双腿伸直，右臂由一、二位伸至三位，头正（如图 3-93）；

5—6：提踵，立腰，右手臂由三位伸至小七位，同时展胸，头向后看（如图 3-94）；

7—8：还原。

后 3×8 拍同上。

图 3-91

图 3-92

图 3-93

图 3-94

第 2 节——移胸加含展（4×8 拍）

预备姿势：脚二位站立，双手扶把杆（如图 3-95）。

第一个 8 拍：

1—4：第 1 拍重心移至左脚，全脚掌着地，右脚脚尖点地，向左展胸，抬头朝向左前方（如图 3-96）；第 2、3 拍重心由左脚移至两脚之间，双腿半蹲，含胸低头（如图 3-97）；第 4 拍重心移至右脚，双腿直立，左脚脚尖点地，向右展胸，抬头朝向右前方（如图 3-98）；

5—8：动作同 1—4，方向相反。

第二个 8 拍：重复第一个 8 拍动作。

第三个 8 拍：

1—4：左手扶把杆，双腿直立，上体前屈与大腿成 90 度，同时含胸；右手臂经头上向下盖，低头（如图 3-99）；

5—8：从脚—小腿—膝—大腿—胯—腰—胸—肩—头，依次伸展；手臂经体前向后绕至头上举（如图 3-100，图 3-101）。

第四个 8 拍：重复第三个 8 拍动作。

图 3-95

图 3-96

图 3-97

图 3-98

图 3-99

图 3-100

图 3-101

2. 腰部柔韧性练习

第 1 节——下腰练习（4×8 拍）

预备姿势：左手扶把杆，身体直立。

第一个 8 拍：下前腰。

1—4：脚跟并拢，双腿直立，呼吸后下前腰，右手臂随身体向下，低头（如图 3-102）；

5—8：起前腰，立足，同时右手到三位，抬头。

第二个 8 拍：下后腰。

1—4：右脚尖点地，重心在左脚，同时下后腰，手臂由三位向后振（如图 3-103）；

5—8：起后腰，立足，同时右手由三位经小七位还原。

第三个 8 拍：下旁腰。

1—4：双脚跟提踵直立，同时下右旁腰，右手二位，头向右侧（如图 3-104）；

5—8：起右旁腰，立足还原，手臂由三位经小七位还原。

第四个 8 拍：同第三个 8 拍，下左旁腰。

图 3-102

图 3-103

图 3-104

第 2 节——涮腰（4×8 拍）

预备姿势：脚二位，直立。

第一个 8 拍：双脚二位，腿直立，双臂晃手带动腰经前、左旁、后、右旁涮腰（如图 3-105，图 3-106，图 3-107）。

图 3-105

图 3-106

图 3-107

第二个 8 拍：动作相同，方向相反。

第三、四个 8 拍：重复第一、二个 8 拍动作。

五、形态的控制练习

形态控制练习是提高和改善人体形态的重要内容，只有通过控制训练才能使学生掌握的姿态要领得以巩固、强化，形成良好的举止习惯。形态控制可分为呼吸控制、身体重心控制、基本姿态控制等部分。

1. 呼吸控制练习

可结合身体动作姿态，伴随音乐节拍进行有节奏的呼吸控制练习，也可单独选择舒缓的音乐进行胸式呼吸和腹式呼吸练习。有关呼吸控制练习的具体方法将贯穿到以下重心和姿态控制练习中，这里不再单独阐述。

2. 重心控制练习

重心是一个人动作的根本和基础，准确地把握身体重心并加以控制，能帮助我们掌握正确的姿态要领，保持身体平衡；也能使我们的动作轻松自如。下面介绍几种进行重心控制练习的方法。

（1）重心的上下移动（4×8 拍）

预备姿势：右丁字步直立，双手叉腰（选择慢速或中速的 2/4、4/4 拍音乐，随音乐节奏同时进行呼吸控制练习，两拍变换呼吸，通过鼻腔慢收慢呼）。

第一个 8 拍：屈膝半蹲，收腹，立腰，挺胸，肩平，头正，双手叉腰，重心平稳，胸式呼吸（如图 3-108）。

第二个 8 拍：还原成直立，双腿并拢，双手叉腰（收腹、提臀、挺胸、立腰）（如图 3-109）。

第三个 8 拍：双脚提踵，双腿直立夹紧，收腹，提臀，挺胸，立腰，肩平，头正，重心平稳，双手叉腰（如图 3-110）。

第四个 8 拍：同第二个 8 拍动作。

（2）重心平稳的控制——擦地练习（8×8 拍）

预备姿势：右丁字步直立，双手由一位经二位到小七位。

第一个 8 拍：

1—2：右脚直腿前擦至前点地，手臂成七位（如图 3-111）；

3—4：右脚直腿回擦成右丁字步；

5—8：动作同 1—4。

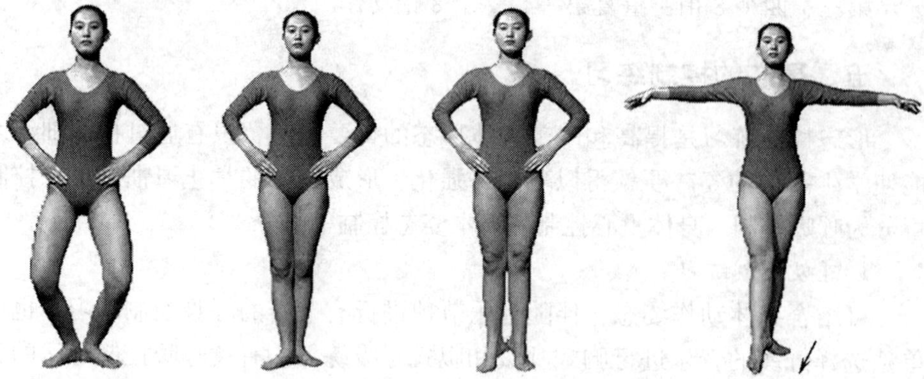

图 3–108　　图 3–109　　图 3–110　　图 3–111

第二个 8 拍：

1—2：右脚直腿右旁擦至远端点，膝盖脚面向外。手臂成二位（如图 3–112）；

3—4：右脚直腿回擦成右丁字步；

5—8：动作同 1—4。

第三个 8 拍：

1—2：右脚直腿后擦至远端点地，膝盖脚面向外。手臂由二位摆至三位（如图 3–113）；

3—4：右脚直腿回擦成右丁字步；

5—8：动作同 1—4。

第四个 8 拍：重复第二个 8 拍动作。

后四个 8 拍：与前四个 8 拍动作相同，方向相反。

（3）重心的平稳移动（4×8 拍）

预备姿势：右丁字步，双腿直立，双手叉腰。

第一个 8 拍：

1—2：左脚踏地，右脚尖前点地，双腿直立，双手叉腰（如图 3–114）；

3—6：前移重心，弯曲双膝（如图 3–115）；

7—8：移重心至右脚，左脚尖后点地，双腿直立，双手叉腰（如图 3–116），第 8 拍还原。

第二个 8 拍：

1—2：左脚蹬地，右脚向右侧擦至右脚尖点地，双手叉腰（如图 3-117）；

3—6：向右侧移重心，弯曲双膝（如图 3-118）；

7—8：第 7 拍重心移至右腿，双腿直立，左脚侧点地（如图 3-119）；第 8 拍，左脚并右脚，成双手叉腰站立形态。

第三个 8 拍：动作与第一个 8 拍相同，方向相反。

第四个 8 拍：动作与第二个 8 拍相同，方向相反。

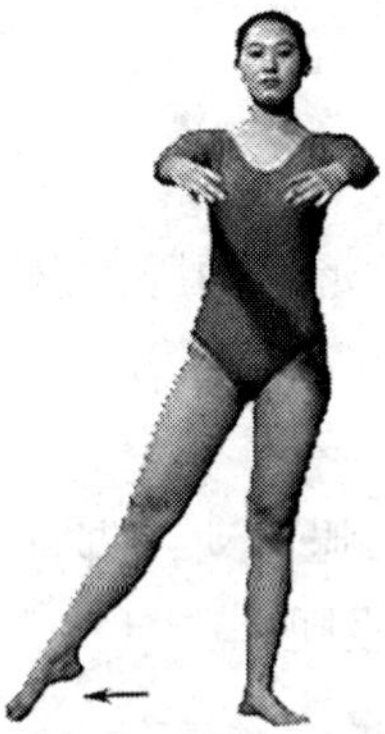
图 3-112

图 3-113

图 3-114

图 3-115

图 3-116

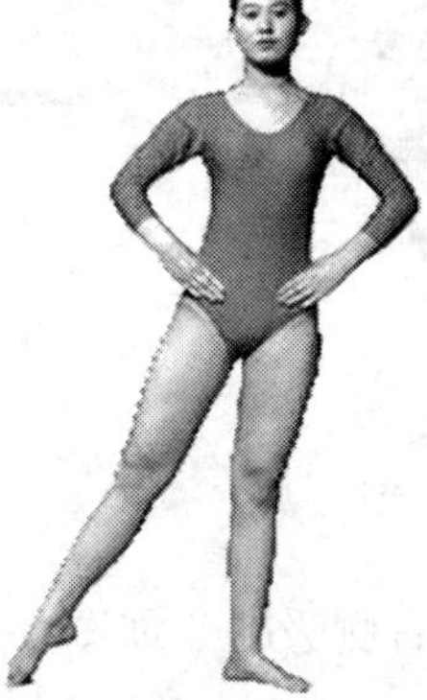
图 3-117

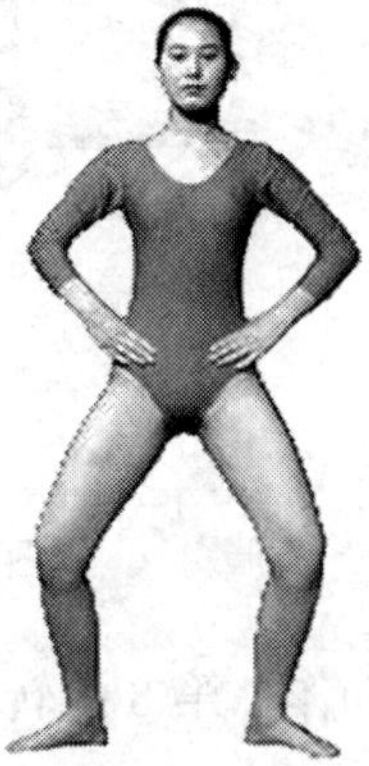
图 3-118

图 3-119

3. **姿态控制练习**

在每一种姿态训练中，都应包含姿态控制的内容。姿态控制实际上是动作的保持或亮相，要求在对姿态准确把握的基础上，以力量来支撑。凡同一动作在两拍或两拍以上都可进行姿态控制，例如：

（1）芭蕾手位练习（每个手位做 1×8 拍）

控制立腰、收腹、挺胸及基本手位。

（2）芭蕾脚位练习（每个脚位做 2×8 拍，配 4/4 拍慢速音乐）

控制脚位及腿、腰、腹、背、手臂等姿态。

（3）小弹腿练习

控制立腰、收腹、立背、挺胸、手位，尤其是大小腿的姿态。

预备姿态：左手扶把杆，右丁字步直立（如图 3-120）。

起始动作：

1—2：右脚直腿，脚尖前点地，右手经一位至二位；

3—4：右腿正吸腿（吸腿：抬腿屈膝，绷脚面，脚踝贴近主力腿的膝关节），右手由二位至七位（如图 3-121）。

第一个 8 拍：

1—4：向前弹直右腿（以膝关节为轴，膝关节向前，大腿不动，脚背带动小腿迅速弹直并控制）（如图 3-122），第 4 拍还原成右侧吸腿；

图 3-120

图 3-121

图 3-122

5—8：同 1—4 动作，第 8 拍转成右侧吸腿（如图 3-123）。

第二个 8 拍：

1—4：向侧弹直右腿，膝关节向侧面并控制（如图 3-124）；第 4 拍还原成右侧吸腿；

5—8：同 1—4 拍动作。

第三个 8 拍：

1—4：向后弹直右腿，膝关节向侧面并控制（如图 3-125），第 4 拍还原成右侧吸腿；

5—8：同 1—4 拍动作。

第四个 8 拍：重复第二个 8 拍动作。

也可以右手扶把杆做相反练习。

图 3-123

图 3-124

图 3-125

第三节　纠正不良姿态的方法

学生们从小到大已基本形成的站立、行走等姿态习惯，有些是不规范甚至是错误的。因此，想通过几次学习就能完全掌握正确姿态，形成优雅举止，是不可能的。我们需要树立正确的意识，反复进行训练，纠正不良姿态，强化正确姿态，才能逐渐养成好习惯。具体方法如下：

1. 加强对优雅举止重要性的认识。

2. 树立必胜的信心，只要掌握要领，刻苦训练，就能养成好习惯。

3. 学习掌握正确的动作要领、知识、技能，并对照进行模仿，反复训练。

4. 了解主要不良姿态的表现：

（1）站姿：扣胸，驼背，腆腹，重心向下（如图 3-126）。

（2）坐姿：身体倾斜、扣胸、驼背，半躺在座位上（如图 3-127）；跷二郎腿，腿哆嗦（如图 3-128）；脚尖向上、鞋底朝前（如图 3-129）；女生膝盖分开等。

（3）走姿：低头，扣胸，重心不稳，左右摇摆或上下晃动；腆腹，重心在双脚脚尖向外或向内等（如图 3-130，图 3-131）。

5. 自我分析，总结（正误对比）。

图 3-126

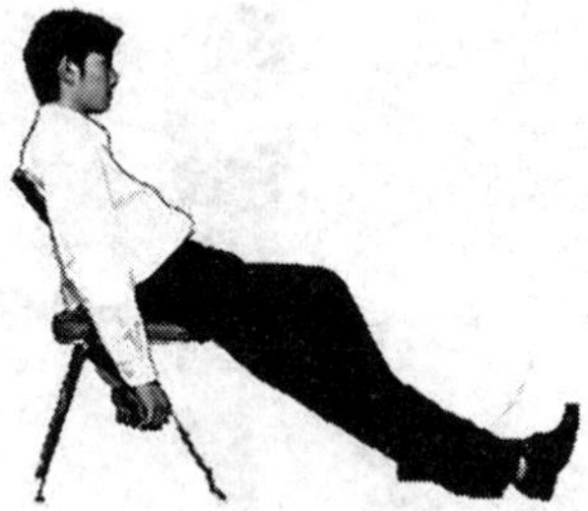

图 3-127

图 3-128

图 3-129

图 3-130

图 3-131

6. 在日常学习生活中，自觉地去练习，持之以恒，养成良好习惯。

我们相信，学习正确理论，运用科学方法，就能使自己举止有大的改变，能够塑造健康、活泼、自信、优雅的职专生形象。

思考与练习

1. 正确的站姿、坐姿、走姿的动作要领是什么？其表现形式有哪些？
2. 优雅的举止通过哪些训练来获得？
3. 怎样进行身体的控制训练？
4. 如何纠正不良的姿态？
5. 分组或对照镜子进行基本姿势的训练并注意表情。

第四章　体型训练

教学目标

通过本章的学习和训练，要求学生：

- 通过对身体各部位有针对性的训练，达到塑造健美体型的目的
- 通过健美操训练培养韵律感、协调性

正值生长发育期的青少年，应该身材匀称、胖瘦适宜、生气勃勃，洋溢着青春美的气息。体型的状况，一方面取决于先天遗传因素，另一方面也受后天饮食营养、睡眠及训练因素影响。这里我们所要阐述的是通过科学训练影响身体骨骼与肌肉发育，以获得健美体型的方法。

体型美标准，是骨骼既坚硬又有韧性和弹性；骨骼成比例发展，上下匀称，左右对称，各部分骨架有协调性和整体性，男生“Y”形，女生“X”形。除此之外，肌肉美是体型美的重要组成部分，其表现为：肌肉、脂肪比例适度；上下肢比例和左右发展对称，富有力度感；皮肤光洁度好，富有弹性等。

第一节　基本功练习

采用身体局部热身操训练的方式，可以加强身体相关部位力量和柔韧性，以促进骨骼及肌肉的发育，达到塑造健美体型的功效。

一、腿部练习（增强腿部及踝骨的力量）

第 1 节——基本步伐（2×8 拍）

预备姿势：直立。

第一个 8 拍：

1—8：原地踏步走。

第二个8拍：柔软步，屈膝送胯，同时左右摆臂半握拳，收腹，立腰（如图 4-1）。第 8 拍双脚左右开立，双手放在身体两侧（如图 4-2）。

第 2 节——提踵练习（4×8 拍）

预备姿势：双脚左右开立，双手叉腰。

第一个 8 拍：

1—2：双脚提踵，脚尖向前，收腹，立腰，挺胸，头正，双手叉腰（如图 4-3）；

3—4：还原；

5—8：同 1—4 拍动作。

第二个 8 拍：

1—4：双脚提压脚跟，一拍一次，共 3 次（重拍压脚跟），第 4 拍还原；

5—6：双脚提踵，双手叉腰；

7—8：还原。

第三个 8 拍：动作同第一个 8 拍。

第四个 8 拍：动作同第二个 8 拍。

第 3 节——屈膝提踵练习（4×8 拍）

预备姿势：双脚左右开立，双手叉腰。

第一个 8 拍：

1—2：左脚提踵屈膝，右脚原位（如图 4-4）；

3—4：左脚保持 1—2 动作，同时右脚提踵屈膝（膝盖向前）（如图 4-5）；

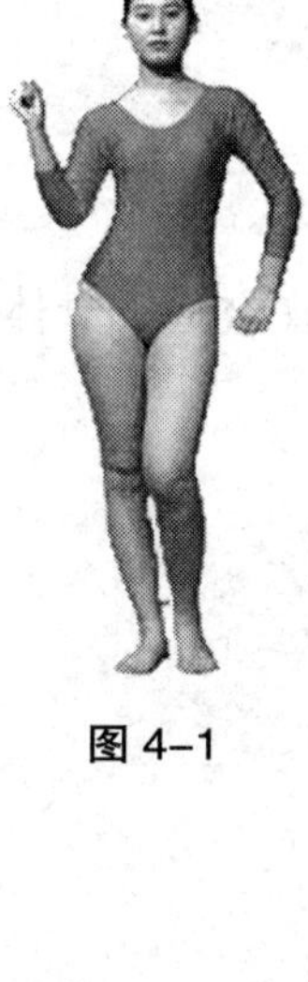

图 4–1

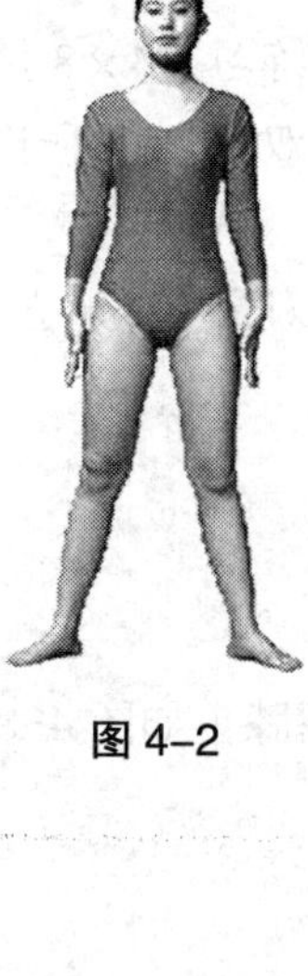

图 4–2

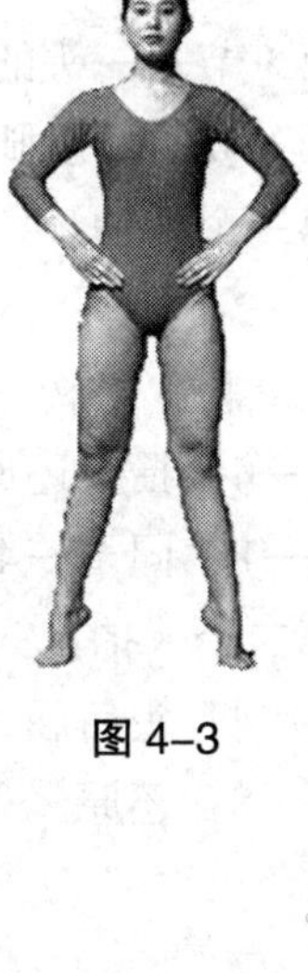

图 4–3

5—6：双腿在屈膝提踵的基础上，提踵直腿（如图 4-6）；

7—8：双脚压脚跟还原。

第二个 8 拍：动作同第一个 8 拍。

第三个 8 拍：

1—2：第 1 拍左脚提踵屈膝；第 2 拍右脚提踵屈膝；

3—4：双脚提踵直腿，第 4 拍还原；

5—8：同 1—4 动作。

第四个 8 拍：动作同第三个 8 拍。

图 4-4

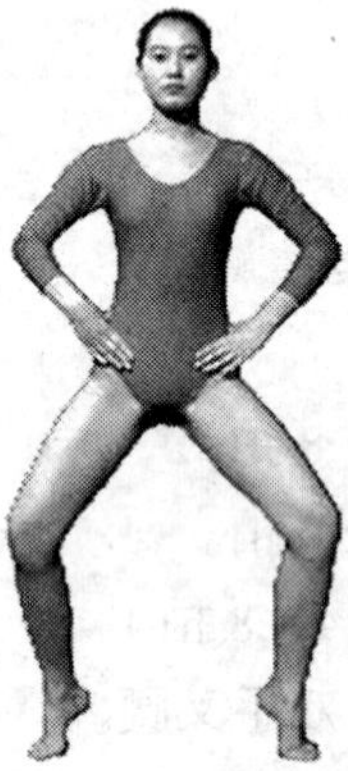

图 4-5

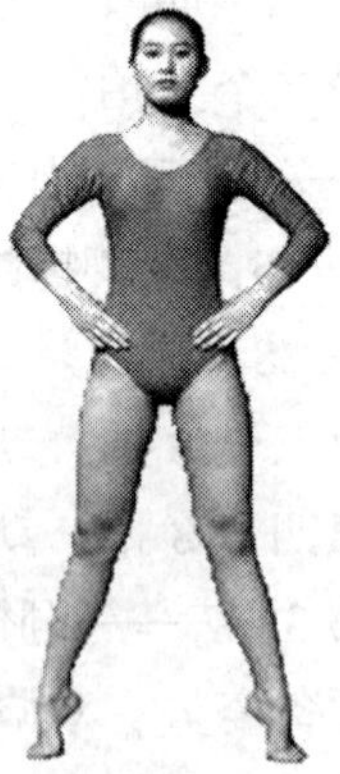

图 4-6

二、颈部练习（增强颈部灵活性）

第 1 节——头的前屈、后屈练习（4×8 拍）

预备姿势：双腿左右开立，双臂自然垂于身体两侧。

第一个 8 拍：

1—2：低头，颈部放松；双腿左右开立，双臂自然放松垂于身体两侧，收腹、立腰、挺胸、平肩（如图 4-7）；

3—4：抬头还原；

5—8：同 1—4 动作。

第二个 8 拍：

1—4：头后屈，同时双腿屈膝（如图 4-8）；

5—8：还原。

第三、四个 8 拍：动作与第一、二个 8 拍相同。

第 2 节——头的侧屈练习（4 × 8 拍）

预备姿势：双腿左右开立，双臂自然垂于身体两侧。

第一个 8 拍：

1—2：头向左侧屈（用左耳找左肩），双腿左右开立，收腹，立腰，挺胸，平肩，双臂自然垂于身体两侧（如图 4-9）；

3—4：头正还原；

5—6：头向右侧屈，动作同 1—2，方向相反（如图 4-10）；

7—8：还原。

第二个 8 拍：动作同第一个 8 拍。

第三个 8 拍：动作同第一个 8 拍，节奏加快，一拍一动。

1—2：第 1 拍头向左侧屈，第 2 拍还原；

3—4：第 1 拍头向右侧屈，第 2 拍还原；

5—8：同 1—4 拍动作。

第四个 8 拍：重复第三个 8 拍。

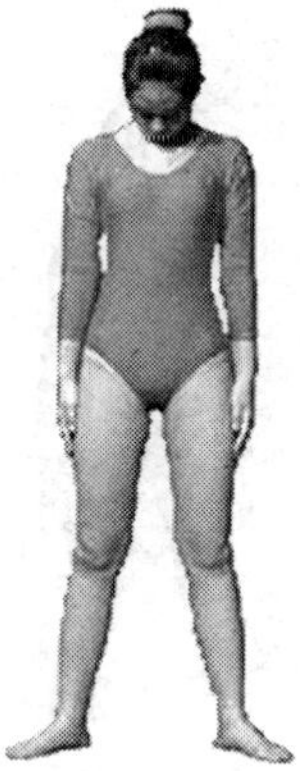
图 4–7

图 4–8

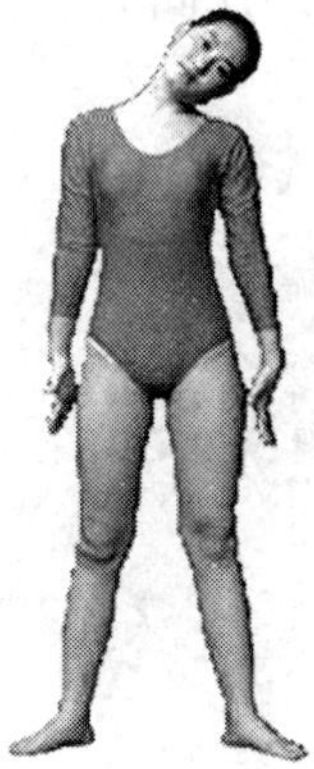
图 4–9

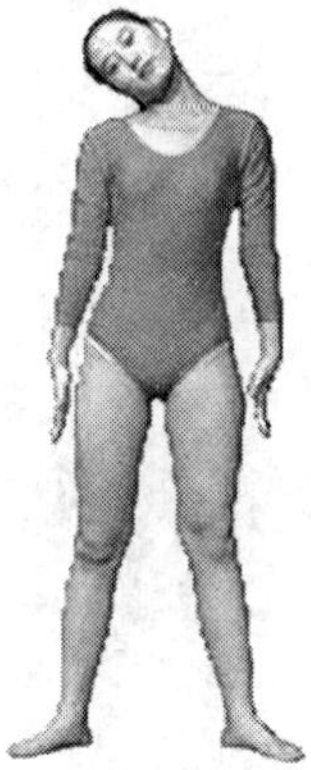
图 4–10

第 3 节——转头运动（4 × 8 拍）

预备姿势：双腿左右开立，双臂自然垂于身体两侧。

第一个 8 拍：

1—2：第 1 拍头向左转（右耳向前）（如图 4-11）；第 2 拍头正还原；

3—4：第 1 拍头向右转（左耳向前）；第 2 拍头正还原；

5—8：同 1—4 动作。

第二个 8 拍：

1—2：头向左转，同时屈右腿，重心移向右腿，左腿伸直，双膝及脚尖向前；挺胸，立腰，双臂垂于身体两侧（如图 4-12）；

3—4：头正，右腿伸直，重心移向两腿之间，还原；

5—6：头向右转，同时屈左腿，重心移向左腿，右腿伸直，脚尖向前，挺胸，立腰，双臂自然垂于身体两侧；

7—8：头正，左腿伸直，重心移向两腿之间。

第三个 8 拍：动作同第一个 8 拍。

第四个 8 拍：动作同第二个 8 拍。

第 4 节——头部绕环运动（4×8 拍）

预备姿势：双腿左右开立，双臂自然垂于身体两侧。

第一个 8 拍：头从左侧经后、右至前屈绕环（如图 4-13，图 4-14），最后 1 拍还原。

第二个 8 拍：头向右、后经左至前屈绕环，最后 1 拍还原。

第三、四个 8 拍：动作同第一、二个 8 拍。

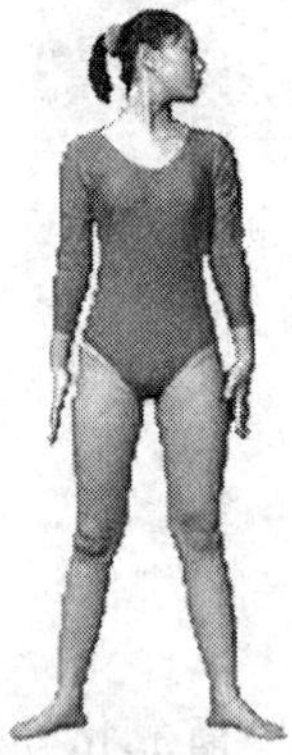
图 4-11

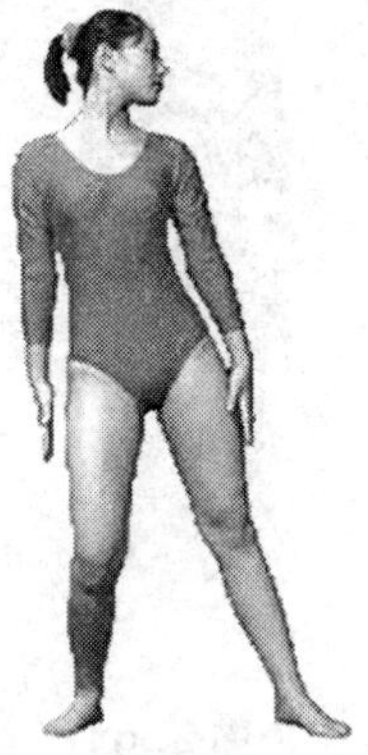
图 4-12

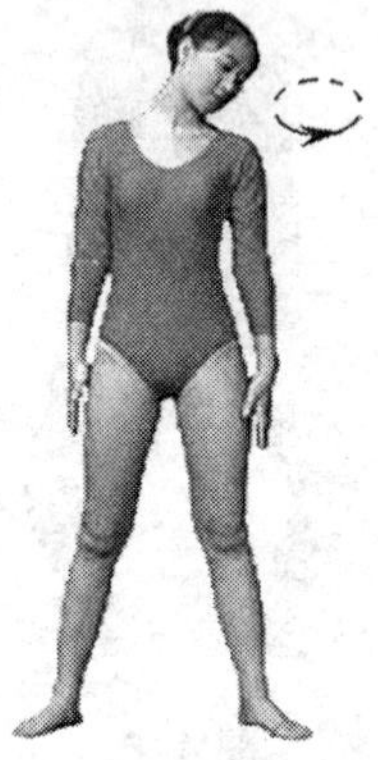
图 4-13

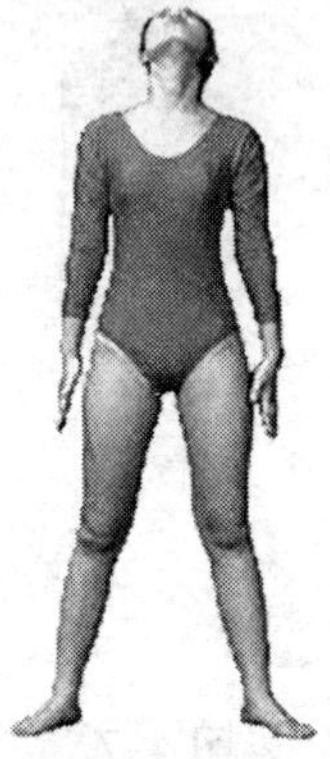
图 4-14

三、肩部练习（增强肩部的柔韧性）

第 1 节——提压肩（4×8 拍）

预备姿势：双脚左右开立，双臂自然垂于身体两侧。

第一个 8 拍：

1—2：第 1 拍提左肩同时重心移至右腿，左脚尖点地，脚面向外，收腹，立腰，挺胸，直臂，头朝向右斜上方（如图 4-15）；第 2 拍压左肩，重心移至两腿之间；

3—4：提右肩，动作同 1—2 拍，方向相反；

5—6：双肩一起提压，双脚左右开立（如图 4-16）；

7—8：与 5—6 拍动作相同。

第二个 8 拍：重复第一个 8 拍动作。

第三个 8 拍：

双脚左右开立，双腿屈膝（膝盖、脚尖方向朝外），同时双肩依次向下提压（用肩带动手臂），直臂，五指分开用力，挺胸，立腰（如图 4-17，图 4-18）。

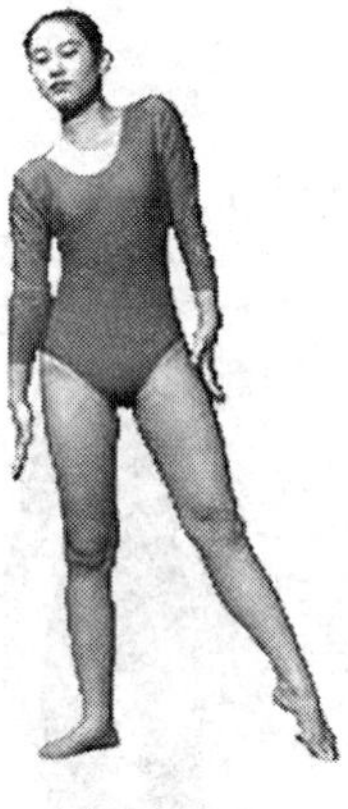

图 4-15

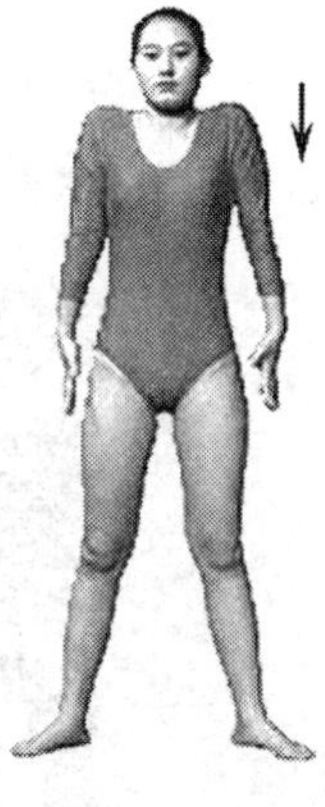

图 4-16

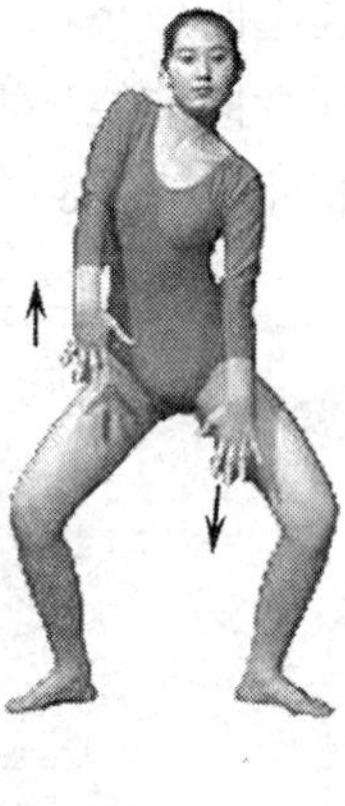

图 4-17

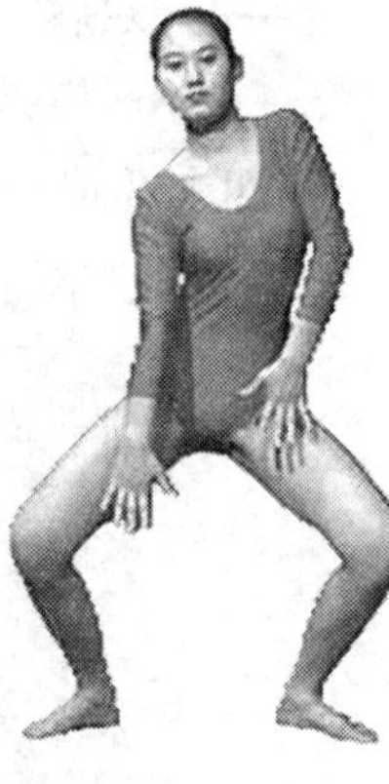

图 4-18

第四个 8 拍：重复第三个 8 拍。

第 2 节——移肩（2×8 拍）

预备姿势：双脚左右开立，两臂侧平举。

第一个 8 拍：

1—2：两臂侧平举，右肩向右移 2 拍，双腿左右开立，收腹，立腰，挺胸，头正（如图 4-19）；

3—4：两臂侧平举，左肩向左移 2 拍；

5—8：同 1—4 拍动作。

第二个 8 拍：重复第一个 8 拍。

第 3 节——肩绕环（4×8 拍）

预备姿势：双脚左右开立，双臂自然垂于身体两侧。

第一个 8 拍：

1—2：左肩提起向前绕环，右肩不动，双脚左右开立，收腹，立腰，挺胸，头正（如图 4-20）；

3—4：左肩提起向后绕环，右肩不动，双脚左右开立，收腹，立腰，挺胸，头正（如图 4-21）；

5—8：左肩绕环，重复 1—4 动作。

第二个 8 拍：动作相同，方向相反（右肩绕环）。

第三个 8 拍：

1—2：双肩一起提起向前绕环（如图 4-22）；

3—4：双肩一起提起向后绕环；

5—8：双肩一起连续向前绕环两次。

第四个 8 拍：动作同第三个 8 拍，方向相反（双肩向后绕环）。

图 4-19

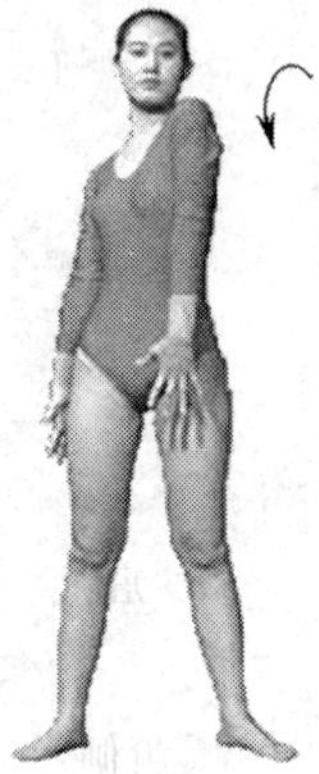

图 4-20

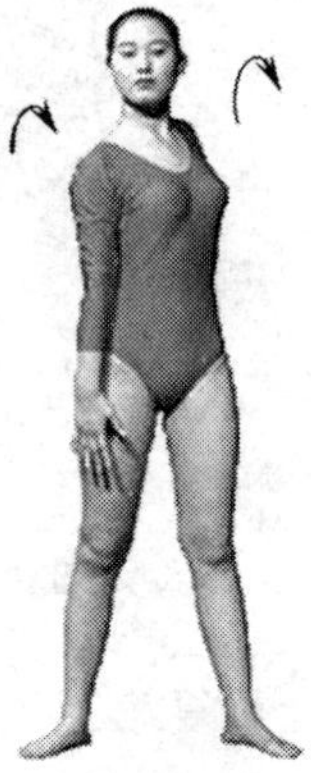

图 4-21

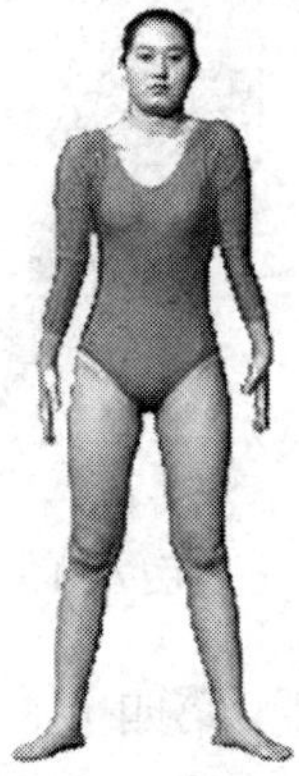

图 4-22

四、手臂练习

第 1 节——伸臂运动（6×8 拍）

预备姿势：双脚左右开立，脚尖朝前；双腿直立，收腹，提臀，挺胸，立腰，肩平，头正，双臂自然垂于身体两侧。

第一个 8 拍：

1—2：左臂由左侧伸直，上举同时五指用力分开，头朝上看，右臂不动（如图 4-23）；

3—4：左臂由上举经屈臂握拳伸至左头（如图 4-24），下举同时五指用力分开，低头看左臂（如图 4-25）；

5—8：左臂不动，右臂做 1—4 左臂动作，低头看右臂。

第二个 8 拍：动作同第一个 8 拍。

图 4-23

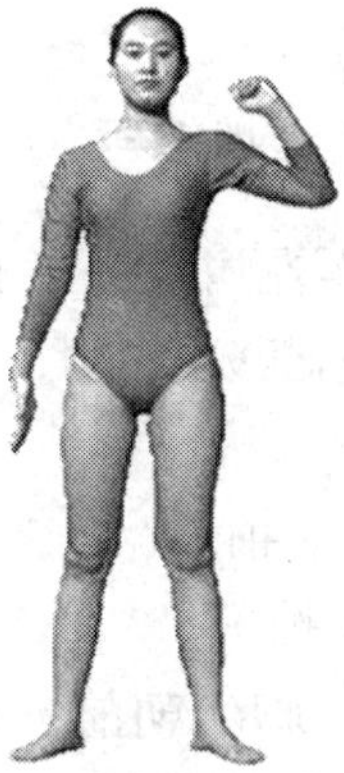

图 4-24

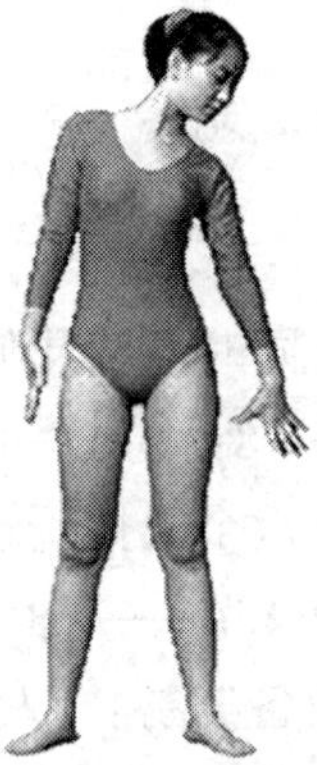

图 4-25

第三个 8 拍：

1—2：双臂同时由身体两侧经屈臂握拳，伸至左臂到左侧平举，右臂伸至头右上举，五指用力分开，同时双膝屈伸，重心由两腿间移至左腿，右脚尖点地（如图 4-26）；

3—4：双臂经屈臂握拳伸至身体两侧，五指用力分开，同时双膝屈伸，重心由左腿移至两腿之间（如图 4-27，图 4-28）；

5—8：动作相同，方向相反。

第四个 8 拍：动作同第三个 8 拍。

第五个 8 拍：

1—2：双臂由身体两侧经屈臂握拳伸至左臂左侧，平举，右臂由右头上举，五指用力分开；同时双膝屈伸重心由两腿之间移至左腿，右脚尖点地；

图 4-26

图 4-27

图 4-28

3—4：双臂经屈臂握拳伸至左肩左头，上举，右臂右侧平举，五指用力分开；同时双膝屈伸，重心由左腿移至右腿，左脚尖点地；

5—8：同 1—4 动作。

第六个 8 拍：动作同第五个 8 拍。

第 2 节——抻拉运动（6×8 拍）

预备姿势：双脚左右开立，脚尖朝前；双腿直立，收腹，提臀，挺胸，立腰，肩平，头正，双臂自然放在身体两侧。

第一个 8 拍：

1—2：双脚左右开立，收腹，立腰，左臂屈肘夹臂于身体左侧，五指分开，右臂伸直于头右上举（略前），五指分开，抬头看右手（如图 4-29）；

3—4：重复 1—2 动作，用力抻拉；

5—8：与 1—4 动作相同，方向相反（如图 4-30）。

第二个 8 拍：动作同第一个 8 拍。

第三个 8 拍：

1—2：左腿侧弓步，膝盖脚尖向前，右腿伸直脚尖点地，脚面向外，重心在左腿上；同时左臂屈肘，右臂伸至头右上举，五指分开，抬头看右手，抻拉（第 1 拍伸，第 2 拍屈）（如图 4-31）；

3—4：同 1—2 动作，用力抻拉；

5—8：动作相同，方向相反（如图 4-32）。

第四个 8 拍：重复第三个 8 拍动作。

图 4–29

图 4–30

图 4–31

图 4–32

第五个 8 拍：

1—2：左腿侧弓步，膝盖脚尖向前，右腿伸直，脚尖点地，脚面向外，重心在左腿上，同时左臂屈肘，右臂伸至头右上举，五指分开，抬头看右手；

3—4：右腿侧弓步，膝盖脚尖向前，左腿伸直，脚尖点地，脚面向外，重心由左腿移至右腿；同时右臂屈肘，左臂伸至头左上举，五指分开，抬头看左手；

5—8：同 1—4 动作。

第六个 8 拍：动作重复第五个 8 拍。

第 3 节——直臂绕环（4×8 拍）

预备姿势：双脚左右开立，双腿直立，收腹，提臀，挺胸，立腰，两臂侧平举，掌心向下，头正，平肩。

第一个 8 拍：

1—2：双脚左右开立，双腿直立，左臂侧平举，掌心向下，右臂直臂经前向后绕环一圈（如图 4–33）；

3—4：重复 1—2 的动作，右臂向后绕环又一圈；

5—8：动作同 1—4，方向相反（如图 4–34）。

第二个 8 拍：

1—2：重心在左腿，右脚尖点地，脚面向外，左臂侧平举，掌心向下，右臂经体前（由下向左）向右绕环一圈（如图 4–35）；

图 4-33

图 4-34

图 4-35

3—4：重复，右手臂向右绕环一圈；

5—8：动作同 1—4，方向相反，左臂向左绕环一圈（如图 4-36）。

第三个 8 拍：重复第一个 8 拍动作。

第四个 8 拍：重复第二个 8 拍动作。

第 4 节——小臂屈伸运动（4×8 拍）

预备姿势：双腿左右开立，收腹，提臀，挺胸，立腰，两臂下垂，于体前交叉，五指分开，同时低头（如图 4-37）。

第一个 8 拍：

1—2：双脚左右开立，双腿直立，双臂由体前经侧平举于肩，上屈，双手握拳，抬头向前看（如图 4-38）；

3—4：双臂由肩上屈经侧平举向下至体前交叉，五指分开，同时低头；

5—8：同 1—4 动作。

第二个 8 拍：

1—2：双脚左右开立，双腿直立，双臂经头上举，右臂右侧平举，左臂左肩上屈，肘向外，双手握拳（如图 4-39），第 2 拍双臂经头上举；

3—4：动作同 1—2，方向相反；

5—8：重复 1—4 动作。

第三个 8 拍：重复第一个 8 拍动作。

第四个 8 拍：

1—2：双脚左右开立，双腿直立，双臂由前平举伸至右臂右平举，左臂胸前屈，肘向外，双手握拳（如图 4-40），第 2 拍双臂前平举；

3—4：动作相同，方向相反；

5—8：重复 1—4 动作。

第 5 节——小臂绕环（4×8 拍）

预备姿势：双脚左右开立，双腿直立，收腹，提臀，挺胸，立腰，两臂侧平举，五指自然并拢，掌心向下，头正，眼睛平视。

第一个 8 拍：

1—2：双脚左右开立，双腿直立，双臂由侧平举以肘关节为轴，小臂从内经下向内绕环一圈（如图 4-41，图 4-42）；

图 4-36

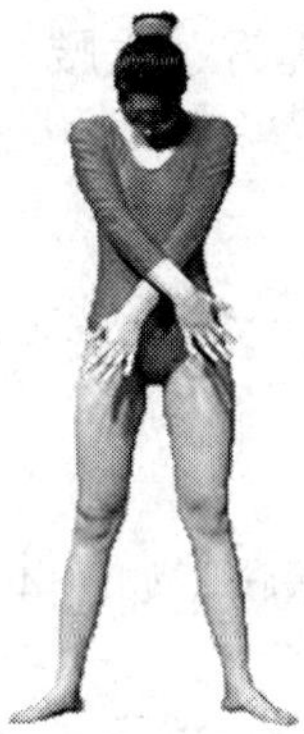
图 4-37

图 4-38

图 4-39

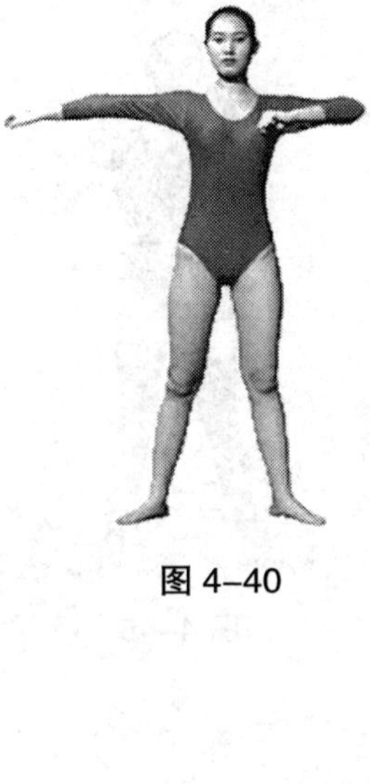
图 4-40

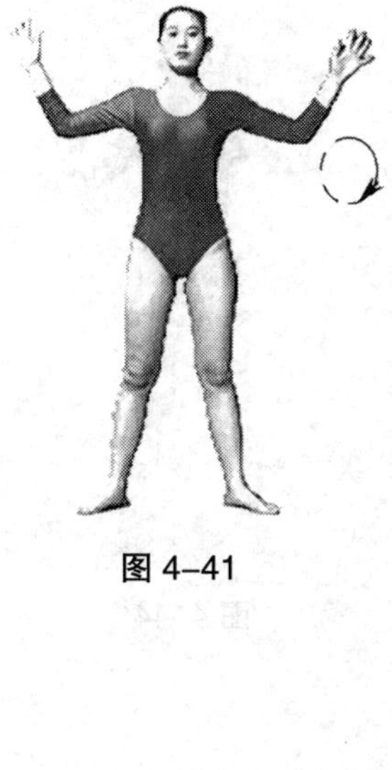
图 4-41

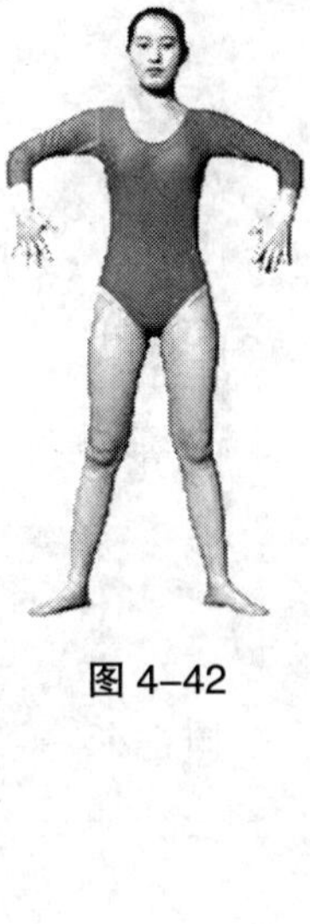
图 4-42

3—4：小臂绕环至侧平举；

5—8：动作同 1—4，双臂小臂经内向外再绕环一圈。

第二个 8 拍：

1—2：双脚左右开立，双腿直立，双臂由侧平举以肘关节为轴，小臂从外经上向外绕环一圈；

3—4：双臂绕环至侧平举；

5—8：重复 1—4 动作。

第三个 8 拍：重复第一个 8 拍动作。

第四个 8 拍：重复第二个 8 拍动作。

第 6 节——提压腕运动（4×8 拍）

预备姿势：双腿并拢直立，收腹，提臀，立腰，挺胸，平肩，头正，双臂自然垂于身体两侧。

第一个 8 拍：

1—2：双腿并拢直立，双臂成芭蕾一位手位，在体前做提压腕（如图 4-43）；

3—4：重复 1—2 动作；

5—8：在芭蕾二位手位处做两次提压腕（如图 4-44）。

第二个 8 拍：

1—2：双腿并拢直立，双臂前平举，双手交替做提压腕，指尖相对（如图 4-45）；

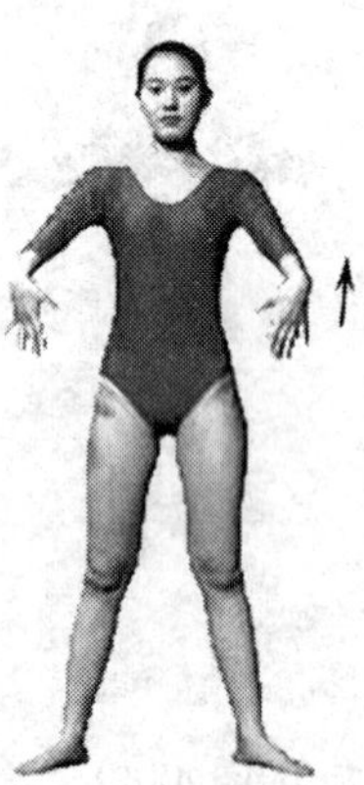

图 4-43

图 4-44

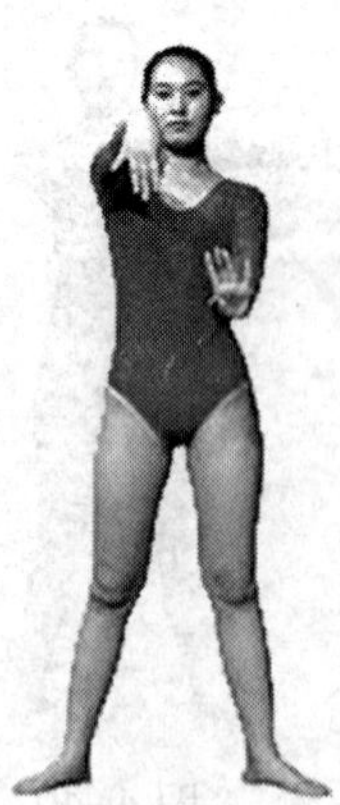

图 4-45

3—4：动作相同，方向相反；

5—8：重复 1—4 动作。

第三个 8 拍：

1—2：双腿并拢直立，双臂在体前，掌根相对振两次（如图 4-46）；

3—4：双腿并拢直立，双臂在身后，掌根相对振两次（如图 4-47）；

5—8：重复 1—4 动作。

第四个 8 拍：

1—2：双腿并拢直立，双臂前平举，同时手掌用力握开做屈伸（如图 4-48）；

3—4：双腿并拢直立，双臂侧平举，同时手掌用力握开做屈伸（如图 4-49）；

5—8：重复 1—4 动作。

图 4-46

图 4-47

图 4-48

图 4-49

五、腰腹练习

第 1 节——体侧运动（4×8 拍）

预备姿势：双脚左右开立，双腿直立，收腹，提臀，立腰，挺胸，两臂侧平举，掌心向上，头正，眼睛平视。

第一个 8 拍：

1—2：双脚左右开立，双腿直立，以腰为轴上体向左侧屈，右臂上举紧贴右耳，左臂在体前向右下伸拉（如图 4-50）；

3—4、5—6：动作同 1—2，上体向左侧振；

7—8：还原成预备姿势（如图 4-51）。

第二个 8 拍：动作同第一个 8 拍，方向相反。

第三个 8 拍：重复第一个 8 拍动作。

第四个 8 拍：重复第二个 8 拍动作。

第 2 节——体转运动（4×8 拍）

预备姿势：双脚左右开立，双腿直立，收腹，提臀，挺胸，立腰，双臂垂于体侧，头正。

第一个 8 拍：

1—2：双脚左右开立，全脚掌着地，以腰为轴上体向左后转体，同时双臂以肘为轴，胸前屈；半握拳，拳心向下并随上体向左后振，头向左后看（如图 4-52）；

3—4：重复 1—2 动作；

5—8：动作同 1—4，方向相反。

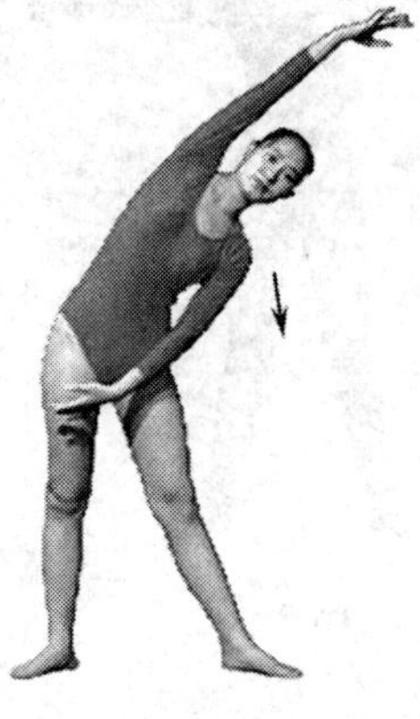

图 4-50

图 4-51

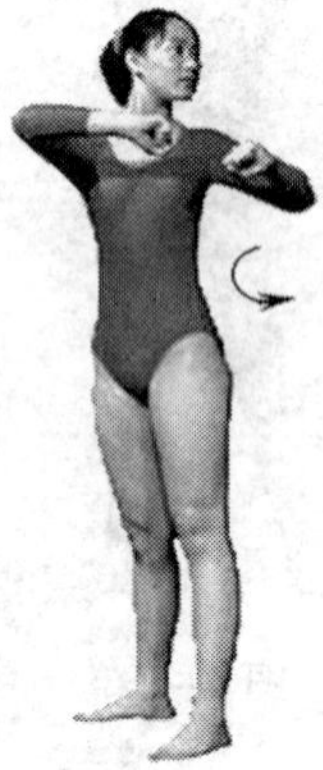

图 4-52

第二个 8 拍：重复第一个 8 拍动作。

第三个 8 拍：

1—2：双脚左右开立，双腿直立，全脚掌着地，以腰为轴，上体向左后转体，同时右臂头上举，左臂向下用力伸臂，五指分开，头向左后看（如图 4-53）；

3—4：重复 1—2 动作；

预备姿势：同上。

5—8：动作相同，方向相反。

第四个 8 拍：动作同第三个 8 拍，但两拍一动。

第 3 节——腰绕环（4×8 拍）

预备姿势：双脚左右开立，双腿直立，双臂自然垂于身体两侧。

第一个 8 拍：

1—2：双脚左右开立，双腿直立，右臂侧平举，手心向下（如图 4-54）；

3—4：双脚左右开立，双腿直立，右臂头上举（如图 4-55）；

5—8：双脚左右开立，双腿直立，以腰为轴，上体由左侧屈经前屈到右侧屈绕环，右手臂头上举随上体绕环（如图 4-56），最后一拍还原。

图 4-53

图 4-54

图 4-55

图 4-56

第二个 8 拍：动作相同，方向相反。

第三个 8 拍：重复第一个 8 拍动作。

第四个 8 拍：重复第二个 8 拍动作。

第 4 节——体前屈移重心（4×8 拍）

第一个 8 拍：

1—2：双脚左右开立，左腿前屈，膝盖向前，重心移至左腿，右脚尖点地，同时体前屈，挺胸，弯腰，抬头，双臂侧平举，五指并拢，掌心向下，上体随重心向左移（如图 4-57）；

3—4：动作相同，方向相反；

5—8：重复 1—4 动作。

第二个 8 拍：

1—2：双腿左右开立，左侧弓步，膝盖向前，重心移至左腿，右脚尖点地；上体前屈并随重心左移，挺胸，弯腰，抬头，握拳，双手摆臂成右臂胸前屈肘向下，左臂直臂摆至上举；

3—4：动作相同，方向相反（如图 4-58）；

5—8：重复 1—4 动作。

第三个 8 拍：重复第一个 8 拍动作。

图 4-57

图 4-58

第四个 8 拍：重复第二个 8 拍动作。

第 5 节——腹背运动（4×8 拍）

预备姿势：同前。

第一个 8 拍：双脚左右开立，双腿直立，上体以腰为轴，体前屈，双手向下（如图 4-59）。

第二个 8 拍：上体用力向下向体后振，双臂随之经双腿之间向后振（如图 4-60）。

第三个 8 拍：重复第一个 8 拍动作。

第四个 8 拍：重复第二个 8 拍动作。

第 6 节——蹲起整理运动（4×8 拍）

预备姿势：同上。

第一个 8 拍：

1—2：双脚并拢，双腿屈膝下蹲，上体团身，低头，双臂交叉抱膝（如图 4-61）；

3—4：双脚跳成左右开立，双腿直立，收腹，立腰，挺胸，抬头，双臂展开至头上举，五指分开（如图 4-62）；

5—8：同 1—4 动作。

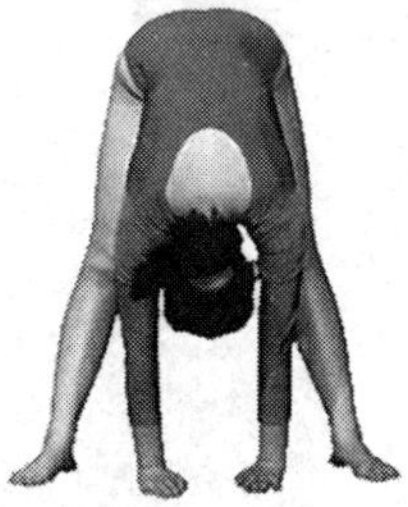

图 4-59

图 4-60

图 4-61

图 4-62

第二个 8 拍：原地踏步。

第三个 8 拍：重复第一个 8 拍动作。

第四个 8 拍：重复第二个 8 拍动作。

六、跳步练习

第 1 节——向前弹踢（4×8 拍）

预备姿势：直立。

第一个 8 拍：

1—2：双腿上跳成右脚着地，左脚经屈腿向前弹踢，绷脚面，双手叉腰（如图 4-63，图 4-64）；

3—4：同 1—2 动作，方向相反；

5—8：重复 1—4 动作。

第二个 8 拍：重复第一个 8 拍动作。

第三个 8 拍：

1—2：弹踢向上，双手压腕，五指分开用力向前推，双臂经屈臂向前伸至前平举，比肩略宽（如图 4-65，图 4-66），第一拍伸臂，第二拍屈臂（跳步收腿）；

图 4–63

图 4–64

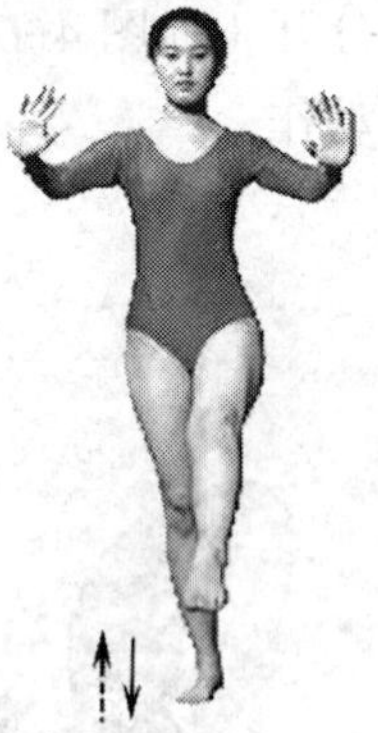

图 4–65

图 4–66

3—4：动作相同，方向相反；

5—8：同 1—4 动作。

第四个 8 拍：重复第三个 8 拍动作。

第 2 节——侧摆腿跳（4×8 拍）

第一个 8 拍：

1—2：左摆腿，重心在右腿，上体向右倾，双臂经体前向左摆，小臂屈伸，五指分开（如图 4–67）；

3—4：动作同 1—2，方向相反；

5—8：同 1—4 动作。

第二个8拍：跳步相同，直臂上下摆，五指并拢，左摆腿，右臂上举（如图 4–68），右摆腿，左臂上举。

第三个 8 拍：动作同第一个 8 拍。

第四个 8 拍：动作同第二个 8 拍。

第 3 节——后踢腿跳（4×8 拍）

第一个 8 拍：

1—2：左脚跳至后吸腿，左膝在右膝后，左脚伸向右侧，绷脚面，上体略下，右侧双臂胸前屈肘，握拳，左上右下；

3—4：动作同 1—2，方向相反（如图 4–69）；

5—8：同 1—4 拍动作。

第二个 8 拍：

1—2：脚步相同，右臂头上举，左臂向下握拳，头向左摆（如图 4–70）；

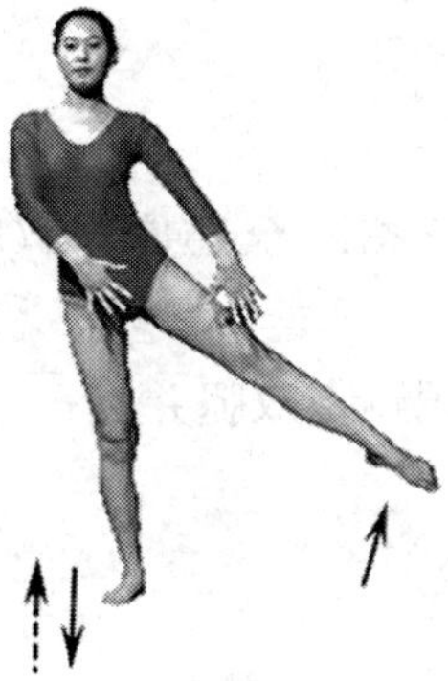

图 4-67

图 4-68

图 4-69

图 4-70

3—4：动作相同，方向相反；

5—8：重复 1—4 动作。

第三个 8 拍：动作同第一个 8 拍。

第四个 8 拍：动作同第二个 8 拍。

第 4 节——开合跳（4×8 拍）

第一个 8 拍：左右开合，双臂前后摆臂。

1—2：第 1 拍双脚跳至左右开合，双臂前平举半握拳（如图 4-71）；第 2 拍还原成双脚并拢（如图 4-72）；

3—4：第 3 拍双脚左右开合跳，双臂侧平举（如图 4-73），第 4 拍还原（如图 4-74）；

图 4-71

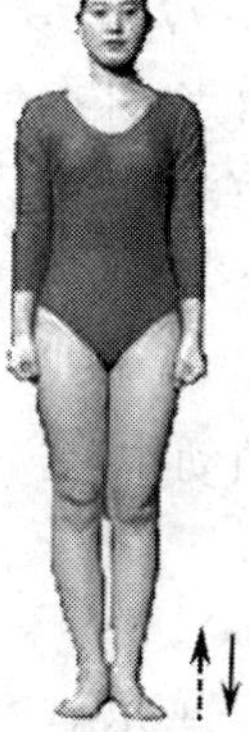

图 4-72

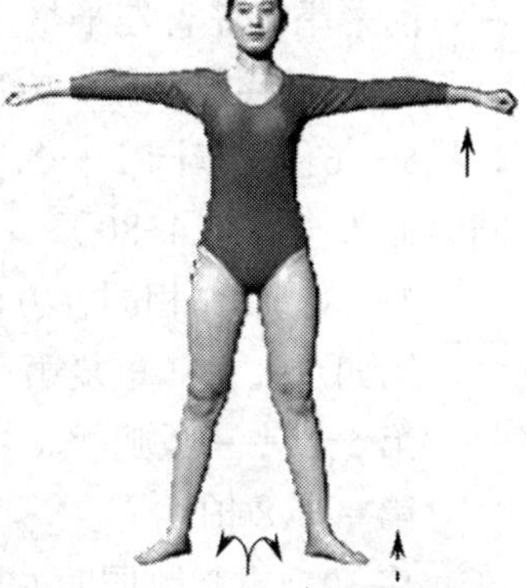

图 4-73

5—6：双脚左右开合跳，双臂由前向后绕环一圈（如图 4-75）；

7—8：同 1—2 动作（如图 4-76）。

第二个 8 拍：

1—2：第 1 拍双脚左右开合跳，双臂侧平举，第 2 拍跳至还原，双腿并拢；

3—4：第 3 拍双脚左右开合跳，双臂前平举；第 4 拍跳至双腿并拢；

5—6：双脚左右开合跳，双臂由外向内绕环一圈；

7—8：同 1—2 动作。

图 4-74

图 4-75

图 4-76

第三个 8 拍：

1—2：第 1 拍双脚左右开合跳至左侧弓步，重心在左脚，右脚脚尖点地；右臂前平举，左臂左平举（如图 4-77）。第 2 拍跳至还原（如图 4-78）；

3—4：动作相同，方向相反（如图 4-79）；

5—6：跳步同 1—2，上体左转 45 度，双臂经头侧上举，手臂一前一后，同时低头（如图 4-80）；

7—8：动作相同，方向相反。

第四个 8 拍：重复第三个 8 拍动作。

第 5 节——吸腿跳（4 × 8 拍）

第一个 8 拍：

1—2：右腿跳同时左腿屈膝，大小腿之间成 90 度，绷脚面；双臂经体侧向上摆至左臂左平举，右臂胸前屈，握拳（如图 4-81）；

图 4–77

图 4–78

图 4–79

图 4–80

3—4：动作相同，方向相反（如图 4–82）；

5—6：吸左腿跳，同时双臂向右绕环一圈（如图 4–83）；

7—8：吸左腿跳，双臂动作同 1—2（如图 4–84）。

图 4–81

图 4–82

图 4–83

图 4–84

第二个 8 拍：与第一个 8 拍动作相同，方向相反。

第三个 8 拍：动作同第一个 8 拍。

第四个 8 拍：动作同第二个 8 拍。

第 6 节——吸踢腿跳（4×8 拍）

第一个 8 拍：

1—2：第 1 拍吸左腿跳，绷脚面；双臂握拳胸前屈（如图 4–85）；第 2

拍直立（如图 4-86）；

3—4：向前踢左腿，绷脚面，双臂伸至左臂左平举，右臂经头上举，五指分开（如图 4-87）；

5—8：动作相同，方向相反。

第二个 8 拍：动作同第一个 8 拍。

第三个 8 拍：

1—2：吸左腿，膝盖向外，绷脚面；双臂握拳胸前屈（如图 4-88）；

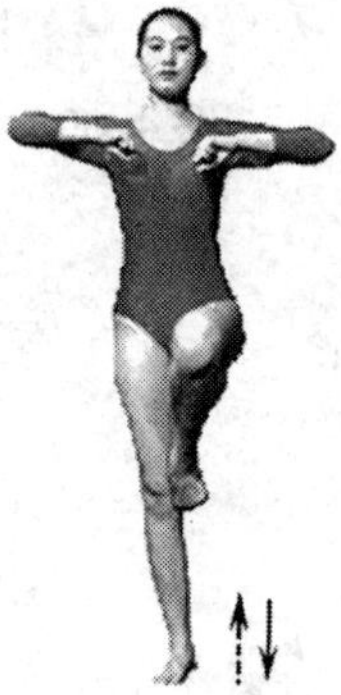
图 4-85

图 4-86

图 4-87

图 4-88

3—4：左腿向左前方踢腿，绷脚面，双臂经头上举向两侧落至侧平举（如图 4-89）；

5—8：动作同 1—4，方向相反。

第四个 8 拍：同第二个 8 拍动作。

第 7 节——后踢腿跑（4 × 8 拍）

第一个 8 拍：

1—：后踢腿跑绷脚面，上体左右摆动，重心向前，同时双臂握拳胸前屈（如图 4-90）；

2—：动作同前，方向相反；

3—：后踢腿跑绷脚面，上体左右摆动，重心向前，左臂握拳胸前屈，右臂经头上举，五指张开用力向上伸（如图 4-91）；

4—：在前一个动作基础上，左臂用力向上伸，后踢腿跑（如图 4-92）；

5—6：双脚并拢跳两拍，同时双手在头上击掌两次（如图 4-93）；

图 4–89

图 4–90

图 4–91

7—8：双脚跳至左右分开，重心在左脚，左膝屈，右腿绷直，脚跟点地；双臂经头上向下划，屈肘压腕（如图 4–94）。

第二个 8 拍：动作同第一个 8 拍，方向相反。

第三、四个 8 拍：动作同前两个 8 拍。

图 4–92

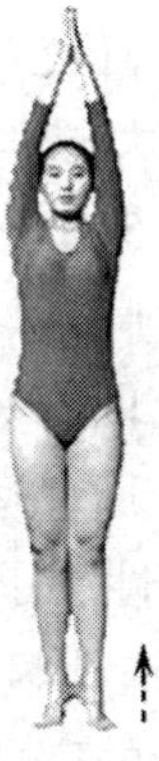

图 4–93

图 4–94

第二节　健美操

在形体训练中，健美操是必不可少的一项重要的锻炼内容。它包括徒手健美操和持轻器械的健美操。主要分为两大类：一类是大众健美操，一类是竞技健美操。无论是什么类型的健美操，最终目的都是增进健康，实现人体美。

那么，确切地讲，什么是健美操呢？健美操，是把体操和舞蹈中的动作，根据练习者的特点，严格按照全面、协调发展身体的要求，组编成操，在音乐伴奏下，达到增进健康，培养正确的体态，塑造美的形体，陶冶美的情操的一种锻炼方法。

健美操简单易学，不受场地、年龄、身体的限制，且动作优美、有力，音乐富有感召力，既有自娱性又有观赏价值，深受我国各年龄段人们的喜爱。

我们向在校的中专学生推荐两套不同难度的健美操，让学生学习、锻炼、表演，以便更好地促进学生形成健美的体型、优雅的姿态。

一、活力健美操

活力健美操，是在较强的音乐伴奏下，选用体操和舞蹈中的动作编排而成。全套操的动作流畅、连续。根据人体的生理特点，选编动作体现力度和自抗力，锻炼效果好。动作的难度和运动量体现循序渐进的原则，便于学习和掌握。这套操不论从音乐的选择上还是动作和造型的选用上，都突出了适合青年人学习的特点，大大增进了广大同学练习健美操的积极性、自觉性。

全套操共分为 5 个部分，每部分 5 节操，共 25 节。

第一部分锻炼的部位：头、颈、肩；第二部分锻炼的部位：上肢和胸部；第三部分锻炼的部位：腰、背部；第四部分锻炼的部位：髋和腹部；第五部分锻炼的部位：下肢。锻炼的部位全面、运动强度较大，坚持练习不仅对提高学生的力量、柔韧性、耐力、协调性、爆发力等有一定的促进作用，而且，对改善学生的体型、端正身体的姿态有明显的效果。

音乐开始是一段抒情的、较缓慢的序曲，伴以展示形体和姿态的舞蹈表演。音乐由慢到快，音乐的情绪也由弱到强，达到高潮，动作也由局部过渡到全身，由原地过渡到跑跳。动作一环扣一环，一个接一个，练习者在学会之后应该一气呵成，一鼓作气完成全套操的动作。这套操既可作为日常练习的内容，也可作为表演型的健美操。

序曲动作（4×8 拍）

预备姿势：直立。

第一个 8 拍：

1—4：左脚向前迈一小步，重心在左腿上，右腿尖点地，同时右臂不动，左臂侧波浪一次（芭蕾形）（如图 4-95）；

5—8：右脚向前迈一步，重心在右腿上，动作同 1—4，换右臂侧波浪一次（如图 4-96）。

第二个 8 拍：

1—4：上步并脚，左、右臂在体后体前波浪摆动一次（如图 4-97）；

5—8：上步并脚，动作同 1—4，方向相反（如图 4-98）。

图 4-95

图 4-96

图 4-97

图 4-98

第三个 8 拍：

1—8：屈膝，左臂七位手，右臂在体前向左摆至三位手，同时，自左向右碎步自转 360 度（如图 4-99）。

第四个 8 拍：

1—2：左脚向前迈步，两臂前摆至二位手；

3—4：重心前移，体后屈，两肩经后绕至三位手（如图 4-100）；

5—8：屈膝半蹲，含胸，同时两臂至一位手（如图 4-101）。

结束动作：还原成直立，同时抬头（如图 4-102）。

第一部分　头、颈、肩

第 1 节——踝部运动（2×8 拍）

第一个 8 拍：

预备动作：低头直立（如图 4-103）。

1—4：抬头；

图 4-99

图 4-100

图 4-101

图 4-102

5—8：两手叉腰（如图 4-104）。

第二个 8 拍：

1—4：压踝三次后直立（如图 4-105）；

5—7：提踵立；

8—：还原成直立。

第 2 节——屈颈运动（2×8 拍）

第一个 8 拍：

1—3：直立，头颈向前用力屈三次，每拍一次（如图 4-106）；

图 4-103

图 4-104

图 4-105

图 4-106

4—：还原成直立；

5—6：半蹲，挺胸抬臂，头颈后屈（如图 4-107）；

7—8：还原成直立。

第二个 8 拍：动作同第一个 8 拍，最后一拍的动作左脚向左迈出一步成左右开立。

第 3 节——颈绕环运动（2×8 拍）

第一个 8 拍：

1—2：左右开立，头颈向左绕（如图 4-108）；

3—4：动作同 1—2，方向相反（如图 4-109）；

5—8：开立，头颈由右向下左、右绕环 360 度。

第二个 8 拍：动作同第一个 8 拍，方向相反，最后一拍的动作还原成直立，双肩上提。

第 4 节——肩部运动（3×8 拍）

预备姿势：直立，双肩上提，两臂下垂。

第一个 8 拍：

1—2：双肩下降上提一次（如图 4-110）；

3—4：动作同 1—2；

5—7：双肩下降上提三次，一拍一动；

图 4-107

图 4-108

图 4-109

图 4-110

8—：还原成预备姿势。

第二个 8 拍：动作同第一个 8 拍。

第三个 8 拍：

1—2：左脚向左迈一步成左弓步，双肩转体 90 度，同时，下降上提二次

（如图 4-111）；

3—4：动作同 1—2，方向相反（如图 4-112）；

5—8：动作同 1—4。

第 5 节——肩绕环运动（4×8 拍）

预备姿势：右弓步，双肩右转 90 度，降肩。

第一个 8 拍：

1—2：左腿收回并右腿，半蹲，同时，左肩向后绕至降肩，右肩不动，两臂下垂（如图 4-113）；

3—4：右脚原地踏一步，同时，右肩向后绕至降肩，右肩随之向前，两臂自然下垂；

5—6：左脚原地踏一步，同时，左臂上举向后绕至下举（掌心向外），右臂不动（如图 4-114）；

7—8：动作同 5—6，方向相反。

图 4-111

图 4-112

图 4-113

图 4-114

第二个 8 拍：

1—2：左脚向左迈一大步，右膝屈，左髋抵二次，两臂侧平举（掌心向前），头向左看（如图 4-115）；

3—4：动作同 1—2，方向相反；

5—：抵左髋一次，同时，两臂由侧平举下摆至胸前交叉屈臂（掌心向内）（如图 4-116）；

6—：动作同 3—4；

7—：动作同第 5 拍；

8—：动作同第 6 拍。

第三、四个 8 拍：动作同第一、二个 8 拍，方向相反。

第二部分 上肢、胸

第 1 节——伸臂运动（4×8 拍）

预备姿势：开立。

第一个 8 拍：

1—2：左臂由屈向上伸二次至上举（掌心向前），右臂肩侧上屈（掌心向前）（如图 4-117）；

3—4：动作同 1—2，方向相反；

5—6：左臂用力伸至侧上举，五指分开（掌心向前），同时，眼看左手（如图 4-118）；

7—8：动作同 5—6，方向相反。

第二个 8 拍：动作同第一个 8 拍，重复一次。

图 4-115

图 4-116

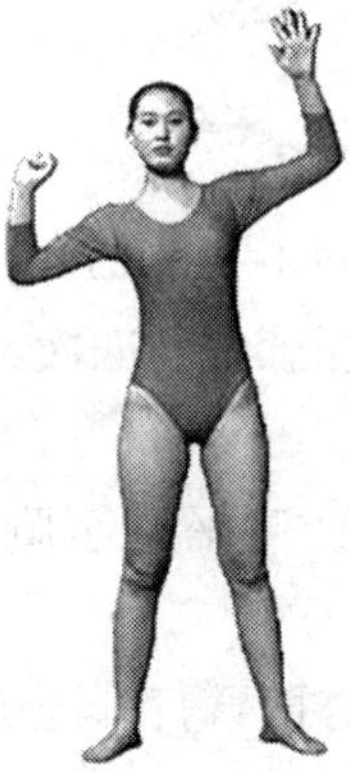
图 4-117

图 4-118

第三个 8 拍：

1—2：上体前屈右转，左臂由屈向右前伸至前举（掌心向下），右臂胸前平屈（半握拳）（如图 4-119）；

3—4：动作同 1—2，方向相反（如图 4-120）；

5—6：左臂用力伸至前平举，右臂胸前平屈（掌心向下），同时，上体体前屈右转，低头；

7—8：动作同 5—6，方向相反。

第四个 8 拍：动作同第三个 8 拍，重复一次。

第 2 节——含胸运动（4×8 拍）

预备姿势：直立。

第一个 8 拍：

1—2：右腿稍屈膝，出左髋，同时左臂稍前屈，右肩稍后屈（如图 4-121）；

图 4-119

图 4-120

图 4-121

3—4：动作同 1—2，方向相反（如图 4-122）；

5—8：左右屈膝抵髋四次，两臂前后自然协调屈臂摆，半握拳。

第二个 8 拍：

1—2：两臂经侧平举至胸前交叉抱肩，同时，半蹲，含胸低头（如图 4-123）；

3—4：直立，两臂打开至侧平举同时挺胸（如图 4-124）；

5—8：动作同 1—4，重复一次。

第三、四个 8 拍：动作同第一、二个 8 拍，重复一次。

第 3 节——夹胸运动（2×8 拍）

预备姿势：直立，两臂侧平举（掌心向后），挺胸。

第一个 8 拍：

1—2：左脚向左迈一步，重心移至左腿，右脚靠拢左脚，半蹲，用力夹胸，同时，两臂由侧平举用力向前平举交叉两次（掌心向下），低头（如图 4-125）；

3—4：左腿直立，右脚向右迈一步，脚尖点地，重心在左腿上，同时挺胸，左臂不动，右臂向右侧打开至平举（掌心向后）（如图 4-126）；

5—8：动作同 1—4，方向相反。

第二个 8 拍：动作同第一个 8 拍，重复一次。

第 4 节——左右移胸运动（2×8 拍）

第一个 8 拍：

1—2：左脚向左迈一步，右脚并拢左脚，同时，左臂在体前向左、上、右、下绕环 360 度（如图 4-127）；

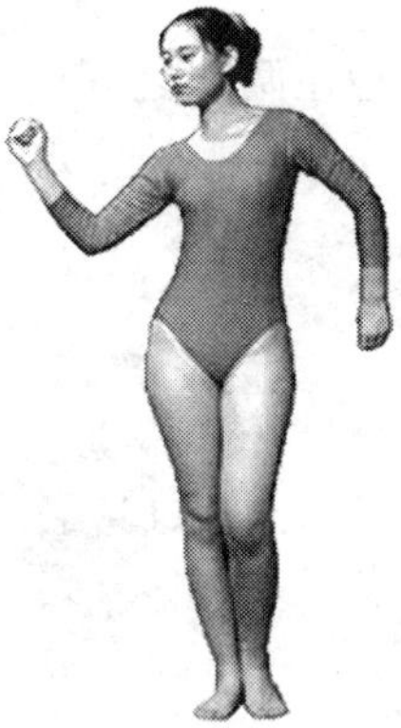
图 4-122

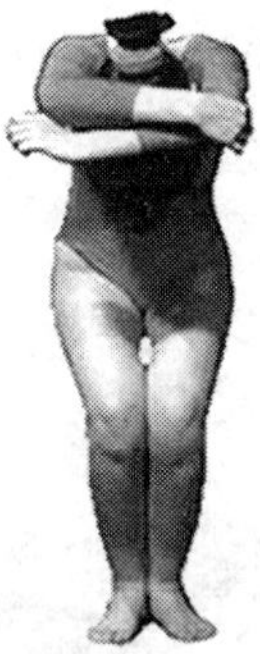
图 4-123

图 4-124

图 4-125

图 4-126

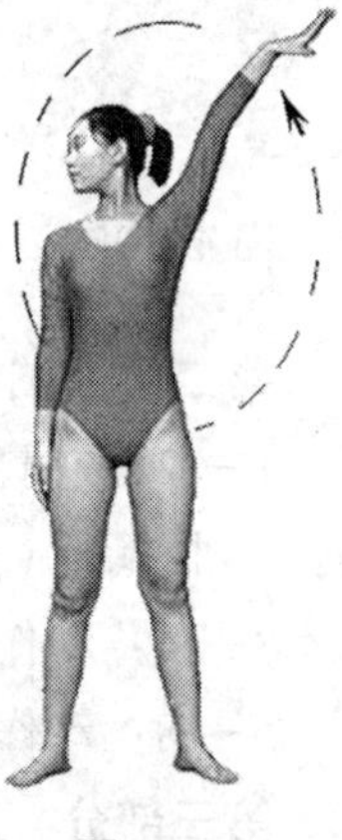
图 4-127

3—4：左脚向左迈一步，成左右开立，同时左臂继续向上摆至头后屈，右手叉腰，胸向左侧移动一次，还原（如图 4-128）；

5—8：动作不变，胸用力向左移动二次，还原。

第二个 8 拍：动作同第一个 8 拍，方向相反。

第 5 节——挺胸运动（2×8 拍）

第一个 8 拍：

1—2：左脚向左前走二步，两臂体侧自然屈臂摆动，半握拳（如图 4-129）；

3—：左脚向左前迈一大步成前弓步，同时，上体前倾，含胸，左臂在体后，右臂向前伸至前举（如图 4-130）；

4—：右脚在原地踏一步，左脚后撤至右弓步，重心在两腿之间，同时，上体直立挺胸，两臂屈臂在肩上，半握拳（如图 4-131）；

5—8：动作不变，用力挺胸二次。

图 4-128

图 4-129

图 4-130

图 4-131

第二个 8 拍：

1—2：左脚向前迈一步，辗转 360 度，右脚向前迈一步，两臂屈臂自然摆臂，半握拳（如图 4-132）；

3—4：动作同第一个 8 拍 3—4，方向相反；

5—8：动作同第一个 8 拍 5—8，方向相反。

第三部分　腰、背部

第 1 节——体转运动（4×8 拍）

预备姿势：直立。

第一个 8 拍：

1—2：两腿不动，上体前屈，同时向左转体 90 度，左臂伸至侧平举，右臂伸至前平举（掌心向下）（如图 4-133）；

3—4：还原直立，两臂在腰侧握拳屈臂（如图 4-134）；

5—8：动作同 1—4，方向相反。

图 4-132

图 4-133

图 4-134

第二个 8 拍：

1—2：上体左后转，右腿稍屈，出左髋，同时，两臂在腹前（掌心向下），上体转动（如图 4-135）；

3—4：动作同 1—2，方向相反（如图 4-136）；

5—8：动作同 1—4，一拍一动，共转体四次。

第三、四个 8 拍：动作同第一、二个 8 拍，重复一次。

注意：体转时脚跟不能离地。

第 2 节——弓步压腿（2×8 拍）

第一个 8 拍：

1—2：左脚向左迈一大步成左侧弓步，上体挺胸前屈，两臂侧平举（掌心向下），抬头（如图 4-137）；

3—4：动作同 1—2，方向相反（如图 4-138）；

5—8：动作同 1—4，重复一次。

第二个 8 拍：

1—8：两脚左右开立，体前屈振四次，两臂前举，手尽量触地（如图

4-139）。

第 3 节——腹背运动（2×8 拍）

第一个 8 拍：

1—2：两脚左右开立，上体后屈，两臂由肩侧屈（半握拳）伸至侧上举（掌心向前），抬头（如图 4-140，图 4-141）；

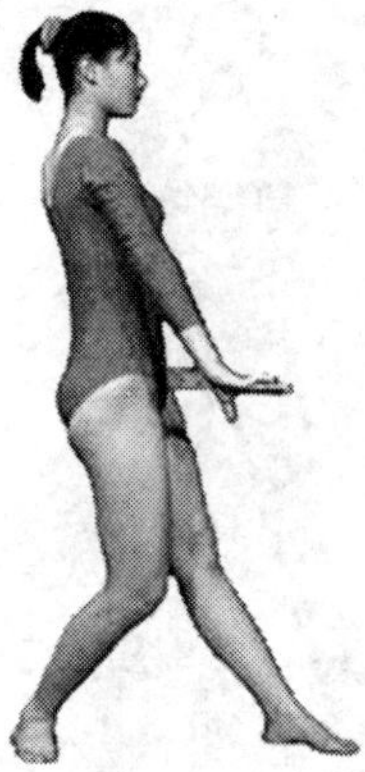

图 4-135

图 4-136

图 4-137

图 4-138

图 4-139

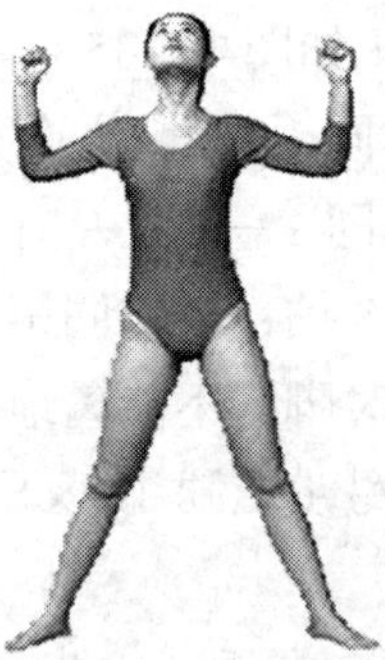

图 4-140

图 4-141

3—4：上体左转 90 度，前屈，两臂由胸前屈（半握拳）伸至前平举，两手尽量触地（如图 4-142）；

5—8：动作同 1—4，方向相反（如图 4-143）。

第二个 8 拍：动作同第一个 8 拍，重复一次。

第 4 节——体侧运动（2×8 拍）

第一个 8 拍：

1—4：两脚左右开立，上体左侧屈振二次，左臂肩侧屈，右臂上举（掌心向前）（如图 4-144）；

5—8：动作同 1—4，方向相反（如图 4-145）。

第二个 8 拍：动作同第一个 8 拍，重复一次。

图 4-142　　图 4-143　　图 4-144　　图 4-145

第 5 节——全身运动（2×8 拍）

第一个 8 拍：

1—8：两脚左右开立，上体前屈，下振四次，两臂头后屈，手触头（如图 4-146）。

第二个 8 拍：

1—2：两脚跳成并拢，同时全蹲，低头，两手抱住双腿（如图 4-147）；

3—4：两脚跳成开立，上体后屈，两臂伸至侧上举（掌心向前）（如图 4-148）；

5—8：动作同 1—4，重复一次。

第四部分　腹、髋部

第 1 节——抵髋走练习（4×8 拍）

第一个 8 拍：

1—2：左脚向前抵髋踮走一步，两臂在体侧自然屈臂摆；

3—4：动作同 1—2，方向相反；

5—6：向前走两步；

7—8：左脚向前上一步，同时，向右转 180 度，右脚向前踏一步，两臂随上体自然摆动。

第二个 8 拍：动作同第一个 8 拍，向前走。

第三个 8 拍：

1—4：左脚向左横走三步，第 4 拍时击掌于体左侧（如图 4-149，图 4-150，图 4-151，图 4-152）；

图 4-146

图 4-147

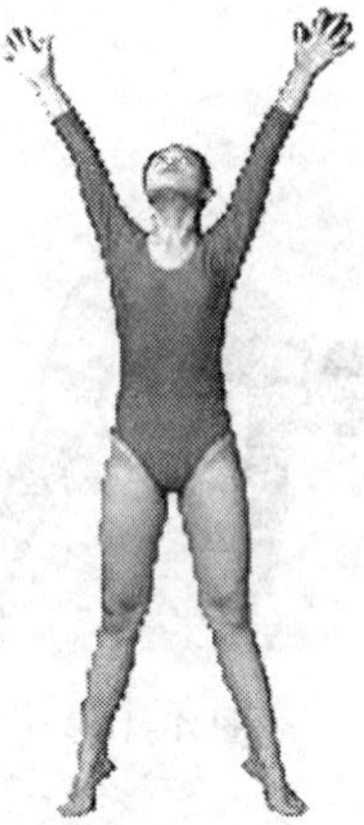
图 4-148

图 4-149

图 4-150

图 4-151

图 4-152

5—8：动作同 1—4，方向相反。

第四个 8 拍：

1—4：左脚向左横走四步，同时，转体 360 度，左侧击掌（如图 4-153）；

5—8：动作同 1—4，方向相反。

第 2 节——收腹运动（4×8 拍）

第一个 8 拍：

1—2：腿屈伸一次，右脚向左后点地，同时展腹，两臂侧平举打开（掌心向上）（如图 4-154）；

3—4：腿屈伸一次，右脚向左点地，同时收腹，两臂侧平举内翻手臂（掌心向下）（如图 4-155）；

5—8：动作同 1—4，重复一次。

第二个 8 拍：

1—：收腹提右腿屈膝，同时左臂屈肘，接近右膝，右臂侧平举（掌心向下）（如图 4-156）；

图 4-153

图 4-154

图 4-155

图 4-156

2—：右脚伸至侧点地，同时左臂伸至上举（掌心向外）（如图 4-157）；

3—8：动作同 1—2，重复四次。

第三、四个 8 拍：动作同第一、二个 8 拍，方向相反。

第 3 节——摆髋运动（4×8 拍）

第一个 8 拍：

1—2：左腿向前弓步，左脚提踵，重心在中间，同时，前后摆髋一次，两臂屈肘于腰间（拳心向上），随髋的摆动伸至后下举（掌心相对）（如图 4-158，图 4-159）；

3—4：动作同 1—2，重复一次；

5—8：动作同 1—4，方向相反。

第二个 8 拍：

1—2：左脚向左迈一步，成左右开立，左臂向上绕环 360 度，呈胸前平屈（掌心向内），右臂五指分开贴在右髋（如图 4-160）；

图 4–157

图 4–158

图 4–159

图 4–160

3—4：左膝屈伸二次，同时，出左髋，右臂胸前平屈后振二次（掌心向内）（如图 4-161）；

5—8：动作同 1—4，方向相反。

第三、四个 8 拍：动作同第一、二个 8 拍，重复一次。

第 4 节——腹部运动（2×8 拍）

第一个 8 拍：

1—2：两脚左右开立，两臂由体前交叉向内绕环 360 度至两侧屈肘（掌心向上）（如图 4-162）；

3—4：腹部向左挺二次，两臂屈肘于腹部两侧（拳心向上）；

5—8：动作同 1—4，方向相反。

第二个 8 拍：

1—2：向左用力挺腹二次（如图 4-163）；

3—4：向前用力挺腹二次（如图 4-164）；

5—6：向右用力挺腹二次（如图 4-165）；

7—8：向前用力挺腹一次。

图 4-161

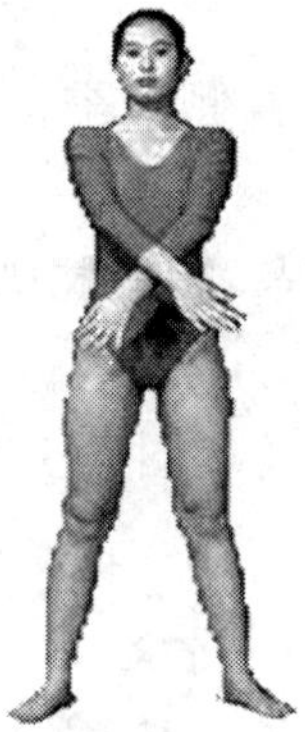
图 4-162

图 4-163

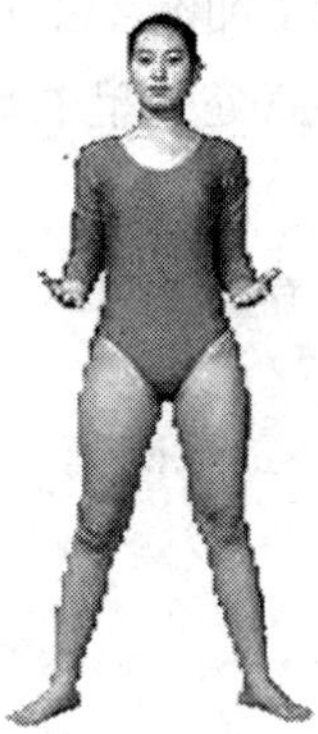
图 4-164

图 4-165

第 5 节——转体摆髋运动（2×8 拍）

第一个 8 拍：

1—2：向左转体 360 度，两臂侧平举（掌心向后）（如图 4-166）；

3—4：提踵立，两臂胸前屈（拳心向下），右肩高左肩低（如图 4-167）；

5—8：压踵三次，两臂在体后屈肘摆臂（如图 4-168）。

第二个 8 拍：动作同第一个 8 拍，方向相反（如图 4-169）。

图 4-166

图 4-167

图 4-168

图 4-169

第五部分　跑跳练习

第 1 节——错肩跑（2×8 拍）

第一个 8 拍：

1—2：左脚向左前方跳起，右脚靠拢左脚，同时，两臂屈肘于肩上（半握拳，拳心向上）（如图 4-170）；

3—4：跳回原处，呈右腿在前的弓步，两臂侧平举，上体前屈（如图 4-171）；

5—8：原地错肩跑四次，提左腿则右肩上提，提右腿则左肩上提（掌心向内）（如图 4-172）。

第二个 8 拍：动作同第一个 8 拍，方向相反（如图 4-173）。

图 4-170

图 4-171

图 4-172

图 4-173

第 2 节——吸腿跳（2×8 拍）

第一个 8 拍：

1—2：跳起，同时，吸左腿，两臂绕至肩上屈（半握拳，拳心相对）（如图 4-174）；

3—4：动作同 1—2，重复一次；

5—8：动作同 1—4，方向相反（如图 4-175）。

第二个 8 拍：

1—：跳成左腿在前的弓步，同时，左臂肩侧平屈，右臂前平举（掌心向下）（如图 4-176）；

2—：跳成直立，两臂肩上屈（半握拳，拳心相对）（如图 4-177）；

3—4：自左向右跳转二次，每次 90 度；

5—8：动作同 1—4，方向相反。

图 4–174

图 4–175

图 4–176

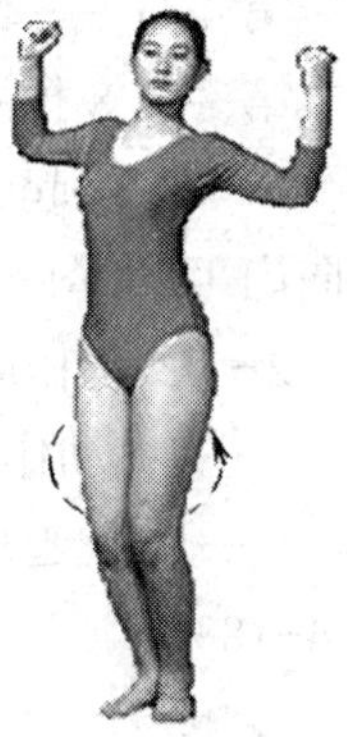

图 4–177

第 3 节——吸踢腿（2×8 拍）

第一个 8 拍：

预备姿势：直立，三位手（如图 4–178）。

1—2：跳起，同时吸左腿，两臂屈肘体侧至上举（半握拳，拳心相对）（如图 4–179）；

3—4：跳起，左腿高踢腿，同时，两臂由上举下摆至侧下举（掌心向下）（如图 4–180）；

5—8：动作同 1—4，方向相反。

第二个 8 拍：动作同第一个 8 拍，重复。

图 4–178

图 4–179

图 4–180

第 4 节——侧踢腿（2×8 拍）

第一个 8 拍：

1—：跳起，左腿侧踢腿，同时，上体前倾，左臂下举，右臂侧屈（掌心向内）（如图 4-181）；

2—：动作同 1，方向相反（如图 4-182）；

3—4：动作同 1—2，重复一次；

5—：跳起后成半蹲，同时，含胸，低头，两臂胸前屈（掌心向内）（如图 4-183）；

图 4-181

图 4-182

图 4-183

6—：后退跳，直腿，抬臂，挺胸，两臂伸至前举，手向外翻掌（如图 4-184）；

7—8：动作同 5—6，重复一次。

第二个 8 拍：动作同第一个 8 拍，重复一次。

第 5 节——后踢腿跑（2×8 拍）

第一个 8 拍：

1—4：后踢腿向前跑四步，同时两臂屈小臂二次（拳心向上）（如图 4-185）；

5—8：后踢腿向前跑四步，同时两臂侧平举（掌心向下），前后错肩（如图 4-186）。

第二个 8 拍：

1—：跳成直立，同时两臂胸前击掌一次；

2—：后退跳成弓步，同时左臂肩侧平屈，右臂侧平举（拳心向下）；

图 4–184

图 4–185

图 4–186

3—4：动作同 1—2，方向相反；

5—8：动作同 1—4，重复一次。

结束动作（2×8 拍）

第一个 8 拍：

1—6：后踢腿跑六步，同时两臂向上屈臂三次（如图 4–187，图 4–188）；

7—8：向右转体 360 度，两臂侧平举（掌心向下）。

第二个 8 拍：

1—2：向右转体 90 度，同时两臂侧平举（掌心向下），含胸半低头（如图 4–189）；

3—4：右脚向左后撤一步，成弓步，同时右臂经脸摆至胸前屈（五指分开，掌心向内），左臂前举（掌心向下）（如图 4–190）；

图 4–187

图 4–188

图 4–189

图 4–190

5—8：停止不动，进行造型。

全套操结束。

二、青春表演健美操

青春表演健美操根据青年人的生理、心理特点，在徒手操的基础上，吸收现代舞、迪斯科、爵士舞的精华动作，选用令人振奋、具有号召力和感染力的、激发情绪的音乐，动作幅度大，力度强，节奏明快、优美奔放，具有浓厚的时代风格，适于男女青年练习表演。表演者穿上美丽合体的健美操服，勾勒出美丽的形体线条，不仅使表演者心情愉快，而且也给观看的人们以美好的享受。全套共12节，第1节至第10节为中速，第10节至第11节为快速，第12节为慢速。

预备拍（1×8拍）

预备拍：背向观众，直立，低头（如图4-191）。

1—2：左脚向左迈一步，成左右开立，同时，两臂由体前交叉向外打开（掌心向外）（如图4-192）；

3—4：两臂继续向外向上摆至上举，同时交叉，抬头（如图4-193）；

5—8：两臂还原。

第1节——伸展运动（4×8拍）

第一个8拍：

预备姿势：两脚左右开立，两臂下垂。

1—2：重心移到左脚成左侧弓步，同时左臂直臂抬至侧上举，右臂不动（如图4-194）；

3—4：还原成预备姿势；

5—8：动作同1—4，方向相反。

第二个8拍：

1—2：两脚左右开立，重心移至左脚成左侧弓步，同时，左臂向内，小臂绕环一周至侧平举（拳心向下），右臂不动（如图4-195）；

3—4：还原成预备姿势；

5—8：动作同1—4，方向相反，最后一拍，左脚为轴，右脚向后转体180度，面向观众。

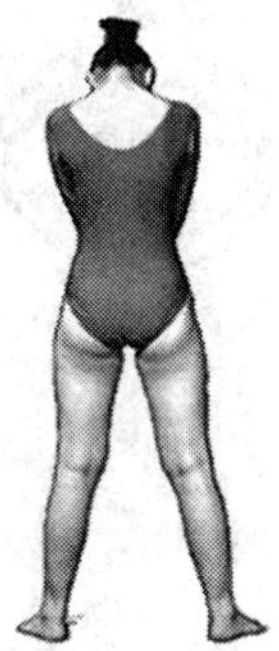
图 4-191

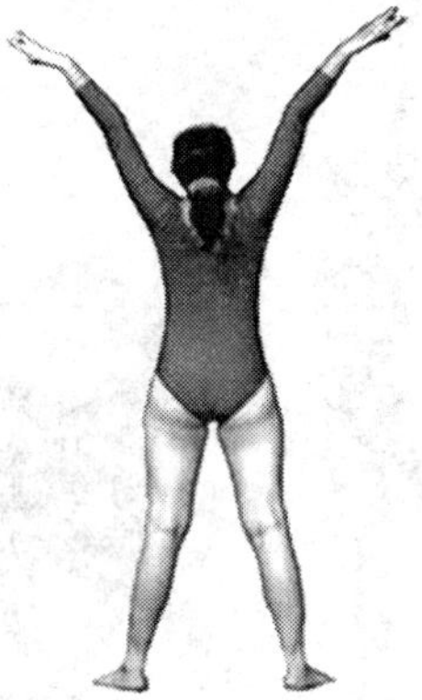
图 4-192

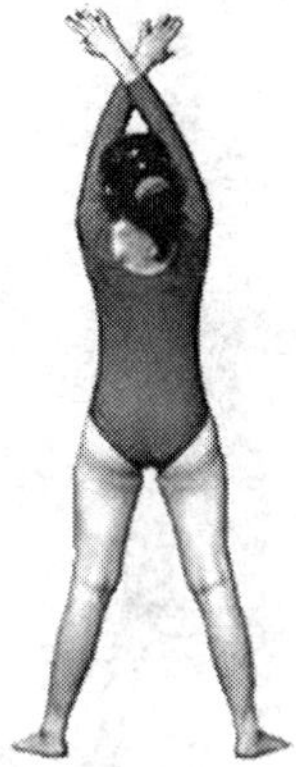
图 4-193

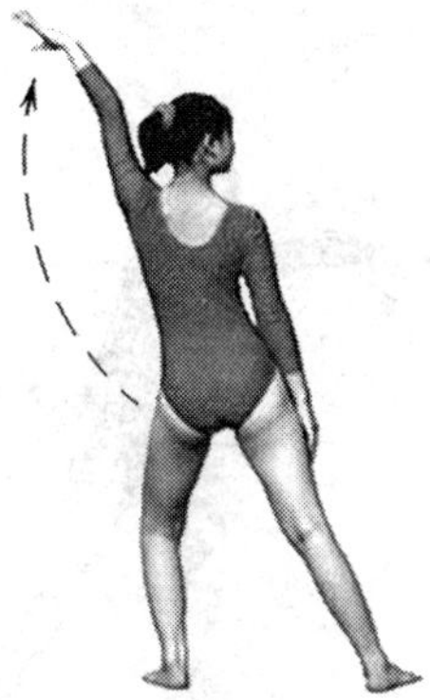
图 4-194

第三个 8 拍：

预备姿势：两脚左右开立，两臂下垂。

1—2：右臂肩侧屈，左臂由肩侧屈伸至上举，两手半握拳（拳心向前）；

3—4：动作同 1—2，重复一次；

5—8：动作同 1—4，方向相反。

第四个 8 拍：

1—2：右臂由肩侧屈伸至上举，然后左臂由肩侧屈伸至上举，两手半握拳（拳心向前）（如图 4-196）；

3—4：重心移至左腿，右脚尖点地，同时，右臂用力伸至上举（掌心向前）（如图 4-197）；

5—6：下蹲，重心在左腿，右膝靠左膝，同时右臂经体前放松至体前下垂（如图 4-198）；

7—8：起立成左右开立，右臂向后肩绕环成两手叉腰（如图 4-199）。

第 2 节——头颈运动（4×8 拍）

预备姿势：两脚开立，叉腰（如图 4-199）。

第一个 8 拍：

1—2：左脚提踵压踝一次，两手叉腰（如图 4-200）；

3—4：头颈前后屈一次（如图 4-201）；

5—8：动作同 1—4，方向相反。

图 4-195

图 4-196

图 4-197

图 4-198

图 4-199

第二个 8 拍：

1—2：左膝向外绕环一周；

3—4：头颈左、右转动一次（如图 4-202，图 4-203）；

5—8：动作同 1—4，方向相反。

第三个 8 拍：

1—2：两腿下蹲，还原（如图 4-204）；

图 4-200

图 4-201

图 4-202

图 4-203

图 4-204

3—4：头颈左、右屈一次（如图 4-205）；

5—8：动作同 1—4，方向相反。

第四个 8 拍：

1—7：头颈由左、右向后绕环一周；

8—：还原成预备姿势。

第 3 节——肩部运动（6×8 拍）

预备姿势：直立。

第一个 8 拍：

1—4：滚动步，同时两肩前绕环二周（如图 4-206）；

5—8：滚动步，同时两肩后绕环二周（如图 4-207）。

第二个 8 拍：

1—2：左脚向左迈一步成左右开立，同时，右臂前绕环二周（如图 4-208）；

3—4：右腿向左侧弹踢腿（脚面绷直）（如图 4-209）；

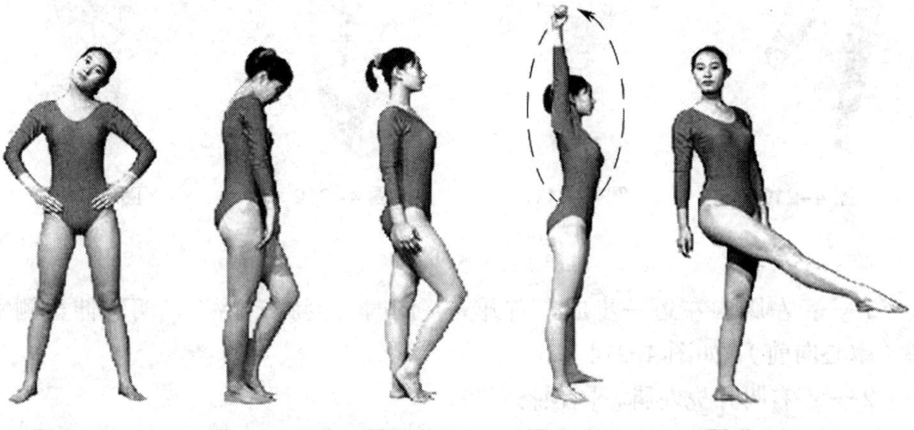
图 4-205　图 4-206　图 4-207　图 4-208　图 4-209

5—8：动作同 1—4，方向相反。

第三、四个 8 拍：动作同第一、二个 8 拍，方向相反。

第五个 8 拍：

1—：左脚向左迈一步，成左脚侧点地，同时，左肩下降，右肩上提，左臂侧下举，右臂肩侧屈（掌心向后）（如图 4-210）；

2—：右脚并拢，左脚提踵立，同时，左肩上提，右肩下降（如图 4-211）；

3—4：重心下降成半蹲，同时，肩随拍节右、左上提和下降，两臂侧下举（掌心向后）（如图 4–212）；

5—8：动作同 1—4，方向相反。

第六个 8 拍：动作同第五个 8 拍，重复一次，最后一拍半蹲，含胸，低头，两臂胸前平屈（掌心向内）。

第 4 节——扩胸运动（4×8 拍）

预备姿势：半蹲，含胸，低头，两臂胸前平屈（如图 4–213）。

图 4–210

图 4–211

图 4–212

图 4–213

第一个 8 拍：

1—：左脚向左迈一步成左右开立，同时，挺胸，抬头，两臂伸至侧平举（掌心向前）（如图 4–214）；

2—：右脚并拢左脚，同预备姿势；

3—4：动作同 1—2，方向相反（如图 4–215）；

5—：向左转体 90 度，左脚向前迈一步成左前弓步，同时，挺胸，左臂在体侧，右臂经体前至上举，半握拳（拳心向下）（如图 4–216）；

6—：右脚并左脚，半蹲，同时挺胸，两臂体前交叉；

7—：左脚后撤一步，动作同第 5 拍，动作过程可参见图 4–217；

8—：右转体 90 度，左脚靠拢右脚，半蹲，还原成预备姿势。

第二个 8 拍：动作同第一个 8 拍，方向相反。

第三、四个 8 拍：动作同第一、二个 8 拍，重复一次，最后一拍还原直立。

图 4-214

图 4-215

图 4-216

图 4-217

第 5 节——踢腿运动（4×8 拍）

第一个 8 拍：

1—：左转体 90 度，左脚向前迈一步，右脚提踵，同时，两臂伸至前平举，半握拳（拳心向下）（如图 4-218）；

2—：右脚在左脚旁踏一步，半蹲，同时两臂腰侧屈（拳心向上）（如图 4-219）；

3—：右腿前踢 90 度，左腿直立，同时，两臂伸至前平举（拳心向下）（如图 4-220）；

图 4-218

图 4-219

图 4-220

4—：原地踏步两次，同时，向右转体 180 度，两臂腰侧屈；

5—8：动作同 1—4，方向相反。

第二个 8 拍：动作同第一个 8 拍，重复一次，最后一拍左转体 90 度，面向前。

第三个 8 拍：

1—2：半蹲，左脚原地踏点二次，同时两臂体前屈，向下摆动二次，半握拳（拳心向上）；

3—：左腿直，提踵，右腿侧踢腿，同时两臂伸至上举（掌心向前）；

4—：两臂经体侧还原直立；

5—8：动作同 1—4，方向相反。

第四个 8 拍：动作同第三个 8 拍，重复一次。

第 6 节——体侧运动（4×8 拍）

预备姿势：直立。

第一个 8 拍：

1—：左脚向左迈一步成左弓步，同时，上体左侧屈，左臂叉腰，右臂屈肘于体侧头上半握拳（拳心向外）（如图 4-221）；

2—：右脚并拢左脚，还原成左手叉腰的直立姿势（如图 4-222）；

3—：同第 1 拍动作；

4—：动作同第 2 拍，两臂体前交叉；

5—：上体右侧屈，同时右臂侧下举，左臂胸前屈（掌心向内）（如图 4-223）；

6—：还原为第 4 拍的动作；

7—8：动作同 5—6，方向相反（如图 4-224）。

第二个 8 拍：动作同第一个 8 拍，方向相反。

第三、四个 8 拍：动作同第一、二个 8 拍，重复一次。

第 7 节——体转运动（4×8 拍）

预备姿势：两脚左右开立。

第一个 8 拍：

1—：上体左转 90 度，左脚侧点地出左髋，同时，两臂屈肘于体前，半握拳（拳心向内）（如图 4-225）；

2—：还原成预备姿势；

3—4：动作同 1—2，方向相反（如图 4-226）；

图 4-221

图 4-222

图 4-223

图 4-224

5—：上体左转 90 度，同时，左臂腰侧屈，右臂伸至前平举（拳心向下）（如图 4-227）；

6—：还原成屈膝，左臂不动，右臂肩侧屈（拳心向前）；

7—：上体左转 90 度，左臂不动，右臂伸至上举（拳心向前）（如图 4-228）；

8—：还原成预备姿势。

图 4-225

图 4-226

图 4-227

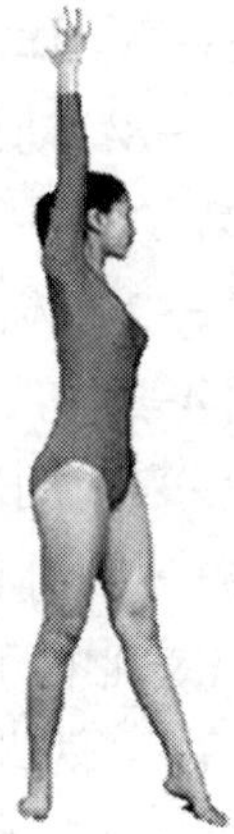
图 4-228

第二个 8 拍：动作同第一个 8 拍，方向相反。

第三、四个 8 拍：动作同第一、二个 8 拍，重复一次。

第 8 节——腹背运动（8×8 拍）

第一个 8 拍：

1—3：左脚向左屈伸步走，同时，转体 360 度，两臂体侧屈肘，半握拳（拳心向前）（如图 4-229，图 4-230）；

4—：两脚左右开立，同时，上体左侧屈，右臂屈肘于头上，半握拳（拳心向外）（如图 4-231）；

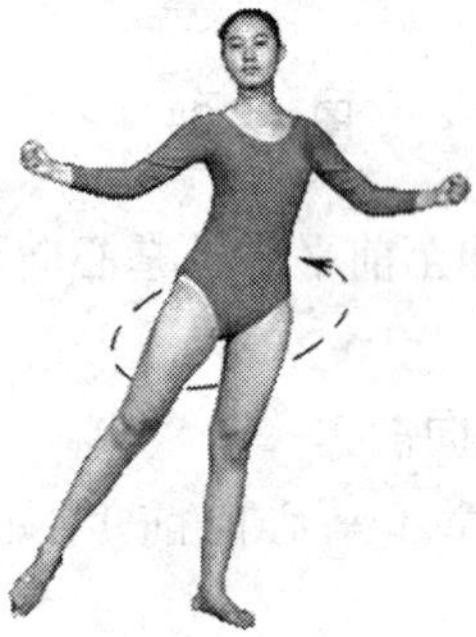

图 4-229

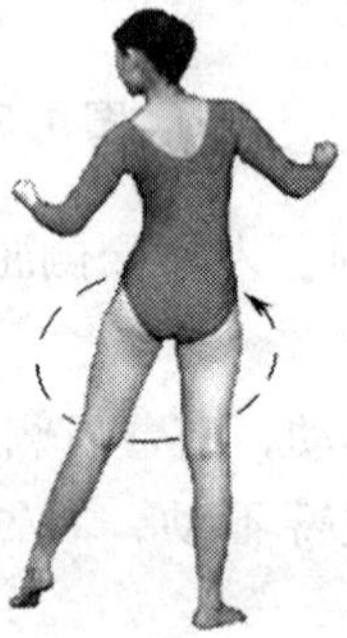

图 4-230

图 4-231

5—6：体前屈，同时左手触右脚，右臂后举（如图 4-232）；

7—8：动作同 5—6，右手触左脚，左臂后举（如图 4-233）。

第二个 8 拍：

1—2：体前屈，向下振一次，同时两臂前举，伸至两腿之间（掌心向后）（如图 4-234）；

3—4：动作同 1—2，第 4 拍时两臂体前交叉（如图 4-235）；

5—6：体前屈，半蹲成左右开立，同时，挺胸，抬头，两臂侧平举，半握拳（拳心向下）（如图 4-236）；

7—：两脚并拢，直立，同时，两臂上举，握拳（拳心相对）（如图 4-237）；

8—：还原成直立。

第三、四个 8 拍：动作同第一、二个 8 拍，方向相反。

第五、六、七、八个 8 拍：动作同第一、二、三、四个 8 拍，重复一次。

图 4-232

图 4-233

图 4-234

图 4-235

图 4-236

图 4-237

第 9 节——髋部运动（8×8 拍）

预备姿势：直立。

第一个 8 拍：

1—2：全蹲，低头，同时两手扶膝；

3—4：跳成左右开立，同时，左小臂向下绕环一周至前举（掌心向下），右臂腰侧屈，扶髋；

5—6：动作不变，左、右摆髋各一次；

7—8：用力顶左髋，右腿屈膝。

第二个 8 拍：动作同第一个 8 拍，方向相反。

第三个 8 拍：

1—：左脚向左前方迈一步，同时顶左髋，两臂腹前屈肘（掌心相对）（如图 4-238）；

2—：右脚并拢左脚（如图 4-239）；

3—4：动作同 1—2；

5—8：动作同 1—4，方向相反。

第四个 8 拍：

1—2：右腿屈腿，向右迈一步，成左右开立，同时，左臂小臂向内绕至肩上屈，半握拳（拳心向内）（如图 4-240）；

3—4：动作同 1—2，右臂不动，左臂动作同右臂 1—2 拍动作（如图 4-241）；

图 4-238

图 4-239

图 4-240

图 4-241

5—6：上体左侧屈一次（如图 4-242），还原（如图 4-243）；

7—：上体左侧屈一次，同时，左臂侧下举右臂上举（如图 4-244）；

8—：还原左右开立。

第五、六、七、八个 8 拍：动作同第一、二、三、四个 8 拍，方向相反。

第 10 节——全身运动（10×8 拍）

预备姿势：两脚左右开立。

第一个 8 拍：

1—：左腿屈膝上抬，右腿屈膝，同时两臂胸前平屈（掌心向下），扩胸；

2—：还原，两臂体前交叉；

3—4：动作同 1—2，重复一次；

5— ：左腿支撑，右腿屈膝上抬，同时，两臂经侧至侧上举（掌心向外）；

6— ：还原，两脚左右开直立；

7—8：动作同 5—6，重复一次。

第二个 8 拍：重复第一个 8 拍。

第三个 8 拍：

1—3：向左转 90 度，直臂摆臂向前走三步（如图 4-245，图 4-246）；

图 4-242

图 4-243

图 4-244

图 4-245

图 4-246

4— ：吸左腿，右腿支撑，提踵，同时，右臂上举，左臂侧平举（如图 4-247）；

5—7：向后退走三步；

8— ：左腿弓步，右腿后伸，同时，体前屈，右臂前伸，左臂后伸（掌心向下）（如图 4-248）。

第四个 8 拍：动作同第三个 8 拍，向前走，最后一步成两臂侧平举的弓步（如图 4-249）。

第五个 8 拍：动作同第三个 8 拍，向右走。

第六、七个 8 拍：动作同第一、二个 8 拍，方向相反。

第八、九、十个 8 拍：动作同第三、四、五个 8 拍，方向相反。

第 11 节——跳跃运动（17×8 拍）

第一、二个 8 拍：原地后踢腿跑，两臂屈肘在体侧，半握拳（如图 4-250）；

第三个 8 拍：

1—2：半蹲，双足跳二次，同时，上体前屈，两臂屈肘在体前摆动二次

（拳心向上）（如图 4–251）；

图 4–247

图 4–248

图 4–249

3—：跳成左右开立，两臂侧上举（拳心向外）（如图 4–252）；

4—：跳成直立；

5—8：动作同 1—4。

第四个 8 拍：动作同第三个 8 拍，重复一次。

第五个 8 拍：

1—2：双足半蹲原地跳一次，同时，右臂向下绕至肩上屈（拳心向内），左臂叉腰（如图 4–253）；

图 4–250

图 4–251

图 4–252

图 4–253

3—4：跳成左腿在前的后弓步，同时，右臂侧上举（掌心向外）（如图 4–254）；

5—8：动作同 1—4，重复一次。

第六个 8 拍：动作同第五个 8 拍，方向相反。

第七、八个 8 拍：动作同第五、六个 8 拍，重复一次。

第九个 8 拍：

1—2：跳成马步，同时，左臂肩上屈（拳心向内），右臂侧平举（拳心向下），还原（如图 4-255）；

3—4：动作同 1—2，方向相反（如图 4-256）；

5—8：动作同 1—4。

图 4-254

图 4-255

图 4-256

第十、十一、十二个 8 拍：动作同第九个 8 拍，重复。

第十三个 8 拍：

1—2：跳起成左腿侧吸腿，同时两臂胸前平屈（拳心向下），然后还原（如图 4-257）；

3—4：动作同 1—2，两臂侧上举（掌心向外），然后还原（如图 4-258）；

5—：跳成左腿侧吸腿，两臂胸前平屈，拳心向下；

6—：跳成直立，右手叉腰，左臂上举（如图 4-259）；

7—：动作同 5，左臂侧平举（拳心向下）（如图 4-260）；

8—：还原，跳成直立。

第十四个 8 拍：动作同第十三个 8 拍，方向相反。

第十五、十六个 8 拍：动作同第十三、十四个 8 拍，重复一次。

第十七个 8 拍：原地吸踢腿放松跳。

图 4-257

图 4-258

图 4-259

图 4-260

第 12 节——整理运动（5×8 拍）

预备姿势：直立。

第一个 8 拍：

1—2：右脚向右侧前迈一步，同时，两臂伸至上举（掌心向前）（如图 4-261）；

3—4：左脚并拢右脚，同时含胸下蹲，两臂放松（如图 4-262）；

5—8：动作同 1—4，方向相反。

第二个 8 拍：动作同第一个 8 拍，重复。

第三个 8 拍：

1—2：重心前移至前弓步，两臂三位手下摆至一位手，重心后移，后弓步；

3—4：左右开立，两臂经侧举，打开至七位手（如图 4-263）；

5—：体前屈，两臂向下交叉（如图 4-264）；

6—：上体直立，两臂经前至上举交叉（如图 4-265）；

7—8：两臂打开至七位手（如图 4-263）。

第四个 8 拍：

1—2：左转 90 度，重心在左腿，右脚后点地，同时，左臂前平举，右臂前绕环至侧平举（如图 4-266）；

3—4：含胸，半蹲，两臂放松，体前后摆臂（如图 4-262）；

5—8：动作同 1—4，方向相反（如图 4-267）。

图 4-261

图 4-262

图 4-263

图 4-264

第五个 8 拍：

1—2：右脚向右迈一步成左右开立，同时，两臂至七位手；

3—：体前屈，两臂体前交叉（如图 4-264）；

4—：体后屈，两臂经前至头上交叉（如图 4-265）；

5—8：两臂向两侧打开经七位还原直立（如图 4-268）。

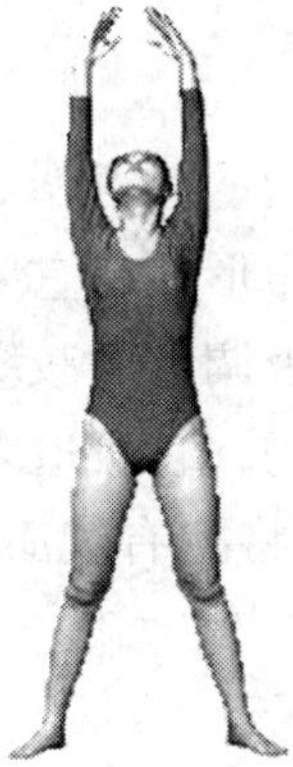
图 4-265

图 4-266

图 4-267

图 4-268

全套操结束。

第三节　美体瑜伽

旅游已经成为当代人生活必不可少的重要活动。旅游从业人员工作忙碌状态可想而知，这样的生活节奏给他们带来身心压力、疲劳、失眠等负面影响。瑜伽作为一种塑身、美体、缓解精神压力的辅助治疗练习而风靡全世界，而今它更是作为一种时尚的健身方式，走进我们的生活，走进我们学生的课堂，帮助我们在塑造完美形体的同时，回归宁静、祥和、自信。实践证明，经常进行瑜伽练习对于塑造形体、消除日常的紧张状态、协调并防止因长期工作和生活的压力所造成的许多不良后果都有很好的作用。

总之，瑜伽不仅可以缓解和释放精神上的压力和紧张，也可以塑造形体并改善身体的柔韧性，还能提高我们集中精神的能力，稳定情绪，同时预防各种疾病，如失眠、哮喘、头痛等。

在这里，我们向在校中专学生介绍有关瑜伽的知识原理和锻炼中应遵循的注意事项，并推荐一套适合学生的美体瑜伽。

一、什么是瑜伽

瑜伽是一种集智育和体育于一身的锻炼方法。它与其他类型的练习，如体操、舞蹈等有机结合起来，形成一种独特的塑身、养生的练习形式。它要求练习者呼吸、意识和姿势结合，在肌肉伸展、心灵放松和呼吸调节中减缓心理压力，塑造体型，愉悦心情。瑜伽既是修身的，也是修心的，它所追求的是身体和精神的完美统一。通过坚持不懈地练习瑜伽，我们将拥有健康，拥有美丽，拥有身心合一、宁静祥和的完美境界。

1. 瑜伽的核心是姿势

瑜伽是由呼吸、姿势和冥想三者结合而成，三者缺一不可。

在瑜伽练习中，瑜伽姿势是非常重要的一部分。开始时只有身体外在的感受——身体的抻、拉、挤、拧，练习时间久了、动作熟练了，身体会有进一步的感触，它能影响你的精神状态。练习瑜伽姿势是个循序渐进的过程。练习时，应该遵循瑜伽“身心合一”的原则。一切动作都是那么自然。它不是简单的抻拉练习，而是要将呼吸、意识、姿势融为一体。我们有时会感到又累又烦，身体各部位都很紧张，内分泌系统失调，生活没有目标，脾气也不好，那么清晨起来做几个简单的瑜伽姿势，会使人一天都精力充沛，神清气爽。练习一段时间之后，之前身体发紧、脊柱僵硬、肠胃不舒服等症状都慢慢没有了，感到身轻如燕浑身舒展。

2. 瑜伽放松是瑜伽练习中的精华部分，也是瑜伽练习中的重要部分之一

放松的关键是先心，后身，身心放松才是真正的放松。现代社会，许多人的身体和意识都时时刻刻处于紧张的状态之中，甚至在睡觉时也如此，这种时刻紧张的状态会直接影响到心脏、肠胃等各个内脏的功能，使内分泌紊乱，进而导致身体系统失去平衡。因此在瑜伽中，放松姿势的训练效果最好。这是一个简单而有效的放松身心的方法，任何人都可以做到。在做放松姿势时，要把呼吸放松到成为一股缓慢、顺畅、稳定而有节奏的气流，这时神经紧张得到消除，心灵得到了安静，全身恢复了能量，进而达到放松、平和的状态。

3. 瑜伽呼吸是瑜伽练习中的关键

掌握正确的瑜伽呼吸方法使瑜伽练习者能够吸取生命之气，就是精气、精力。瑜伽呼吸的方法种类很多，根据练习者处于初级或是高级阶段而选择不同方法。我们中专学生要掌握基础瑜伽呼吸方法是腹式呼吸法。

腹式呼吸具体方法：吸气时，练习者想象自己的身体像一个大气球，随着不断深深吸气，横膈膜下沉，让空气充满整个肺部，先让腹部鼓起，然后让胸部最大限度地扩张，你可以感觉肩膀微微上抬。呼气时，深深吐气，横膈膜上移，先放松肩膀、胸部，然后放松腹部，最后收缩腹部肌肉让所有废气排出体外。这实际上是由腹式呼吸和胸式呼吸结合而成的一种呼吸方法，由三部分组成：吸气、悬吸、呼气，呼吸应平缓、深长、稳定，一般用鼻子呼吸。人们往往认为吸气是呼吸中最重要的部分，但事实上吐气才是最关键的部分。吐出的废气越多，才有机会吸入更多氧气，所以在练习瑜伽呼吸法时，吐气比吸气时间长，而悬吸会让氧气停在身体内的时间更长。呼吸要尽量做到节奏均匀。

二、瑜伽练习应该注意几个原则

● 时间：

早晨，晨曦微露时，户外是练习瑜伽的最好时间。这时空气清新，环境安静，在森林深处练习最佳，对人体健康有益。

黄昏，也是练习瑜伽的极佳时间。这时身体行动比早上灵活，所以姿势和动作完成得比较好，并能帮助消除一天的疲劳与紧张，让人恢复精力。

● 场地：选择一个能够足够伸展身体，并且空气流畅、干净，舒适且不受干扰的安静场地。地面要铺上垫子或毛巾，不要在有弹性的床上练习，温度要适宜。

● 服装：舒适而宽大的衣服即可。如有条件的话，尽量穿瑜伽专用服，因为，这种衣服不仅弹力强，能伸展自如，而且吸汗性能好，又非常美观大方。夏天，赤足最好，冬天可穿软底布鞋。

● 饮食和饮食习惯：对于瑜伽练习者来说，饮食没有什么特殊的要求，但是最好吃天然的食物，多吃水果、蔬菜、粗粮素食。进食要适度，吃得太饱会让人感到沉重和懒惰，在练习结束 1 小时左右可以进食。

● 沐浴：在练习瑜伽前后至少 30 分钟可以沐浴。

● 音乐：练习时伴随瑜伽的音乐或轻音乐，可以提高练习者的兴趣，也可使神经更加安宁，心灵更加祥和。

三、瑜伽热身练习姿势（共十二节）

这一部分是本节最重要的，它吸取了印度古老瑜伽术的一些姿势，并在此基础上对某些姿势做了不同程度的修改，同时也创编了一些新姿势，以适合二十一世纪的现代人。

采用坐立姿势的预备姿势：屈膝盘腿，两手放于两膝上。伸直脊柱，眼看前方。（如图 4-269）

第 1 节——集中注意力练习（8 × 8 拍）

第一个 8 拍：

1—8：身体姿势同预备式，屈膝盘腿坐好，两手放于两膝上，同时慢慢吸气，使胸腔、腹腔最大限度扩张。（如图 4-269）

第二个 8 拍：

1—8：身体姿势不动，慢慢吐气。吐气时肩膀可以轻轻上抬，横膈膜上移，先放松肩膀、胸部，然后放松腹部，最后收缩腹部肌肉，让所有的废气排出体外。（如图 4-270）

第三、四、五、六、七、八个 8 拍的动作同第一、二个 8 拍，重复四次。

第 2 节——颈部练习（8×8 拍）

第一个 8 拍：

1—8：身体姿势同预备姿势。慢慢吸气同时抬头，伸展颈部后屈，眼看前上方。（如图 4–271）

第二个 8 拍：

1—8：姿势同上，慢慢吐气，同时低头伸展颈部前屈，眼看胸部。（如图 4–270）

第三、四个 8 拍的动作同第一、二个 8 拍，重复一次。

第五个 8 拍：

1—8：慢慢吸气，还原预备姿势，眼看正前方。

第六个 8 拍：

1—4：慢慢吐气，同时颈部向左侧屈。（如图 4–272）

5—8：慢慢吸气，同时颈部还原正位。（如图 4–269）

图 4–269

图 4–270

图 4–271

图 4–272

第七、八个 8 拍的动作同第五、六个 8 拍，方向相反，重复一次。（如图 4–273）

第 3 节——肩部练习（8×8 拍）

第一个 8 拍：

1—4：屈膝盘坐，两手放于体侧。呼吸同时双肩向上提起。（如图 4–274）

5—8：屈膝盘坐，两手放于体侧。吐气同时双肩向下沉，放松两臂、两肩。（如图 4–275）

第二、三、四个 8 拍的动作同第一个 8 拍，重复三次。

图 4-273

图 4-274

图 4-275

第五个 8 拍：

1—8：肩关节从前向后做 360 度环转一周。

第六个 8 拍的动作同第五个 8 拍，重复一次。

第七个 8 拍：

1—8：肩关节从后向前做 360 度环转一周。

第八个 8 拍的动作同第七个 8 拍，重复一次。

第 4 节——臂部练习（8×8 拍）

第一个 8 拍：

1—4：两臂经侧打开成侧平举位，同时慢慢吸气。（如图 4-276）

5—8：两臂还原，同时慢慢呼气。（如图 4-275）

第二个 8 拍：

1—4：两臂经前抬起成前平举位，同时慢慢吸气。（如图 4-277）

5—8：两臂成前平举位，手腕向前压一次腕。（如图 4-278）

第三、四个 8 拍的动作同第一、二个 8 拍，重复一次。

图 4-276

图 4-277

图 4-278

第五个 8 拍：

1—8：两臂向侧打开经侧平举位至上举位，同时慢慢吸气，胸、腹充分扩张，抬头，眼看手。

第六个 8 拍：

1—8：两臂经侧向下还原，同时慢慢吐气，放松肩部、胸部直到腹部。

第七、八个 8 拍的动作同第五、六个 8 拍，重复一次。

第 5 节——腰部练习（一）（8×8 拍）

第一个 8 拍：

1—4：屈膝盘坐，两臂由前平举位随身体左转，左臂至体后手扶地，右臂至左侧手扶左膝，吸气。（如图 4–279）

5—8：保持转体姿势。

第二个 8 拍：

1—4：同第一个 8 拍 5—8，方向相反。（如图 4–280）

5—8：还原正前方，两手扶膝，呼气。

第三、四个 8 拍同第一、二个 8 拍，方向相反。

第七、八个 8 拍的动作同第五、六个 8 拍，重复一次。

第 6 节——腰部练习（二）（8×8 拍）

第一个 8 拍：

1—4：屈膝盘坐，左手扶左膝、右臂经右侧至上举，同时身体左侧屈，吸气。

5—8：保持身体左侧屈姿势。（如图 4–281）

图 4–279

图 4–280

图 4–281

第二个 8 拍：

1—4：同第一个 8 拍 5—8。

5—8：还原正前方，两手扶膝，呼气。

第三、四个 8 拍同第一、二个 8 拍，方向相反。（如图 4-282）

第七、八个 8 拍的动作同第五、六个 8 拍，重复一次。

第 7 节——背部练习（8×8 拍）

第一个 8 拍：

1—8：屈膝盘坐，双手胸前合十，向上伸臂至上举同时抬头看手，吸气。（如图 4-283）

第二个 8 拍：

1—8：两臂用力夹紧，伸展上背部扩展胸部，同时头向前看，吐气。（如图 4-284）

图 4-282

图 4-283

图 4-284

第三个 8 拍：

1—8：动作同上，头向下屈，眼看胸部，吸气。（如图 4-285）

第四个 8 拍：

1—8：动作同第二个 8 拍。

第四、六、七、八个 8 拍的动作同第一、二、三、四个 8 拍，重复一次。

第 8 节　胸部练习（8×8 拍）

第一个 8 拍：

1—8 拍：屈膝盘坐，两臂由体侧向前摆臂至侧平举，吸气。（如图 4-286）

第二个 8 拍：

1—8：两手向后侧分至臀后十指相交，向下翻腕伸展；挺胸抬头，夹紧背部，吐气。（如图 4-287）

图 4-285

图 4-286

图 4-287

第三个 8 拍：

动作同第二个 8 拍，充分挺胸抬头夹背，同时吸气。

第四个 8 拍：

1—8：放松肩部，含胸屈背低头，两手臂胸前相抱，吐气。（如图 4-288）

第五、六、七、八个 8 拍的动作同第一、二、三、四个 8 拍，重复一次。

第 9 节——腿部练习（一）（8×8 拍）

第一个 8 拍：

1—8：分开两腿，保持脊柱延展，膝盖伸直，两手腹前扶地，吸气。（如图 4-289）

图 4-288

图 4-289

第二个 8 拍：

1—8 拍：以腰为轴，上体左转尽量贴近左腿前侧，吐气。（如图 4-290）

第三个 8 拍：

1—8：动作同上，右转，上体贴近右腿前侧，吐气。（如图 4-291）

第四个 8 拍：

1—8：还原成第一个 8 拍的动作。

第五、六、七、八个 8 拍的动作同第一、二、三、四个 8 拍，重复一次。

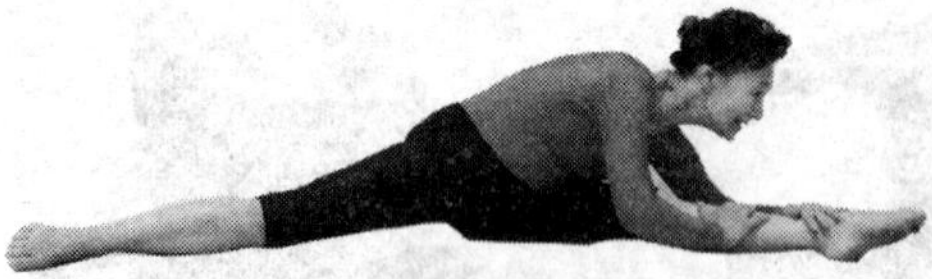

图 4-290

图 4-291

第 10 节——腿部练习（二）（8×8 拍）

第一个 8 拍：

1—8：分腿坐好，两手由腹前依次向前伸，同时上体前倾，尽量贴地面，吸气。（如图 4-292）

第二个 8 拍：

1—8：保持第一个 8 拍，吐气。（如图 4-293）

第三个 8 拍：

1—8：分腿坐好，两手沿地面由腹前依次向左走，抓住左脚，同时上体前倾，尽量贴地面，吸气。（如图 4-290）

第四个 8 拍：

1—8：分腿坐好，两手依次沿地面由腹前退回至开始姿势，吐气。

第五、六、七、八个 8 拍的动作同第一、二、三、四个 8 拍，方向相反，重复一次。（如图 4-291）

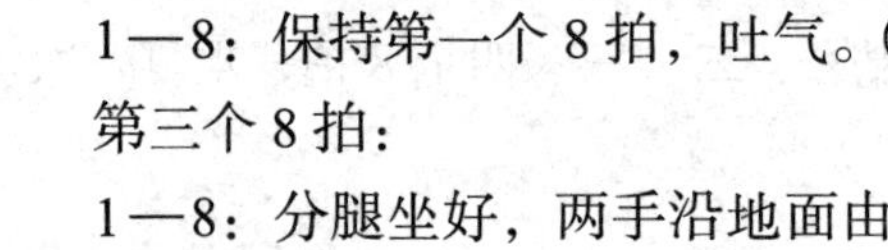

图 4-292

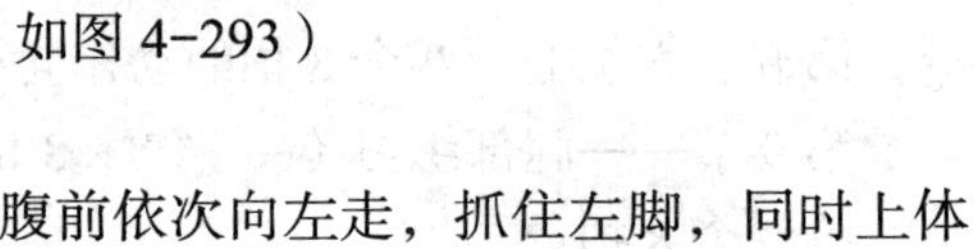

图 4-293

第 11 节——腿部练习（三）（8×8 拍）

第一个 8 拍：

1—8：右腿向右侧伸出，屈左腿，脚跟贴近会阴处，保持右膝盖伸直，脚背绷直，吸气，收紧两腰侧肌群。（如图 4-294）

第二个 8 拍：

1—8：上体缓缓向左侧压下，尽量使上体躯干贴近左大腿前侧，伸出右手抓住左脚尖，呼气。

第三、四个 8 拍的动作同第一、二个 8 拍，方向相反。（如图 4-295）

第五、六、七、八个 8 拍的动作同第一、二、三、四个 8 拍，重复一遍。

图 4-294

图 4-295

第 12 节——调整气息的练习（8×8 拍）

调息练习：吸气和吐气要充分，每次至少 8 拍。

屈膝坐好，双手于胸前合十，集中精神，调整呼吸，使身心平静。（如图 4-284）

四、美体瑜伽组合（28 式）

美体瑜伽组合是由 28 个姿势组成，是在瑜伽练习中连贯的练习系列。它作用于全身，每一个姿势都是前一个姿势的平衡动作，也就是说，每一个姿势都是对称的，有前有后、有上有下、有左有右，包括前屈、后仰、伸展、收缩等动作。配合一呼一吸，一吐一收。加强全身肌肉能力以及柔韧性，同时加快血液循环，调节身体各系统的平衡，从而达到保健身体、塑造体型、愉悦心情的作用。

在练习中，每个姿势要完成 4×8 拍，凡是有方向的动作要注意对称性。最好在缓慢轻柔的音乐伴奏下完成。

预备姿势：两脚并拢站好，大脚趾分开，其余四趾平放于地面，头部放松，正向前方。双手于胸前合十，调整呼吸，使身心平静。

1. 同预备姿势。（如图 4-296）

2. 吸气，向上伸展双臂，身体后仰，髋关节往前推，双腿伸直，放松颈部。（如图 4-297）

3. 吐气，向前屈体，手掌下压，上身尽可能贴近腿部，放松肩膀、颈部和面部。（如图 4-298）

图 4-296

图 4-297

图 4-298

4. 吸气，双手支撑，左右腿往后伸直，前腿成马步，伸展脊柱，向前看。（如图 4-299，图 4-300）

图 4-299

图 4-300

5. 保持呼吸，右腿后退，使身体在同一直线上成俯撑，用双手和脚趾支撑全身，腹部和腿部要尽量伸展、收紧，双肩下压。（如图 4-301）

6. 顺势双膝跪立，屈腿成跪俯卧撑。（如图 4-302）

图 4-301

图 4-302

7. 双膝跪坐，臀部坐在双脚上，双臂前伸，低头，放松上体。（如图 4-303）

8. 臀部前移，双手支撑，左、右腿轮换后举同时挺胸抬头。（如图 4-304，图 4-305）

9. 吸气，放松髋部，脚背着地，保持双腿并拢，肩下压上体后仰，向上和向后看。

10. 吐气，抬高髋部，使身体呈倒“V”字形，肩膀和脚跟尽量下压。（如图 4-306）

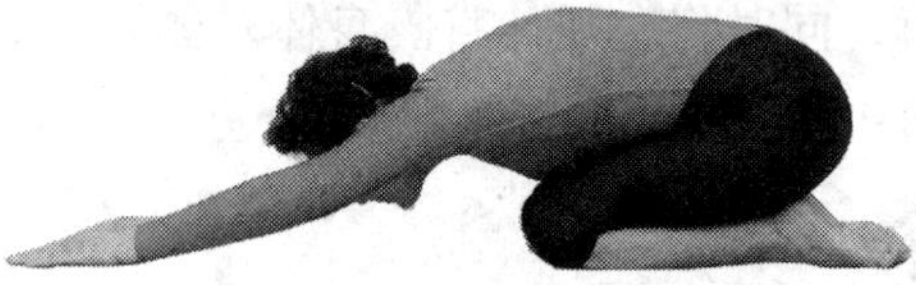

图 4-303

图 4-304

图 4-305

图 4-306

11. 双脚向左右开立，双手支撑身体保持不动，吸气呼气。（如图 4-307）

12. 吸气并站立，两臂经侧成侧平举。（如图 4-308）

13. 吐气，身体保持平衡，左臂后屈于腰后，右臂经头上屈臂，手扶左耳。动作相同换方向做。（如图 4-309）

图 4-307

图 4-308

图 4-309

14. 吸气，身体姿势不动，左臂在体后屈肘向右肩胛骨，同时右臂肩上屈至右肩胛骨，双手努力相搭。动作相同换方向做。（如图 4-310，图 4-311）

15. 吸气，左腿屈膝成弓步，左手扶左膝，右臂上举，上体左侧屈。动作相同换方向做。（如图 4-312）

16. 吐气，左手顺势从左膝滑向左脚，同时将左腿伸直。身体左侧屈，头尽量向上看。动作相同换方向做。（如图 4-313，图 4-314）

图 4-310

图 4-311

图 4-312

17. 吸气，两臂经侧至身体后，两手相搭向下翻腕，同时挺胸夹背。（如图 4-315）

图 4-313

图 4-314

图 4-315

18. 吐气，手臂不动，上体前屈至水平，抬头挺胸翘臀。（如图 4-316）

19. 吸气，双脚开立，体前屈下压，两手掌扶地。（如图 4-307）

20. 吐气，两手从脚中间向后，从内向外，分别抱住脚踝处，低头放松。（如图 4-317）

21. 双脚并拢全蹲，两手扶地，低头含胸，全身放松。（如图 4-318）

图 4-316

图 4-317

图 4-318

22. 吸气，跪立，四肢着地，膝盖、手臂与地面垂直。挺胸仰头，眼睛向上看，同时翘臀。（如图 4-302）

23. 吐气，两腿后伸展，俯卧于地面，两臂放于胸前撑地，抬起上半身。重复一次。（如图 4-319，图 4-320）

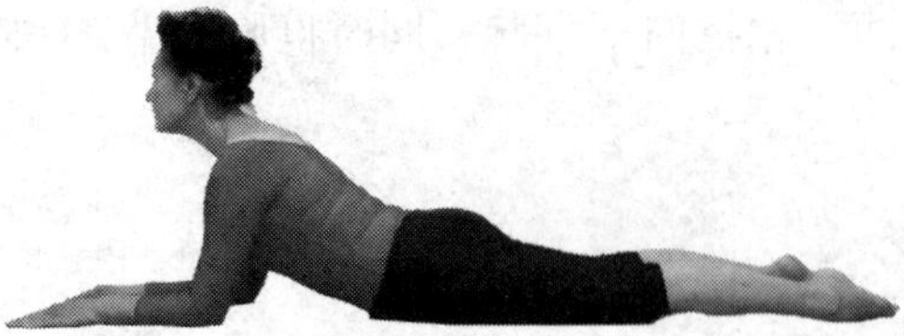

图 4–319

图 4–320

24. 吸气，左膝弯曲，右腿伸直成半劈腿坐，同时，右臂经前至上举位，左臂体侧手撑地。动作相同换方向做。（如图 4–321，图 4–322）

图 4–321

图 4–322

25. 吐气，左腿向前右腿向后伸展成侧劈叉，右臂经上举位至前举位。动作相同换方向做。（如图 4–323，图 4–324）

图 4–323

图 4–324

26. 顺势双腿并拢伸直，仰卧于地面，然后屈小腿，双脚平放地面，放松全身，吸气，慢慢抬高臀部、背部，双手掌压实地面。（如图 4–325，图 4–326，图 4–327）

27. 吐气，仰卧，吸气时双腿充分伸直，同时双手扶腰后伸腿，臀部离地充分伸展，双腿和地面平行，双手掌压实地面。（如图 4–328，图 4–329）

图 4-325

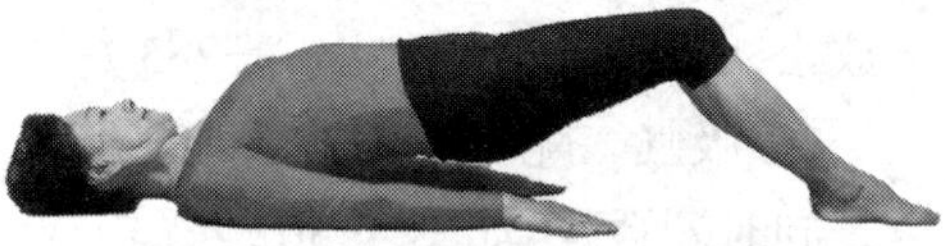

图 4-326

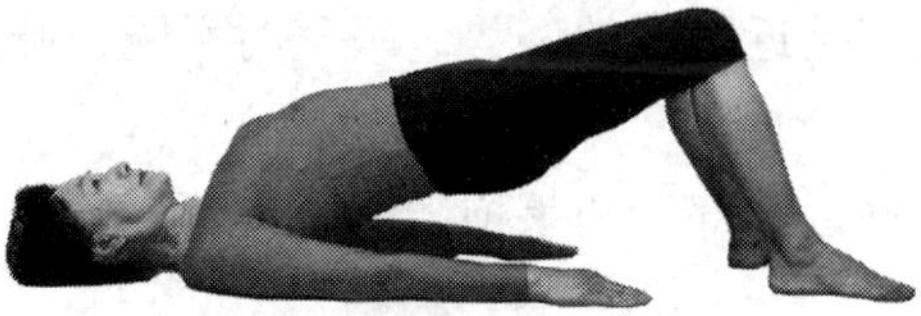

图 4-327

图 4-328

28. 最后，双腿直腿分开，同时上体起身两臂侧举成分腿坐。（如图 4-330，图 4-331）

图 4-329

图 4-330

图 4-331

结束姿势：吐气收势：双手胸前合十，屈膝盘腿，两手放于两膝上，全身放松，身心平静。（如图 4-283）

29. 吸气，跪立，四肢着地、膝盖、手臂与地面垂直。挺胸仰头眼睛向上看，同时翘臀。（如图 4-302）

30. 吐气，两腿前伸，仰卧于地面，两臂放于体侧。

31. 吸气，仰卧于地面，左膝弯曲，贴近胸部，两手抱着左腿。

32. 头部尽量接近膝盖。吸气，放松头部到地面，吐气时还原成仰卧姿势。

33. 伸直腿部，单腿分别举腿，头部接近腿部的姿势，吸气时举腿，吐气时还原成仰卧姿势。

34. 吸气，仰卧，双腿屈膝夹紧，贴近胸部，两手抱腿。吐气时还原成仰卧姿势。

35. 吸气，仰卧，双腿向下充分伸直，双臂上举充分伸展。同时收腹挺胸，全身拉长。吐气时，肩膀、胸部、腿部、髋部、头颈部等全身放松，让体内所有废气排出体外。

思考与练习

1. 青少年体型美的标准是什么？

2. 伴随音乐对照镜子进行形体热身训练（注意音乐节奏、动作幅度；同一动作可反复进行练习）。

3. 每周请学生将学过的各套健美操坚持练习 3~5 次，每次练习时间 1 小时左右。

4. 美体瑜伽作为生活的一部分，经常不断地练习，时间越长越见效果，请同学们坚持始终！

第五章　健美器械训练

教学目标

通过本章的学习与训练，要求学生掌握：

- 常用健身器械的种类
- 进行肌肉训练的方法
- 女子健身实用器械形体训练方法
- 对身体骨骼畸形的矫正方法

健美器械的种类很多，简单的有一副沙袋、一根橡胶拉绳；复杂结构的从综合力量训练器、单项力量训练器，到大型综合力量练习架等，已形成系列。通过器械进行形体训练，不仅可以发展肌肉，强健体魄，促进身体的正常发育，更有着其他健美手段不可取代的矫正身体形态的某些不足和塑造健美体型的作用。

青少年时期，正是身体发育的重要阶段，进行适当的器械训练，能有效地改善人的形体，使瘦人强壮，胖人苗条，通过器械训练更能培养学生坚强的意志品质和提高对美的认识，全面提高身心素质。

第一节　常用健身器材及训练提示

一、常用健身器材的种类

健身器材分为简单器材和复杂器材。在器械选择与训练中，为更好地提高训练效果，需要认识和了解常用健身器材。

1. 简单健身器材

常用的简单健身器材有：杠铃系列、哑铃系列、壶铃系列、拉力器系列、腹肌板、弹簧棒、肋木、单杠、双杠、健身垫、绳、杆、俯撑架、沙袋等。

其中，大多都是我国校园中较为普及的健身器材，具有经济、耐用、实用和易于集体组织开展健身锻炼活动的特点。

2. **复杂健身器材**

常用的复杂健身器材有：跑步机系列、健身自行车系列、划船器系列、多种单项力量训练器系列、小型综合力量训练器、大型综合力量训练器系列（练习架）。由于复杂健身器材功能较多，往往一件器械可以同时供多人进行不同部位的锻炼，同时具有很好的安全性和多变性。

二、器械练习的提示

1. 初学者应循序渐进，进行器械练习，要由轻到重，运动量由小到大，健美锻炼要持之以恒。

2. 健美锻炼要从实际出发，对不同对象各有不同要求，分别采用不同的器械，选用多种不同的动作，用不同的运动量，才能收到较好的效果。

3. 训练之前要做好充分的准备活动，预防运动创伤。训练之后必须进行肌肉放松，促进机体较快地得到恢复。

4. 训练中应注意安全，要让学员掌握保护和帮助的方法，学会正确、安全使用各种器械，避免运动中发生伤害事故。

5. 要了解一定的生理、解剖知识，及时补充健美训练需要的营养物质，保证肌肉合理发展。

6. 健美训练要做到男女有所区别，进行针对性训练，正确认识男、女形体美的标准，合理选择运动方法。

7. 训练中要注意因人而异，要根据自己的生理特点和身体素质情况来实现训练计划，完成练习后以自己感到舒适为宜，防止训练过度。

8. 练习中注意运用适当的呼吸形式，不要故意控制呼吸，也不要屏住呼吸，要让呼吸自然（指在一般训练情况下）。

9. 结合练习的不同方法，对不同的部位，为达到不同目的，应遵循不同的训练原则，防止盲目生搬硬套。

10. 要正确认识器械训练的实用性，在对骨骼畸形的矫正等方面，它不是万能的（尤其对“O”形腿）。要科学进行，防止盲目性。

第二节 肌肉训练

一、颈部肌肉的训练

颈部需要重点锻炼的肌肉，是胸锁乳突肌。其机能是使头颈向侧倾斜、头前屈和头后伸。

颈部肌肉的锻炼往往被人们忽视，这是不对的。一个人颈部细长而无力，既不美观又不结实。从多种角度来看，锻炼颈部肌肉，不但能改善头部的血液循环，保证在进行各类运动时颈部不受伤，而且，配上挺拔的肩背和丰满的胸部肌肉，会显示出一种美的风采。

练习 1. 头向后伸

练习目的：发展胸锁乳突肌，加强颈部力量。

预备姿势：面向器械，戴上头套或用橡胶绳，先低头。

动作要领：头部用力向后伸，将重物向上拉起。

提示：也可以俯卧在长凳上，两手托重物（如沙袋、杠铃片等）于头后，做头部向上抬起动作。

练习 2. 头向前屈

练习目的：发展胸锁乳突肌，加强颈部力量。

预备姿势：背向器械，戴上头套或用橡胶绳，先仰头。

动作要领：头部用力向前屈，将重物向上拉起。

提示：也可以俯卧在长凳上，两手握重物（最好是沙袋）放于前额之上，做头部向上屈起动作。

二、胸部肌肉的训练

胸部肌肉包括胸大肌、胸小肌、前锯肌等。胸大肌的主要机能是使上臂屈、内收、旋内，还能拉引躯干向上臂靠拢。

胸大肌是人体中一个大的区域，练习时要着眼于和全身保持协调一致，以及胸肌本身的形态。它是块头较大的扇形扁肌，按其走向分成上部、中部和下部，它的发达程度是一个人外形健美与否的重要标志之一。锻炼中应将其全部潜力挖掘出来。

图 5-1

练习 1. 卧推

练习目的：发展胸大肌、三角肌前部、肱三头肌。

预备姿势：仰卧在卧推凳上，两手握住横杠（或综合练习架），于胸上部直臂撑住。

动作要领：两臂用力控制住杠铃，缓缓地将横杠放在胸部乳头上方，然后用力向上推起至两臂伸直，反复进行（如图 5-1）。

提示：卧推可采用宽、中、窄三种握距。宽握距对发展胸大肌效果明显；中握距对发展胸大肌、三角肌前部、肱三头肌和前锯肌均有良好效果；窄握距对发展肱三头肌则有更好的影响。

练习 2. 仰卧飞鸟

练习目的：发展胸大肌中部、前锯肌和三角肌前部。

预备姿势：仰卧在长凳上，两手握哑铃，拳心相对，直臂与身体垂直，两脚可抬起或分开踏地。

动作要领：两臂缓缓向两侧下分开（肘微屈）直至肘部低于体侧，这时胸部要挺起，腰部离凳，然后胸大肌用力收缩，将哑铃举起至胸上方伸直，反复进行（如图 5-2）。

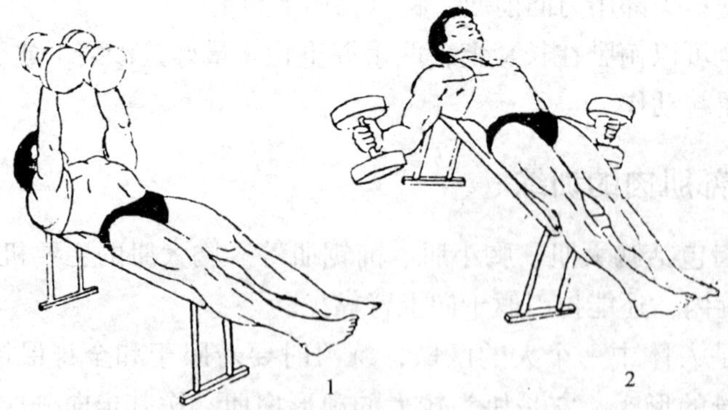

图 5-2

提示：这一练习对发展胸大肌效果很好，还可用斜板上飞鸟、下飞鸟的练习来更好地发展胸大肌的上、下部，选择哑铃的重量不可过轻。

以上锻炼中，所有上体高于下肢的斜板推和飞鸟动作，都有助于发达上胸部肌群；而下肢高于上肢的斜板推和飞鸟动作，有助于发达下胸部肌群。平卧用杠铃（或综合练习架）做卧推举时，其效果取决于杠铃推起和放下的位置。

三、腹部肌肉的训练

腹部肌肉，主要有腹直肌、腹外斜肌，位于骨盆与胸腔之间。主要机能可使躯干前屈、侧屈、旋转和骨盆后倾。

腹部在人体中相当重要，消化、生殖、排泄系统均在此区段。扁平的、有轮廓的坚实腹部比大腹便便要美，这是人尽皆知的。训练不仅可以减少腹部脂肪，使腰变细，而且还可以使过于纤弱的腰部变得粗壮有力。腹肌的锻炼方法有很多，无论选择哪种方式锻炼，都要尽可能地使腹部受到刺激。也要防止每天过多地锻炼这部分敏感的肌肉，那样会影响全身肌肉的发达。

练习 1. 肋木悬垂收腹举腿

练习目的：主要发展腹直肌、髂腰肌。

预备姿势：双手正握肋木，身体背对肋木成悬垂。

动作要领：用收腹屈髋的力量将双腿向上举过头部，直至双脚尖碰到肋木（双腿屈膝或直腿都可以），反复进行（如图 5–3）。

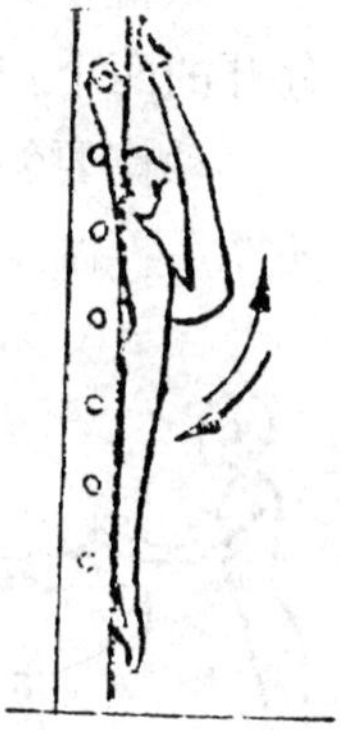

图 5–3

练习 2. 垫上仰卧屈膝举腿

练习目的：主要发展下腹部肌肉。

预备姿势：直腿仰卧平躺在垫子上，双手向下放在臀部两侧（掌心向下）。

动作要领：两腿屈膝上举，向胸部屈髋收紧，同时头肩向前上方抬起，臀部向上屈起离开垫子（只靠背部支撑身体），然后向下伸直双腿还原，再重新开始（如图 5–4）。

提示：以上两种练习对下腹部的锻炼效果较好。练习中可以用沙袋分别使小腿部位负重。

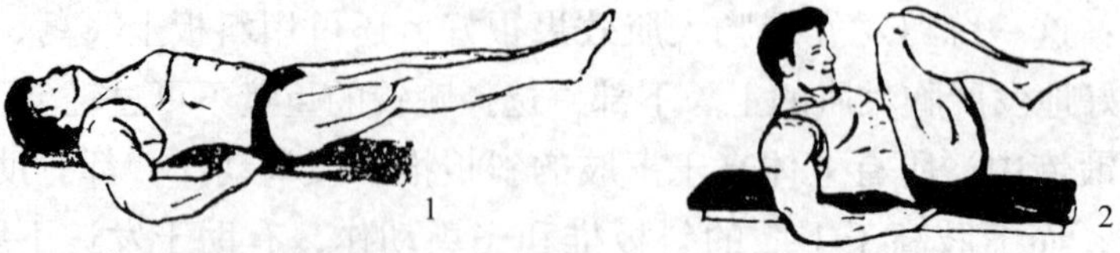

图 5–4

练习 3. 仰卧起坐

练习目的：主要发展腹部的上部肌肉。

预备姿势：练习者两手抱头，仰卧在跳马或垫子上，另一人帮助固定两脚。

动作要领：上体用力坐起，还原后重复进行（如图 5–5）。

提示：这种练习可在多种器材上进行，练习时两腿可直可屈，两手可以在头后或胸前握沙袋等重物。

练习 4. 仰卧收腹举腿

练习目的：主要发展下腹部及髂腰部肌肉力量。

预备姿势：仰卧在垫子上（或长凳上），两手在头前上方分别扶另一同伴分开的两个脚踝。

动作要领：两腿直腿上举（与地面垂直），同伴帮助把上举的腿向下推，还原后再做（如图 5–6）。

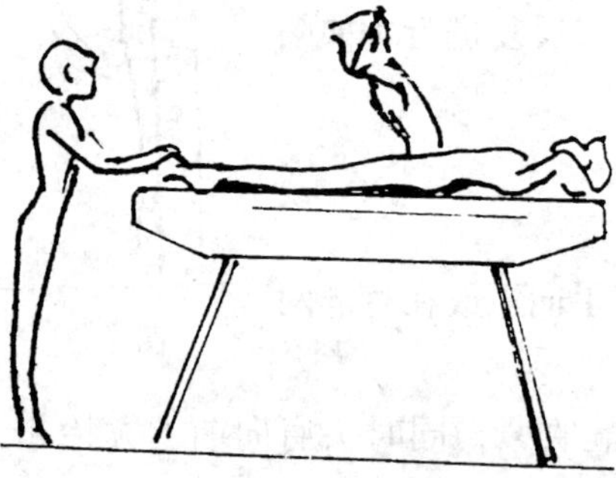

图 5–5

图 5–6

提示：练习者小腿可以加沙袋负重，动作要连贯。

四、臂部肌肉的训练

上肢肌主要由三角肌、肱二头肌（含肱肌）、肱三头肌（含肘肌）、前臂肌群及手肌组成。

人们历来把胳膊力量的大小看作是强壮的标志之一，把胳膊的粗壮及线条清晰度作为健、力、美的象征。没有强有力的上肢，即使是从事日常劳动或体育活动，也是不能胜任的。可见，上肢的健壮，不但具有美的意义，而且是日常生活必须具备的条件。

1. 发展三角肌的训练

三角肌位于肩部，呈三角形，分为前部、侧部和后部，由三束肌肉合起来围绕着肩部形成一个圆球。其主要机能是使上臂屈、伸、外展、旋内和旋外，对固定肩关节有一定作用。经常锻炼能使肩膀增宽，肩不下溜。对每一束肌肉要用专门的训练方法单个地来练习，才能使整个三角肌全面发展。在以下练习中，同时指出每个动作所锻炼的肌肉。初练者可选择其中一个或几个练习，作为锻炼肩部的手段；有基础者应选择专门性动作，分别锻炼三个部分中的每一个部分。

练习 1. 哑铃侧平举

练习目的：发展三角肌侧部肌肉。

预备姿势：两腿自然分开站立，两手握哑铃，掌心相对，两肘稍屈，垂于大腿前部。

动作要领：两臂同时向两侧将哑铃抬起，至高过双肩为止，然后两臂经体侧缓缓落下至大腿前，稍停后再重新开始（如图 5-7）。

提示：动作过程注意两肘要稍弯，在上抬时哑铃后端要高于前端，要含胸弓背。

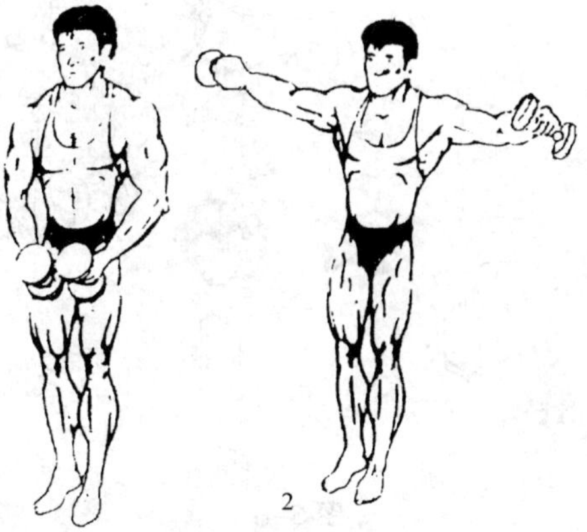
1　2

图 5-7

练习 2. 俯卧飞鸟

练习目的：主要发展三角肌后部肌肉。

预备姿势：俯卧在长凳上，两手握哑铃（掌心相对），肘部稍屈，垂于胸下。

动作要领：两臂用力向两侧抬起，至肘部高于身体，然后两臂缓缓落下还原，反复进行（如图 5–8）。

2. 发展肱二头肌和肱肌的训练

肱二头肌和肱肌位于上臂前面，肱二头肌在浅层，肱肌在深层，是上肢的主要屈肌。它的主要机能是使上臂和前臂屈、旋外，以及使之向前臂靠拢。肱二头肌发达了，能增加健美感，因此它是重要的美肌之一。练肱二头肌的方法较多，通常用小杠铃或哑铃做弯举进行锻炼。

练习 1. 单杠引体向上

练习目的：主要发展肱二头肌、肱肌，对胸大肌和背阔肌以及前臂肌群有良好的效果。

预备姿势：两手反握单杠（或屈腕钩住单杠），双脚离地成悬垂姿势（低杠可以屈腿悬垂）。

动作要领：两臂用力慢慢将身体向上拉起，至喉部与横杠高，两肘部要向前上方抬起，保持一定高度，然后上臂慢慢放下，还原后再重新开始（如图 5–9）。

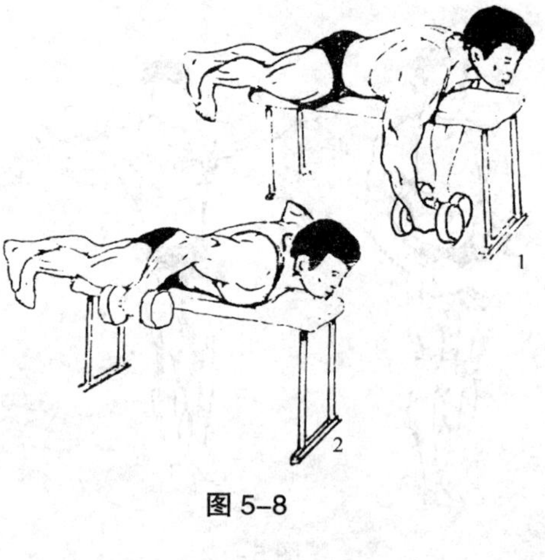

图 5–8

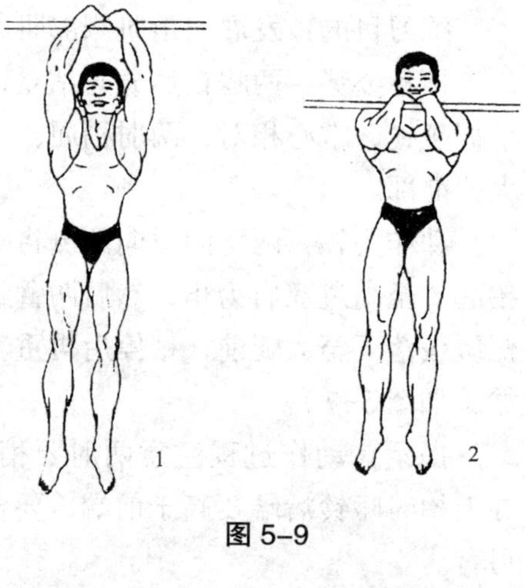

图 5–9

提示：这种锻炼方法适用于学校开展健身锻炼，但对前臂的力量有一定要求，首先要求有一定握力基础。

练习 2. 肘固定弯举

练习目的：主要发展肱二头肌。

预备姿势：两手掌心向上握杠铃横杠，两腿弯曲，分腿站立，上体向前屈，俯卧在与地面平行的平板上，双臂肘关节稍屈。

动作要领：肱二头肌用力收缩，屈臂将杠铃抬起，动作要稳，然后双臂缓缓放下，还原后再重新开始（如图 5-10）。

3. 发展肱三头肌的训练

肱三头肌位于上臂后面，是上肢的主要伸肌，其主要机能是伸前臂，它和肱二头肌的发达程度直接影响上臂的粗壮程度。肱三头肌和肱二头肌相对，前者的作用是伸臂，任何抵抗一定阻力的伸臂动作都将会刺激这部分肌肉，所以有许许多多的肱三头肌练习方法。但要注意的是，没有必要用非常大的负重连续不断地练肱三头肌，因为那样会使肘关节受到损伤。

练习 1. 胸前前臂下压

练习目的：发展肱三头肌下部肌肉。

预备姿势：两腿自然分腿站立，两手正握练习器把手，位于胸部（肘部弯曲）。

动作要领：前臂用力下压（同时两膝配合用力稍屈）至大腿部位，然后做退让性还原，使前臂慢慢地屈起，然后重新开始（如图 5-11）。

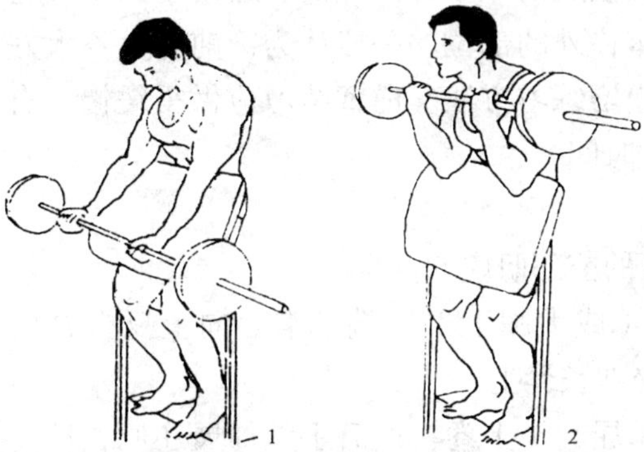

图 5-10

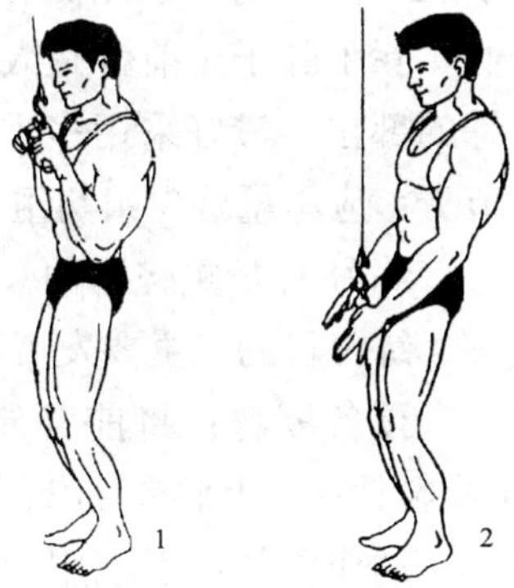

图 5-11

练习 2. 双杠臂屈伸

练习目的：主要发展肱三头肌上部肌肉。

预备姿势：双杠上直臂支撑，身体悬垂。

动作要领：屈臂下沉至胸部平于杠面，然后用力向上伸臂，成杠上直臂支撑，反复进行（如图 5-12）。

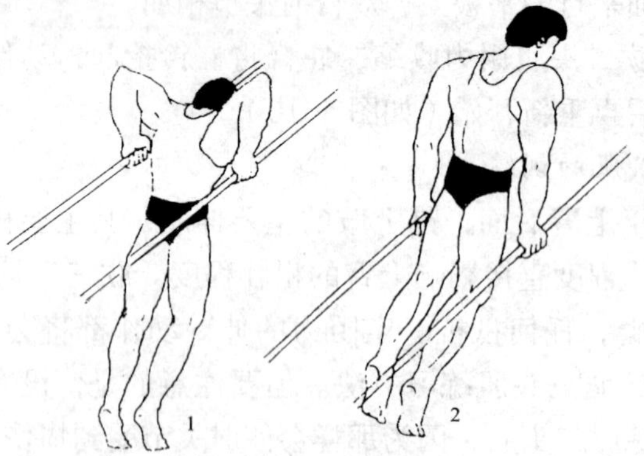

图 5-12

提示：这一练习应在较窄的双杠上进行，两肘要紧靠身体两侧做上下屈伸。

4. 发展前臂肌及手肌的训练

前臂肌和手肌，复杂、细小、多样。它们的功能主要是屈手和伸手。屈手肌群位于前臂掌侧面和内侧面，这些肌肉虽小，但生活、运动中离不开它们。除了脖子，前臂是人体最常显露在外的部位。一般认为，前臂是不太好练的部位，最好采用多重复次数的递增练习方法。前臂练习应做得缓慢，有节奏，应尽量减少组与组之间的间歇时间。

练习 1. 负重腕屈伸

练习目的：主要发展手腕和前臂的前部肌肉。

预备姿势：将前臂放在练习凳（或大腿上）一端，掌心向上反握杠铃（或哑铃），让手腕悬出，两腿分开坐在长凳上。

动作要领：手腕用力向上抬起（屈起）上卷，然后手腕伸展还原，反复进行（如图 5-13）。

提示：练习时肘腕要固定，腕弯举的动作要慢，有利于屈肘、屈指肌群的发展。也可采用正握（掌心向下）的方法来做，以发展前臂背、侧面伸指肌群的肌肉，做法和反握相同。

图 5-13

练习 2. 负重悬垂（静力练习）

练习目的：发展前臂肌群和手指握力。

预备姿势：练习者腰部或小腿用沙袋负重，两手正握单杠成悬垂。

动作要领：悬垂不动坚持时间越长，锻炼效果越好（如图 5-14）。

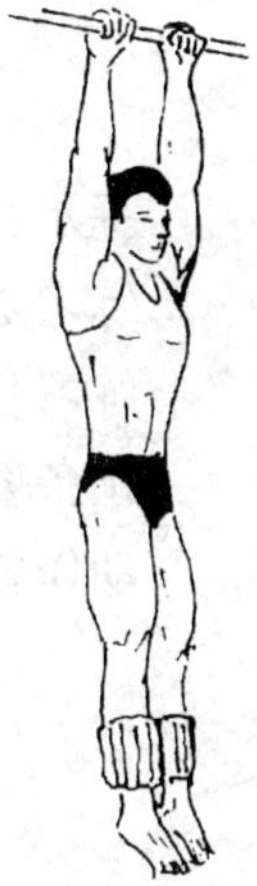

图 5-14

五、背部肌肉的训练

背部的肌肉主要由斜方肌、菱形肌、背阔肌、背长肌、背短肌组成。

强壮有力的背部是健与力的象征。背部健美的目标是“V”字形，发达的背肌对人体躯干起着重要的保护作用。重点发展斜方肌和背阔肌很重要，这不但能增强躯干力量，健美体型，还可以对弓腰驼背起到矫正作用。

1. 发展斜方肌的训练

斜方肌从颈部一直延伸到背的中部，它的主要机能是使肩胛骨上提、向下、向上转动和内收，能使头和脊柱伸直。它从颈部到肩峰，呈一斜面，从人体前面也能看到。无论在什么角度，只要提重物，斜方肌就能得到锻炼。

练习 1. 提铃耸肩

练习目的：发展斜方肌、肩胛提肌。

预备姿势：练习者两腿自然分开站立，两手正握杠铃（或其他重物）直臂垂于腹下，两肩放松。

动作要领：用力向上耸肩至最高位，还原后再做（如图 5-15）。

图 5-15

提示：向上耸肩时不得屈肘，身体始终保持直立。

练习 2. 直臂扩胸

练习目的：主要发展斜方肌、冈上肌、冈下肌、大小圆肌、三角肌。

预备姿势：两手握哑铃前平举，两腿自然站立。

动作要领：两臂向两侧平举扩胸，还原后再做（如图 5-16）。

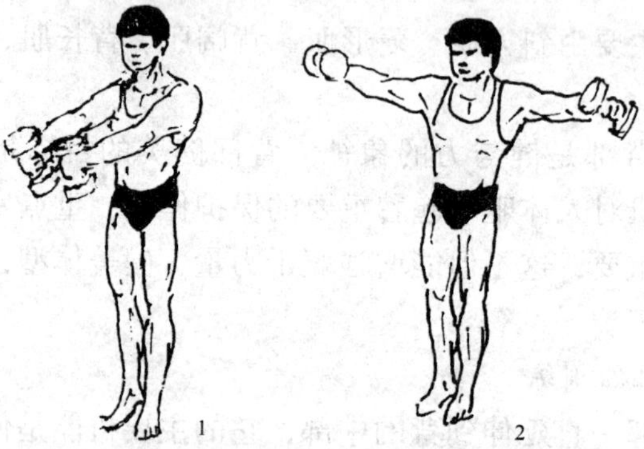

图 5-16

提示：这一练习因有扩胸动作往往被误认为其作用主要是发展胸大肌，其实它对胸大肌影响不大，而主要对三角肌和斜方肌、大小圆肌、冈上肌、冈下肌影响较大。

2. 发展背阔肌的训练

背阔肌是人体第二大肌肉，处于腋窝下方。起点在骨盆的上缘和脊柱两侧，止于上臂肱骨。其功能是向下牵拉臂，使肩转动和背挺起。

练习 1. 单杠引体向上

练习目的：主要发展背阔肌。

预备姿势：两手握单杠成悬垂姿势。

动作要领：双臂用力将身体向上拉起，直到胸骨碰到横杠（如图 5-17）。

图 5-17

练习 2. 屈体拉杠铃

练习目的：主要发展背阔肌，大、小圆肌群。

预备姿势：练习者分腿屈体，双手直臂纵握杠铃一端，将杠铃提离地面。

动作要领：用力屈肘上拉杠铃至胸前，还原后再做（如图 5-18）。

图 5-18

3. 发展背长肌和背短肌的训练

练习 1. 俯卧体屈伸

练习目的：主要发展腰背部肌肉。

预备姿势：俯卧在练习器上，两手背后，或扶住腹下练习器，上体向下弯曲。

动作要领：用力向上挺身展体，慢慢还原后，再重新开始（如图 5-19）。

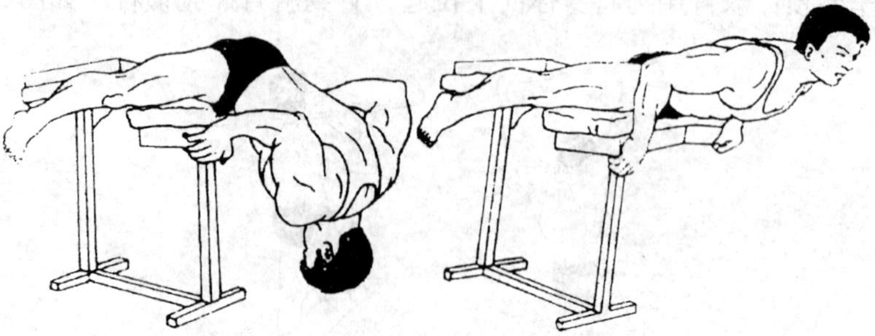

1　　2

图 5-19

提示：这一练习还可在长凳或垫子上进行，但要别人压住腿部，锻炼中还可在颈部用沙袋等负重。

练习 2. 仰卧控背

练习目的：主要发展腰背肌群。

预备姿势：练习者仰卧在两个分开的凳子上，使身体的腰腿部悬空，两手屈臂位于腹部（腹部可负重物）。

动作要领：用腰背肌绷紧身体，使身体保持在一个姿势上，坚持长一些时间（如图 5-20）。

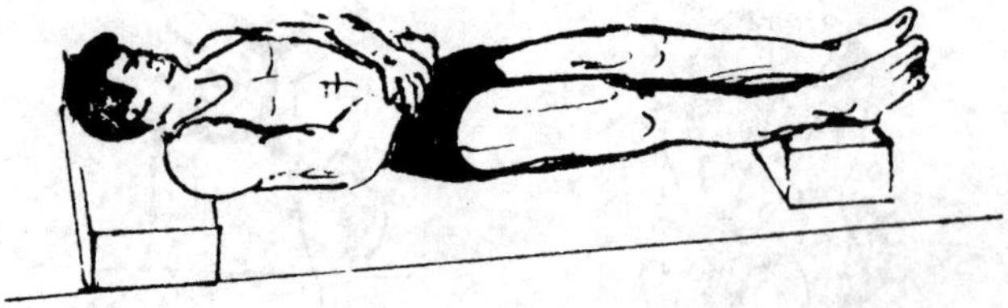

图 5-20

六、腿部肌肉的训练

下肢肌由髋肌群、大腿肌群、小腿肌群和足部肌群构成。锻炼的主要部位是臀大肌、股四头肌、股二头肌和小腿三头肌。

人体的下肢对人体起着支撑、跑跳、行走等重要作用。一个人的双腿是否健壮、结实、优美，将影响一生。俗话说“人老先老腿”，青少年时期注重对腿部肌肉进行锻炼是十分重要的。腿部练习的方法很多，无论采用什么方法都应注意全面发展，特别注意在发展腿部肌肉力量的过程中，一定要进行腿部柔韧性的锻炼，这样不但可以防止关节肌肉的损伤，而且能促进练出健而美的下肢。

1. 发展臀大肌的训练

臀大肌位于骨盆后外侧面，它的作用可使大腿伸、旋外、外展和内收（如后摆腿和后踢腿动作）。该肌上半部使大腿外展；下半部使大腿内收；远固定时，一侧收缩，使骨盆向对侧转动（如转体动作）；两侧收缩使骨盆后倾，维持人体直立姿势。各种姿势的后摆腿练习，都能有效地发展臀部肌肉，减少臀部多余脂肪，预防臀部下坠，使其坚实而富于曲线美。

练习 1. 站立负重后踢腿

练习目的：主要发展臀部肌肉（臀大肌、臀中肌、臀小肌）。

预备姿势：小腿部负重（沙袋），两手在体前扶支撑物站立。

动作要领：单腿向后上方踢腿至最高处，还原后再做，两腿轮换进行（如图 5-21）。

提示：这种练习还可以采用拉力器、橡皮条进行，不但可使臀部更结实，还能减少臀部多余脂肪。左右两腿可交替进行，也可以练完一条腿后再换另一条腿。

图 5-21

练习 2. 俯卧负重后摆腿

练习目的：主要发展臀部肌肉和腰背肌。

预备姿势：小腿部负重（沙袋），俯卧在长凳或垫子上，两手位于胸部两侧。

动作要领：两腿直腿交替用力，向后上方摆起至最高位，还原时要控制腿，落下要轻稳（如图 5-22）。

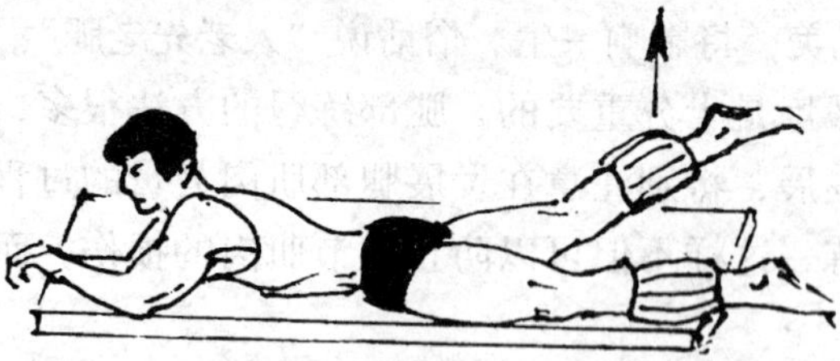

图 5-22

提示：后摆腿不可屈膝，两腿交替后摆要有节奏，该练习也同练习 1 一样，可用橡胶条进行单腿后摆腿练习。

2. 发展股四头肌的训练

股四头肌，位于大腿前外侧，是人体最大、最有力的肌肉之一。它由四部分，即股直肌、股中肌、股外肌和股内肌组成。其功能是：近固定时，使小腿伸、大腿屈（在髋关节处）；远固定时，使大腿在膝关节处伸（牵拉股骨向前，如由下蹲到站立动作），并保持骨垂直以维持人体直立姿势。负重深蹲和负重伸小腿动作，可以发展该肌肉力量。坚持腿部锻炼可减少腿部脂肪堆积，加强腿部力量。

练习 1. 坐姿小腿屈伸

练习目的：主要发展大腿前部肌群。

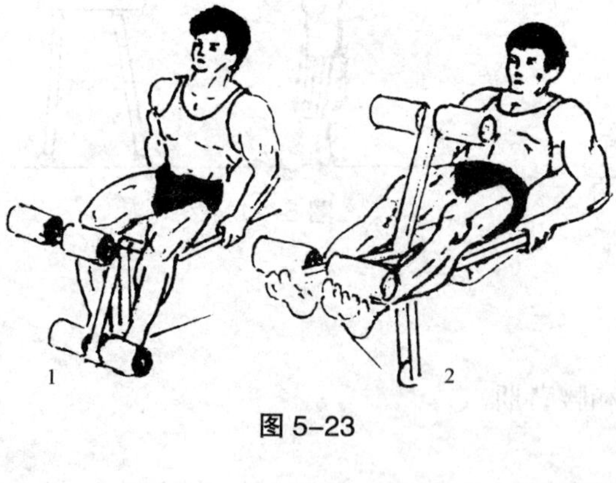

图 5-23

预备姿势：坐在腿部练习器一端，脚背前部放在练习器圆柱垫下面，两手在两侧撑住，以保持身体平衡。

动作要领：股四头肌用力收缩，小腿向上伸起（同时上体稍向后仰）至腿部全部伸直，稍停，还原后再做（如图 5-23）。

提示：选择好重量做小腿屈伸，伸膝要缓慢而充分，放下还原也要慢。还可以坐在凳上，脚踝负重进行小腿屈伸练习。

练习 2. 肋木蹬起

练习目的：主要发展大腿前部肌群。

预备姿势：两手握肋木，一腿屈膝，脚蹬在肋木上（高度在膝关节以上），另一腿直腿站立。

动作要领：屈膝，腿用力向上蹬直，成双手扶木的单腿站立，还原后重复数次，再换另一腿进行（如图 5–24）。

提示：上蹬腿时要充分将膝关节伸直，两手握木高度要适宜。

练习 3. 钭蹲

练习目的：发展大腿股四头肌和臀部肌肉。

预备姿势：练习者两手握一拉绳，绳的一端固定在肋木或其他物体上，身体后倒，两膝伸直站立。

动作要领：两腿屈膝，慢慢下蹲至大小腿夹角小于 90 度时，再用力慢慢向上站起，反复进行（如图 5–25）。

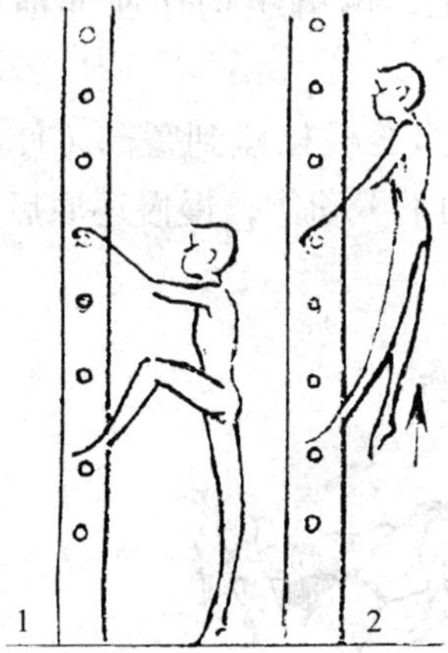

图 5–24

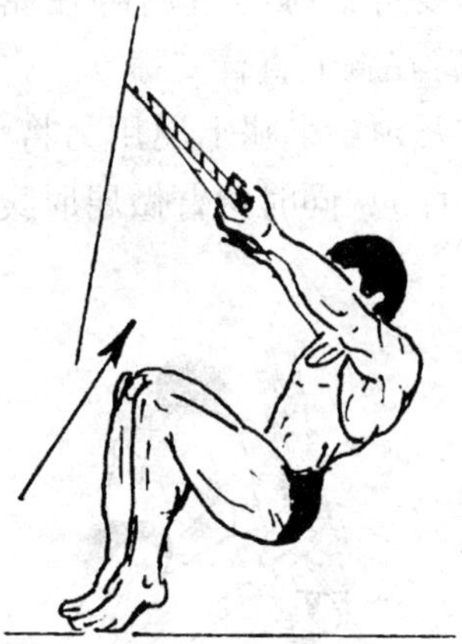

图 5–25

提示：向下蹲和向上起动作都要保持身体向后倒约 30 度以上，两臂伸直紧拉绳一端。这一练习方法还有使膝关节坚实有力的作用。

练习 4. 钭架负重蹲起

练习目的：主要发展大腿下部和外侧肌群。

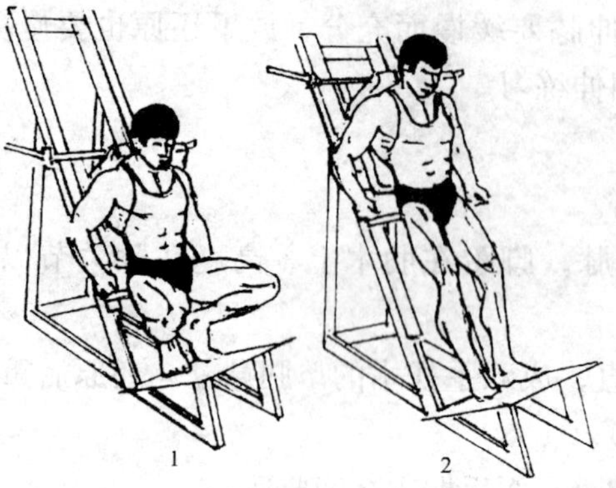

图 5–26

预备姿势：练习者背靠在斜架蹲起练习器上。

动作要领：屈膝缓缓下蹲，至深蹲姿势，然后用力向上蹬直，站起，还原后再重新开始（如图 5–26）。

3. 发展股二头肌的训练

股二头肌位于大腿后面外侧，有长短二头。近固定时，使小腿屈和旋外，小腿伸直时可使大腿伸（如后踢腿跑和后蹬腿跑动作）；远固定时，则骨盆后倾。俯卧“背腿”、负重体屈伸等练习都可发展该肌。发展股二头肌可以使腿部看上去更有生气，特别是从侧面看时，训练良好的股二头肌能使大腿的形状更加完美。

练习 1. 俯卧屈小腿

练习目的：主要发展股二头肌。

预备姿势：练习者俯卧在屈腿练习器上，两脚跟钩住屈伸横杠（圆柱垫），双臂在胸下直臂支撑。

动作要领：小腿上屈用力将负重拉起，直至横杠碰到臀部（使小腿屈成与地面垂直），同时两臂做屈肘腹撑（上体向下）动作，慢慢还原后再做（如图 5–27）。

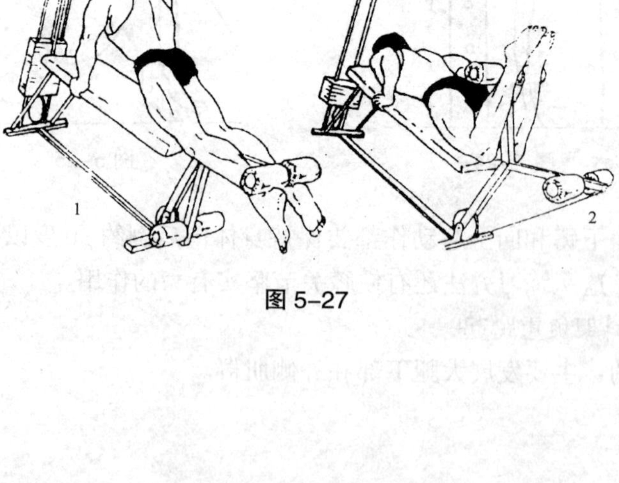

图 5–27

提示：小腿向上拉起同时上体向下，还原时上体向上撑起，主要对发展股二头肌上、中、下部肌肉力量有益，练习中也可以改变上体位置。

练习 2. 俯卧双人屈小腿对抗

练习目的：主要发展股二头肌。

预备姿势：练习者一人俯卧在一长凳上，两腿向后弯曲小腿，另一人站在身后，两手握住练习者的两个脚踝（或用跳绳）。

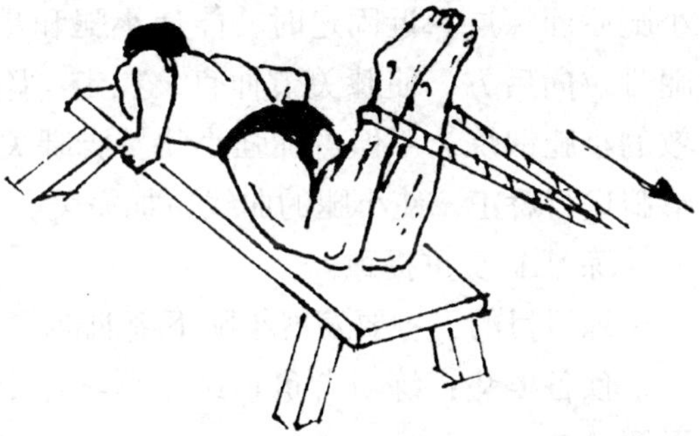
图 5-28

动作要领：练习者用力屈收小腿，而另一人用一定的力量慢慢将练习者弯曲的小腿拉直（在对抗中股二头肌得到锻炼），还原后再重新开始（如图 5-28）。

提示：练习中两人用力要配合，不可突然用力。这一练习也可在垫子上进行，简单易行。

练习 3. 仰卧屈小腿

练习目的：主要发展股二头肌。

预备姿势：练习者仰卧屈体，脚踝固定一根橡皮条，另一端固定在肋木上。

动作要领：用股二头肌收缩的力量，向下屈收小腿至臀部，反复进行（如图 5-29）。

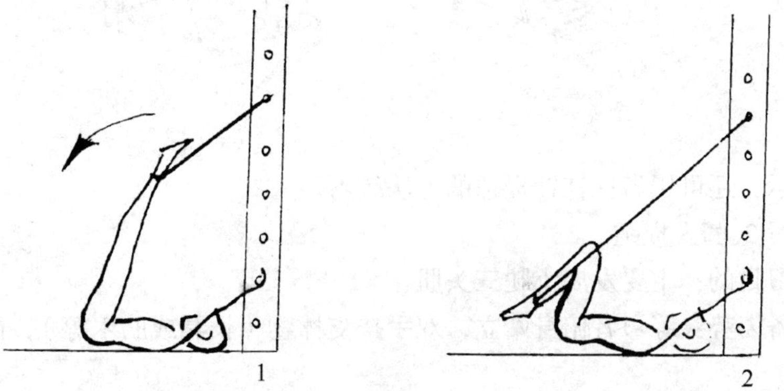
1　2

图 5-29

提示：屈收小腿时一定要用力将脚跟部收至臀部，还原时要慢做退让运动。

4. 发展小腿三头肌和屈足肌群的训练

小腿三头肌位于小腿后面浅层，由腓肠肌和比目鱼肌组成；屈足肌群在小腿后面深层。近固定时，能使小腿和足屈；远固定时，将股骨远侧端和小腿骨拉向后方，使膝关节伸直，在走、跑、跳时对屈足起很重要的作用。有效的小腿锻炼，不但可加强小腿及脚踝关节的力量和保护作用，还可对“O”形腿进行矫正，使小腿的曲线更加完美。

练习 1. 负重提踵

练习目的：主要发展小腿下部肌肉。

预备姿势：练习者负重站在练习器上，身体向前，两手扶起重架，脚跟下沉。

动作要领：两肩向上，立腰，直膝，脚跟向上慢慢提起，稍停，使小腿肌肉充分收缩，慢慢落下脚跟后，再做（如图 5-30）。

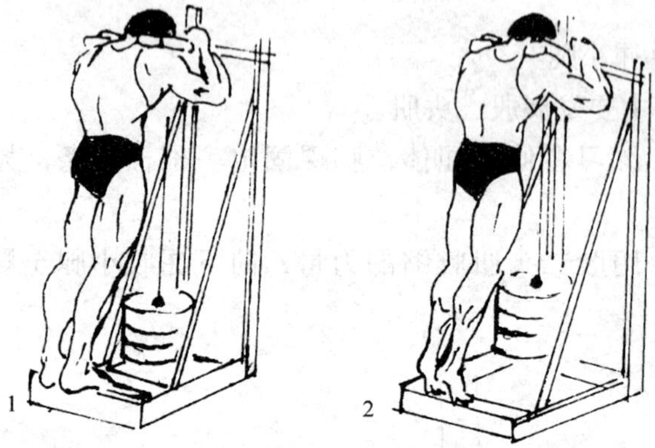

图 5-30

提示：还可用肩扛杠铃提踵的方法练习。

练习 2. 骑人提踵

练习目的：主要发展小腿三头肌。

预备姿势：练习者俯身站立，双手扶支撑物（长凳或肋木等），待同伴骑在身上。

动作要领：脚跟向上提起做连续提踵动作（如图 5-31）。

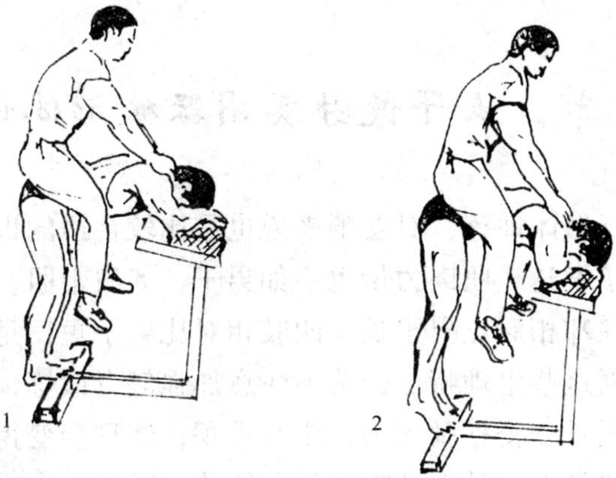

图 5–31

练习 3. 坐姿提踵

练习目的：主要发展小腿三头肌。

预备姿势：练习者坐在与小腿等高的坐凳上，前脚掌稍垫高，两膝上负重物（杠铃片或哑铃等），两手扶住重物。

动作要领：向上提踵至最高点，稍停后还原再做（如图 5–32）。

练习 4. 肋木提踵

练习目的：发展小腿三头肌。

预备姿势：两脚前脚掌站在肋木上，手扶肋木，脚跟下沉，身体紧腰直立。

动作要领：两脚向上提起至最高点，还原后反复进行（如图 5–33）。

提示：脚跟要充分下沉后再提起，整个过程收腹立腰，身体垂直向上。

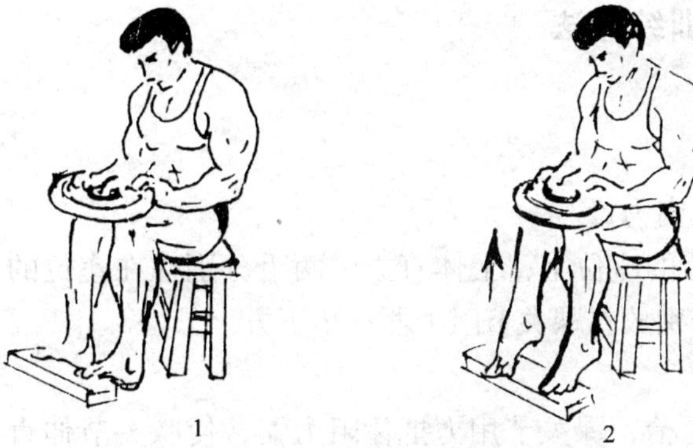

图 5–32

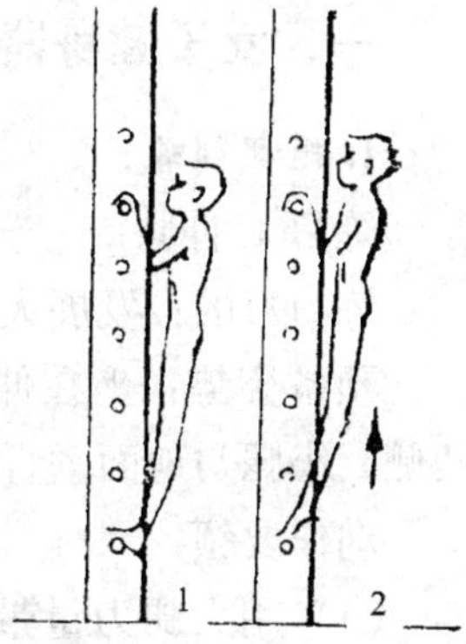

图 5–33

第三节　女子健身实用器械形体训练

利用器械进行形体训练，对女子来说也是比较合适的训练方法。女子的肌肉一般不如男子发达，肌肉力量也不如男子，如肩带肌、腹肌和骨盆肌力量比较弱，而脊柱却相对比男子长，四肢相对比男子短，身上脂肪比重也相对比男子高。根据这些生理特点，若不注意加强健身锻炼，身体的一些部位就会随着年龄的增长变得松弛无力，脂肪堆积，体型会变得不美。通过科学地训练，会使形体具有一种女性特有的曲线美，同时会大大提高女子的肌肉力量和健康水平。

首先，要摆脱对器械练习的误解。许多女性担心进行器械练习会使肌肉像男人那样粗壮，实际上这是不可能的。人体内肌肉增长的主要原因是产生大量的雄性激素，而肾上腺只能对女性产生少量雄性激素，因此器械练习不会像想象中的那样令人担忧。

其次，在选择器械锻炼中应当男女有别。无论在选择器械，还是练习的方法、负重的大小方面，都要注意这一点。特别是要注意安全第一的原则，训练要尽量选择一些安全性能好的单项或多项综合练习器及一些轻器械，因人而异地选择锻炼方法和强度，提倡多进行有氧运动。在发展肌肉力量的同时还要加强身体柔韧性的拉伸，以及舞蹈基本功训练，将自己塑造成形体健美、气质高雅、姿态挺拔、优美大方的女性。

一、女子健身器械安全训练方法

1. 腿部训练

练习 1. 伸膝

练习目的：发展大腿前侧肌肉力量。

预备姿势：坐在伸膝练习器的座位上，上体直立，两手分别撑在座位的两侧，小腿与地面垂直，前踝分别放在踝关节阻力器护垫下方。

动作要领：

（1）用大腿力量带动小腿上抬，踝关节用力抵住阻力器，使膝关节伸直与大腿平行，再还原到预备姿势（如图 5-34）。

（2）此练习可以两腿同时进行，也可以改为单腿完成或两腿交替完成（如图 5-35）。

图 5-34

图 5-35

提示：整个练习过程，要始终保持动作连贯，不要中途停止或用力过猛。

重复次数：15 次。

练习 2. 屈腿

练习目的：发展大腿后侧和小腿肌肉力量。

预备姿势：俯卧在屈腿练习器的固定垫上，两臂弯曲，手撑在垫子上，后踝抵住踝关节阻力器护垫后方，两腿伸直。

动作要领：小腿用力向上弯曲抬起，使脚踝尽量接近臀部，然后还原（如图 5-36）。

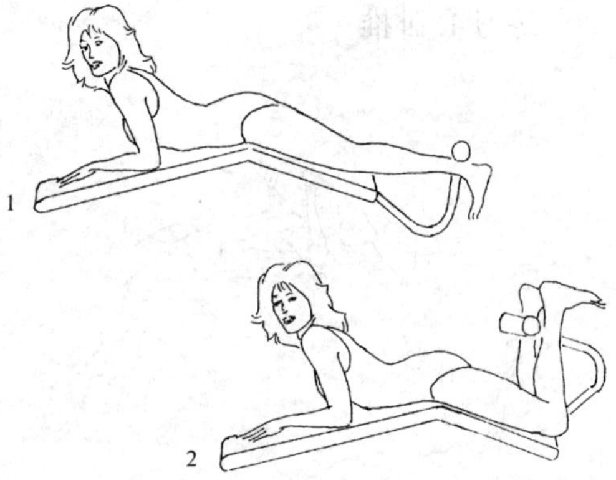

图 5-36

提示：收小腿时不要用力过猛，动作完成要充分。

重复次数：15 次。

练习 3. 蹬腿

练习目的：发展整个大腿的综合力量。

预备姿势：坐在练习器固定座位上，两脚踏在蹬腿阻力器上，两腿弯曲，两手握在座位前端，背部靠紧靠垫。

动作要领：两腿用力前蹬，使膝关节伸直，然后用力缓缓控制还原（如图 5-37）。

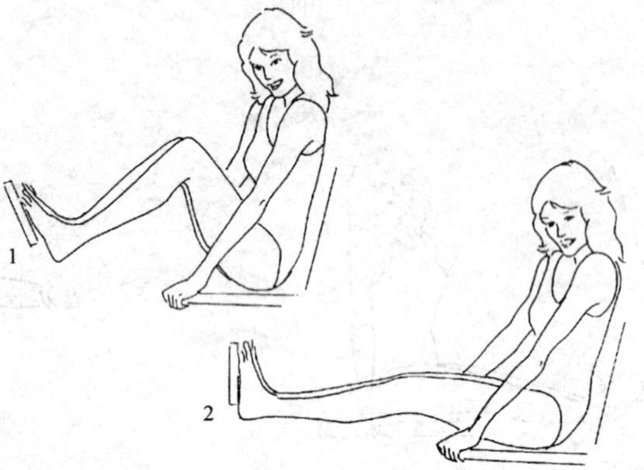

图 5-37

提示：要结合练习者腿长，调整好座位的位置，使膝关节弯曲不受限制，使腿能充分用力蹬出，动作要连贯、协调。

重复次数：15 次。

2. 胸肩部训练

练习 1. 卧推

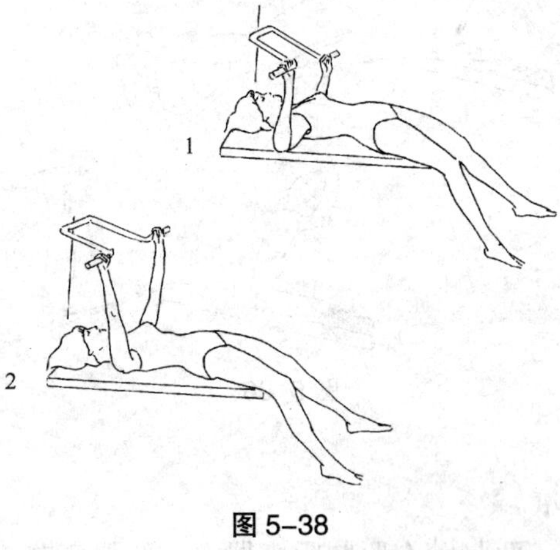

图 5-38

练习目的：发展胸肌、前肩和后臂肌力量。

预备姿势：仰卧在练习器的固定长凳上，两脚触地，两手分别握在肩上方阻力器横杠的两端。

动作要领：两臂用力推阻力器横杠，至肘和臂充分展开并伸直，然后还原（如图 5-38）。

提示：动作不要间断，用意念使胸肌用力，调整好身体位置，垂直向上用力。

重复次数：15 次。

练习 2. 垂直夹臂

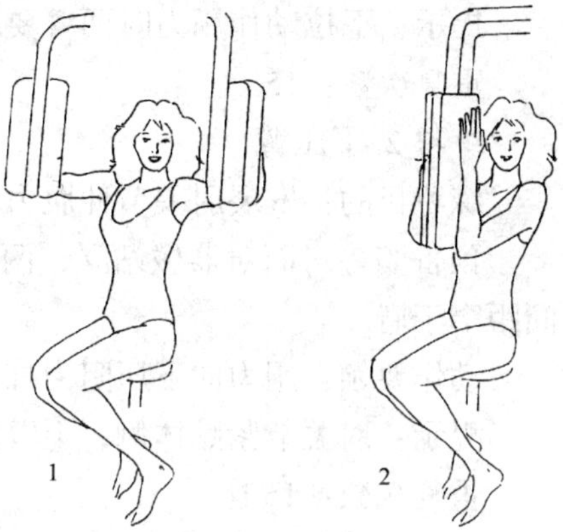

图 5-39

练习目的：坐在练习器固定座位上，两臂屈肘上举，小臂分别垂直放在小臂阻力器的护垫上，大臂与地面保持水平。

动作要领：两臂同时用力向中间夹，并使两个相分离的阻力器尽可能触到一起，稍停后还原（如图 5-39）。

提示：动作要连贯、从容，不要突然用力。

重复次数：15 次。

3. **肩、臂、背部训练**

练习 1. 拉臂

练习目的：发展上臂和后背肌肉力量。

预备姿势：坐在练习器固定座位上，两手分别握住头上练习器两端的把柄，两臂稍屈。

动作要领：

（1）用力垂直向下拉横杠至胸部位，然后再还原。

（2）接着向头后垂直拉横杠至与肩平行位置，然后还原，交替下拉（如图 5-40）。

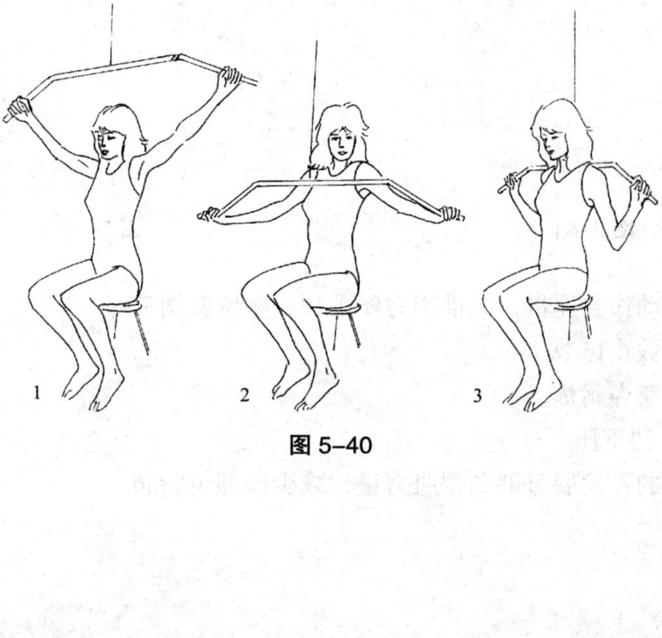

图 5-40

提示：下拉动作用力时两臂要均衡，下拉前胸位置要充分。

重复次数：15 次。

练习 2. 下压臂

练习目的：发展肘关节伸肌力量。

预备姿势：面对器械站立，两腿左右开立，两手紧握练习器阻力杠两端，间距窄于肩。

动作要领：用力向下压阻力杠，使臂伸直（如图 5-41）。

提示：肘关节紧贴体侧，上臂垂直固定，下压动作要舒展连贯。

重复次数：15 次。

练习 3. 推肩

练习目的：发展肩、背和后臂肌力量。

预备姿势：上体直立，背部绷紧，坐在推肩练习器座位上，双脚踩地或搭在凳子下方的横杠上，两手握住推肩练习器把柄（间距宽于肩）。

动作要领：两臂用力推起，肘关节伸直，立腰，头稍向前，还原后再做（如图 5-42）。

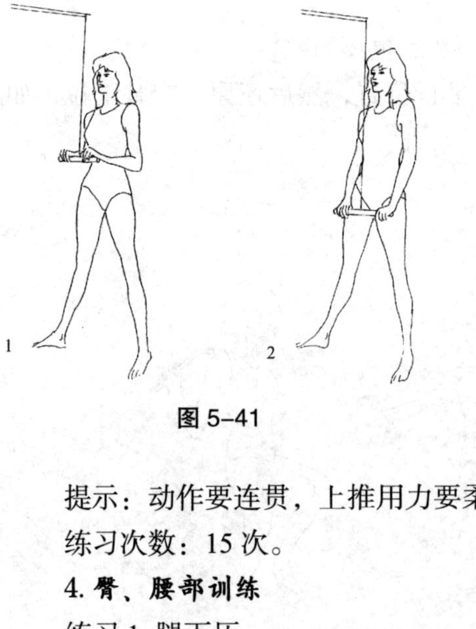

图 5-41

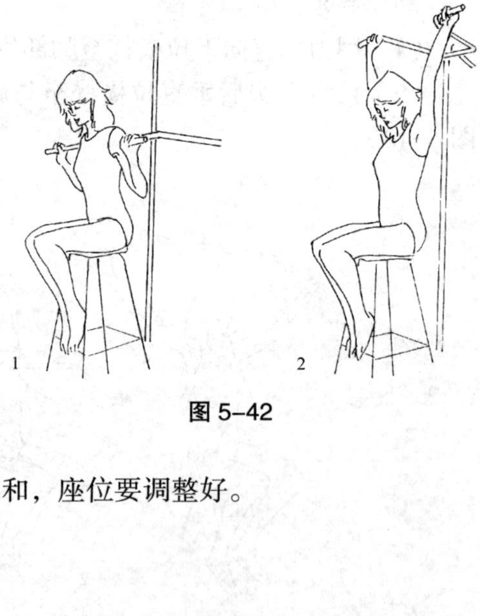

图 5-42

提示：动作要连贯，上推用力要柔和，座位要调整好。

练习次数：15 次。

4. 臀、腰部训练

练习 1. 腿下压

练习目的：发展臀部和腰肌力量，减少该部位脂肪。

预备姿势：仰卧在练习器的固定垫背上，大腿后侧搭在滚动器护垫上，两手分别握住靠近臀部左右的把柄，拉引身体，使臀部接近滚动轴部位。

动作要领：

（1）将搭在滚动器上的大腿和膝关节用力向下压，使其与身体成水平位置（如图 5-43）。

（2）可以单独进行一条腿练习，也可以两腿交替练习（如图 5-44）。

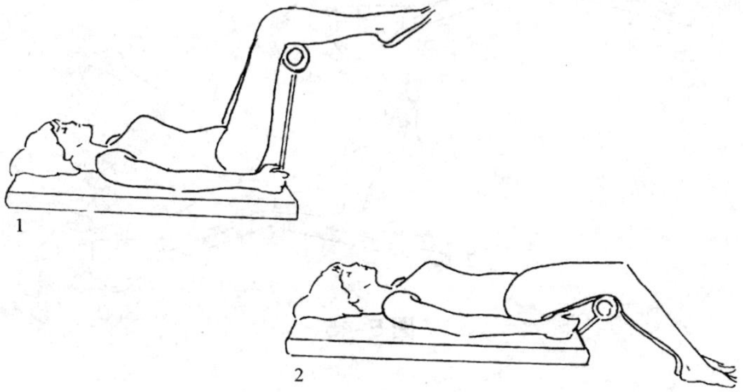

图 5-43

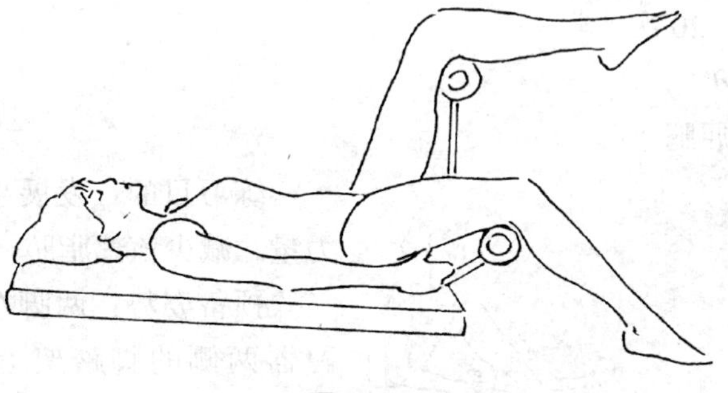

图 5-44

提示：动作要连贯，要调整好身体位置，下压动作要充分，尽量向下伸展。

重复次数：15 次。

练习 2. 后抬腿

练习目的：发展臀部和腰肌力量，减少该部位脂肪。

预备姿势：俯卧在屈腿练习器的固定垫上，两臂弯曲撑于胸下，一只脚的后踝抵在阻力器护垫上，另一条腿直腿放在护垫上，两腿伸直。

动作要领：护垫上的一条腿用力向上摆起至最高位置，反复进行后，两腿交换（如图 5-45）。

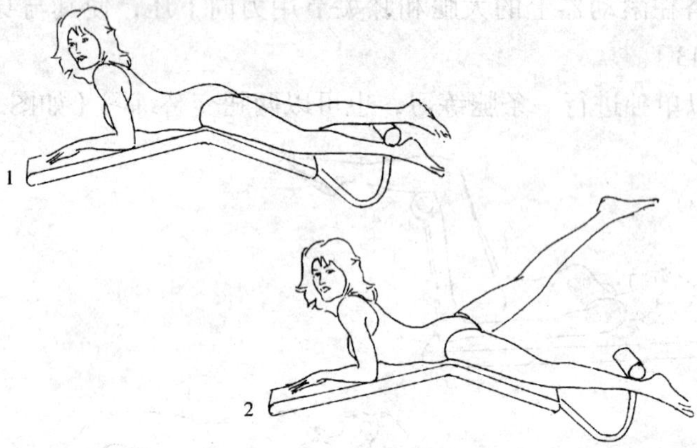

图 5-45

提示：动作要连贯，要直腿上抬，使臀部和腰部肌肉充分屈伸，练习腿脚背要绷直。

重复次数：20 次。

5. 腹部练习

练习 1. 上屈腿

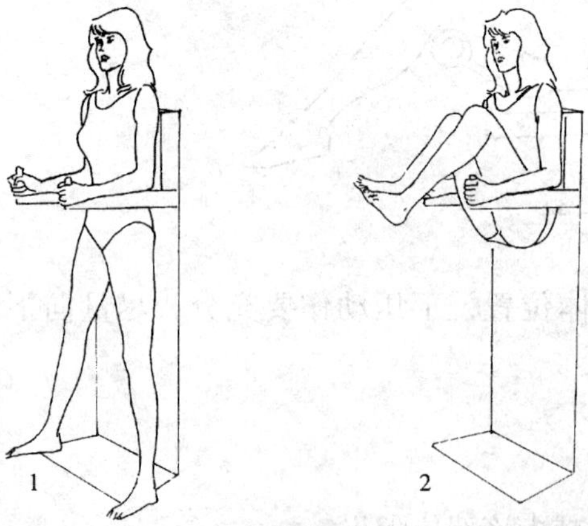

图 5-46

练习目的：发展小腹和髋部肌肉力量，减少该部脂肪。

预备姿势：两脚左右分别站在练习器两侧的脚踏架上，背部紧靠背垫，小臂分别搭在臂撑架上，两手握住把柄。

动作要领：屈膝向上抬起大腿，收起的膝部尽量贴近胸部或肩部（如图 5-46）。

提示：上抬腿要充分，膝关节抬得越高，小腹得到的锻炼就越充分。

重复次数：20 次。

练习 2. 起坐

练习目的：发展腹部肌肉力量，减少该部位脂肪。

预备姿势：仰卧在练习器上，两腿屈膝，两脚踝抵住两个支撑架圆垫，两手屈肘抱头。

动作要领：上体用力收腹起坐，坐起后还原（如图 5–47）。

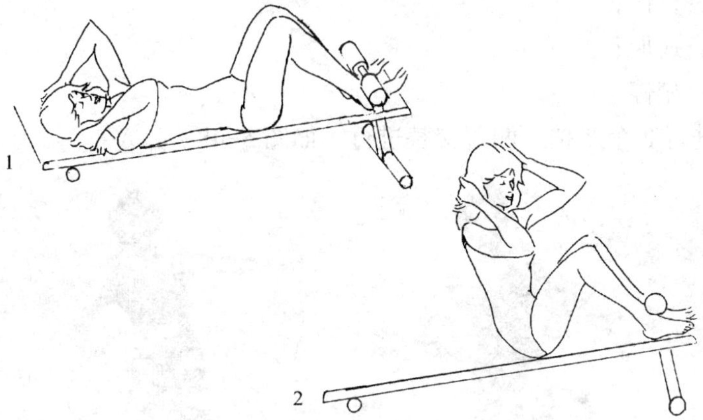

图 5–47

提示：这一练习还可以在起坐过程中向左、右加转体动作。

重复次数：20 次。

二、女子拉力绳形体柔和训练方法

选用拉力绳进行身体各部位的锻炼是一种既方便又安全的柔和训练，很适合女性的身体特点；尤其适合我国大中学校开展女子健身活动，便于普遍开展，不受场地限制，具有场地、器材的普遍性，有较好的实用性和安全性。符合现有的实际情况，实用性较为突出。

以下这套动作共 12 节，涉及身体的颈、肩、胸、背、腰、臀、腿和手臂部位的锻炼，由于设计的每节动作所锻炼的不单是一块肌肉，而是一个或多个部位，动作有极强的舞蹈节奏感，能充分表现女性特有的优美姿态，能起到区别于用健美固定器械锻炼所产生的效果。因此，我们称其为一种“优美的柔和力量训练”。这套动作可配合音乐节拍进行，也可计次数进行，又可选节重点进行。

第 1 节——单臂体侧上拉

预备姿势：分腿挺胸直立，一手叉腰，另一手握拉力绳一端（拉力绳另一端套压在同侧脚上），直臂斜垂体侧。

动作要领：

1—2：握拉力绳，手臂直臂向侧上拉起，至肩高；

3—4：稍停；

5—6：还原；

7—8：稍停。

重复进行 8 个 8 拍，两臂交替进行（如图 5-48）。

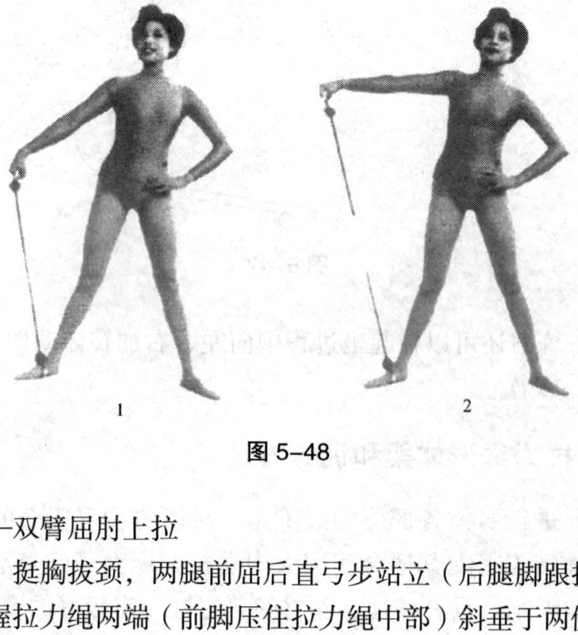

1　　2

图 5-48

第 2 节——双臂屈肘上拉

预备姿势：挺胸拔颈，两腿前屈后直弓步站立（后腿脚跟提起），两臂伸直，双手分别握拉力绳两端（前脚压住拉力绳中部）斜垂于两侧。

动作要领：

1—2：两臂屈肘上拉，同时上体后倾，展胸沉肩；

3—4：还原；

重复 4 个 8 拍后，换腿在前再做（如图 5-49）。

提示：前脚要向外转，略开，身体随着节拍略有向后立腰上下起伏，动作要优美。

图 5-49

第 3 节——单臂屈伸转体

预备姿势：分腿挺胸站立，两手分别握拉力绳两端，一臂直斜垂体侧，另一臂屈于肩上（拉力绳在身后）。

动作要领：

1—2：上臂向上伸直，同时上体向另一侧转体，掌心向前；

3—4：还原；

5—8：重复 1—4 拍动作。

重复 4 个 8 拍后换另一手臂在上再做（如图 5-50）。

提示：动作转体柔和，下臂始终保持直臂，上举臂尽量把肩角拉开垂直上举，展胸立腰。

图 5-50

第 4 节——举臂开胸下拉

预备姿势：前腿屈、后腿直弓步站立（后腿前脚掌落地），两手掌伸直，用中间三个手指分别拉住拉力绳两端的拉套，展胸拔颈（略后弓腰），直臂斜上举，上体略向前腿一侧弯转。

动作要领：

1—2：直臂向两侧拉开至肩平，展胸立腰，两手变成握姿向后伸展；

图 5-51

3—4：还原；

5—8：重复 1—4 拍动作。

重复 4 个 8 拍后换腿再做（如图 5-51）。

提示：在做这一动作时，应充分将手臂及胸腰伸展开，表现出女性形体的曲线美，注意手的变化，动作要舒展。

第 5 节——站立体侧屈伸

预备姿势：分腿向一侧弯腰站立，一手叉腰，另一手握拉力绳（将拉力绳两端并在一起），斜垂于体侧（将拉力绳中部压在脚下）。

动作要领：

1—2：上体另一侧屈，握住拉套，手臂直臂随着上体侧屈拉紧拉力绳；

3—4：还原；

5—8：重复 1—4 拍动作。

重复 4 个 8 拍后换另一侧再做（如图 5-52）。

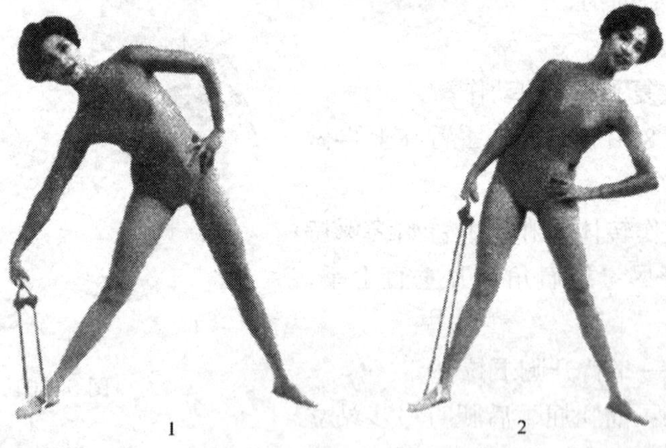

图 5-52

提示：动作要保持侧向最大屈伸，该动作能有效加强腰侧力量，减少该部脂肪。

第 6 节——仰卧收腹起坐

预备姿势：并腿仰卧（头不触地），两手在体前直臂握住拉力绳中部（拉力绳两端拉套分别套在绷直的两个脚上）。

动作要领：

1—2：上体向上坐起（两手拉住拉力绳，脚不抬起），同时，挺胸立腰，头略侧转成直角坐；

3—4：稍停；

5—6：上体后倒（身体借拉力绳的拉力缓缓后倒）成头不触地仰卧姿态；

7—8：稍停。

重复 15 个 8 拍（如图 5-53）。

提示：坐起时可借助拉力绳的力量，挺胸坐起，更富于表现力。多做该动作，能有效地减少腰腹部脂肪，增强肌肉力量。

第 7 节——站立腰腹屈伸

预备姿势：分腿体前屈站立，两手握拉力绳中部，直臂垂于胸前（拉力绳两端拉套分别套压在两脚上）。

动作要领：

1—2：身体向上抬起，双手拉紧拉力绳，挺胸直腰拔颈，头略侧转；

3—4：还原；

重复 10 个 8 拍（如图 5-54）。

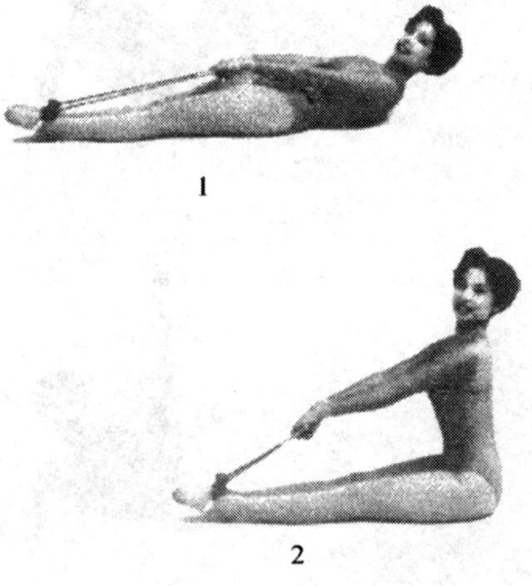

图 5-53

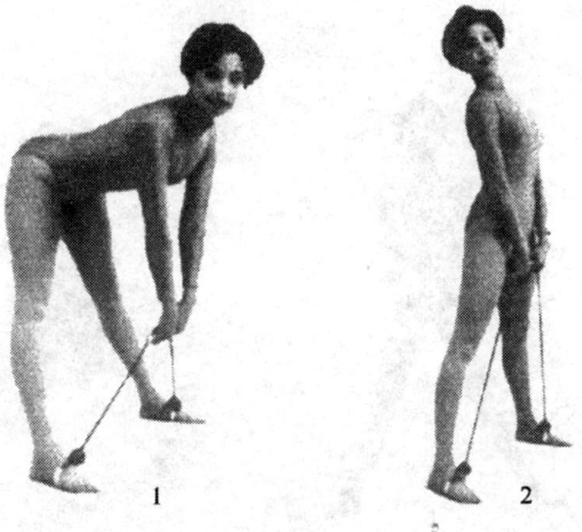

图 5-54

提示：这一动作重点发展腰肌力量，有腰部减肥的作用，上起动作要充分。

第 8 节——立腰开髋蹲起

预备姿势：分腿站立（两脚外开），两手握拉力绳中部，直臂垂于体前，拉力绳两端拉套分别套压在两脚上，沉肩拔颈，挺胸立腰。

动作要领：

1—4：开髋下蹲（身体垂直下蹲，两膝外开，髋部要开）至 90 度左右；

5—6：双腿伸直，分腿站立；

7—8：稍停。

重复 10 个 8 拍（如图 5-55）。

第 9 节——侧卧屈伸小腿

预备姿势：一腿伸直，另一腿屈膝，大腿抬起，一侧手臂屈肘撑地，身体侧卧，另一手握拉力绳中部（拉力绳两端拉套分别套在绷直的两脚上）。

动作要领：

1—2：小腿向上伸直；

3—4：稍停（上举腿与地面垂直）；

5—6：屈膝收小腿；

7—8：稍停。

重复 10 个 8 拍后换另一侧重新开始（如图 5-56）。

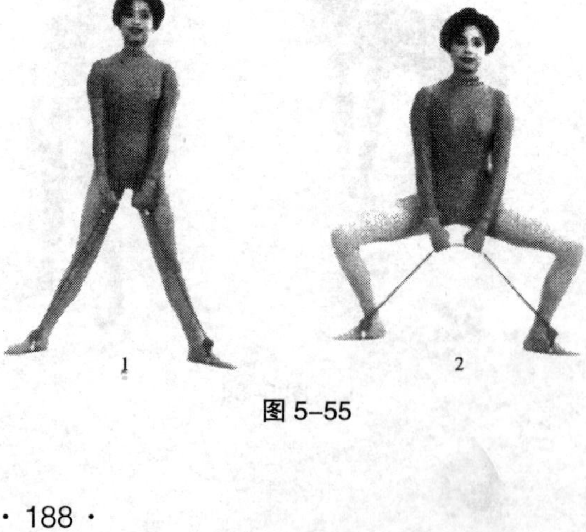

1　　2

图 5-55

1　　2

图 5-56

提示：这是一种侧卧姿的伸小腿练习，练习中要充分表现腿部的修长，练习也可变成直腿踢或屈直交替的方法。

第 10 节——后撑向前踢腿

预备姿势：一侧腿在前，绷脚点地，两手体后直臂扶支撑物（肋木或座椅，将拉力绳两端分别套在前腿脚部及座椅腿上），身体成直立姿势。

动作要领：

1—：绷脚点地，腿快速向前直腿踢出；

2—：还原；

3—4：稍停；

5—8：重复 1—4 拍动作。

重复 4 个 8 拍后换另一侧腿在前再做（如图 5-57）。

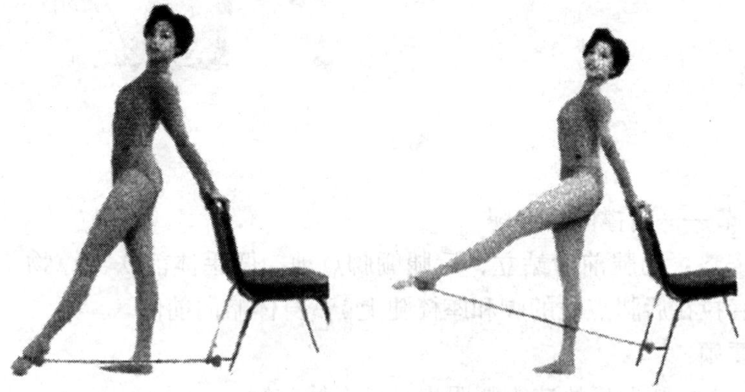
1　　2

图 5-57

提示：要调整好拉力绳两端固定的距离，踢腿要紧膝绷脚，脚面外开，身体重心在后腿上。

第 11 节——侧撑向侧踢腿

预备姿势：左右分腿站立，一侧腿绷，脚侧点地，一手屈臂叉腰，另一手体侧扶支撑物（拉力绳两端分别套拉在点地的脚和座椅腿上），身体成直立姿势。

动作要领：

1—：套拉力绳腿快速向侧直腿踢出；

2—：还原；

3—4：稍停；

5—8：重复 1—4 拍动作。

重复 4 个 8 拍后换另一侧腿再做（如图 5-58）。

1　　　　2

图 5-58

第 12 节——前撑向后踢腿

预备姿势：两腿前后站立，后腿绷脚点地，两手体前扶支撑物（拉力绳两端分别套拉在后腿点地的脚和座椅腿上），身体略向前倾。

动作要领：

1—：点地腿向后快速直腿踢出，并上体前倾；

2—：还原，脚点地；

3—4：稍停；

5—8：重复 1—4 拍动作。

重复 4 个 8 拍后换另一侧腿再做（如图 5-59）。

提示：后踢腿时，上体随着腿的上摆而向下略倾的同时，两肘弯曲挺胸收腹，以配合腿部的发力。这一动作对增强臀、腰及大腿上部力量，减少脂肪，效果很好。

1　　　　2

图 5–59

第四节　对身体骨骼畸形的矫正方法

一个人的身体形态美不美，首先要看先天生理骨骼结构，即上下肢、躯干、头颈发育是否正常及比例是否合适；其次看全身肌肉、脂肪等发育分布是否匀称健美及外在的气质表现。对先天骨骼畸形问题，用运动锻炼的手段，很难从骨骼结构上加以改变。但可以用增加肌肉来弥补其缺陷，再配合相应的姿态训练，会有一定的矫正效果。如鸡胸的问题在于胸骨突出，但若加强了胸大肌两侧的肌肉，鸡胸就不显了。对于“O”形腿膝关节的结构，锻炼是改变不了的，但通过发展腿部肌肉，会使腿的弯曲度有所改变，还可以注意平时站立多采用前后脚错开或丁字步的姿势，就会让人感觉不到是“O”形腿。

对由于后天长期某些不正确姿态和不良习惯形成的身体畸形，只要坚持相应的锻炼方法，很快就可以得到矫正。

实践证明，健美运动的许多动作，能给身体某些部位以很大的影响。当一个人的体型、体态出现了某些缺陷的时候，就可以选择某些动作进行锻炼加以矫正。

一、矫正“O”形腿的训练方法

矫正“O”形腿应重点锻炼腿部相应的肌肉及腿部内侧的柔韧性，以及进行站立的技巧等姿态训练。

练习 1. 弓步侧压腿（柔韧练习）

动作方法：一腿屈膝，另一腿直腿侧伸或弓步，两手分别扶在两膝部位，做压腿，直腿一侧的手臂用力向下压膝关节的外侧部。两腿交替进行，一腿压 15 次，共做 5 组。

练习 2. 负重夹腿蹲起（大腿股四头肌练习）

动作方法：两腿分开与肩同宽站立，两手提哑铃或腰部、肩部负重物，下蹲后，快速夹腿站起（两膝部夹腿时内侧相触）。用中小重量做 15 次，共做 5 组。

练习 3. 分腿夹球提踵跳

动作方法：两脚踝内侧夹一排球，两膝内侧相夹，两脚跟提起，下蹲（膝角大于 90 度），两手扶在两膝上做向前的连续蹲跳，做 30 次，共做 3 组。

练习 4. 并膝分小腿坐立屈伸

动作方法：并膝（大腿并紧），两小腿两侧分开，脚背绷直，两手叉腰跪立在垫子上。然后上体下坐，使臀部尽力触垫子，再向上成跪立状。做 30 秒钟，共做 3 组。

提示：“O”形腿是膝关节的结构问题，重点应以站立技巧和发展内外侧肌肉为主，不可以多拉硬压膝关节，否则会损伤关节和膝关节内侧韧带。

二、矫正鸡胸的训练方法

矫正鸡胸的重点是锻炼胸肌外侧肌肉及背弓的柔韧性。

练习 1. 双杠宽距臂屈伸（胸大肌练习）

动作方法：两臂伸直，两手宽握双杠，然后屈肘，身体下垂，再用力向上撑起至双臂伸直。做 15 次，共做 5 组。

练习 2. 垂直夹臂（胸大肌练习）

动作方法：坐在夹臂练习器（蝴蝶机）上，小臂分别放在小臂阻力器的护垫上，垂直于地面，然后两臂同时用力，使两个相分离的阻力器并在一起。做 12 次，共做 5 组。

练习 3. 仰卧屈体（柔韧练习）

动作方法：仰卧在垫子上，两手臂位于身体两侧，然后两腿上举屈体，两脚至头上，臀部抬起，髋部尽力接近两肩（双手也可屈肘托腰），成收胸、伸背的姿势。

三、矫正驼背的训练方法

大多数学生和青年人驼背，是长期不正确的看书、写字姿势造成的，或者是觉得含胸舒服，所以平时老弓着腰，形成胸椎逐渐前弯。矫正的方法是重点锻炼腰背和脊柱的肌肉，以及注意胸部的伸展。

练习 1. 俯卧挺身（背肌练习）

动作方法：俯卧垫子上，两手抱头，同伴帮助固定下肢（压住脚踝部），然后上体向上挺起。做 20 次，共做 5 组。

练习 2. 负重弓身

动作方法：肩负较轻杠铃坐在凳子上，然后挺胸直背收腹慢慢体前倾，使腹部触及大腿，触后即慢慢抬起上身。做 12 次，共做 5 组。

练习 3. 挺胸压拉肩（柔韧练习）

动作方法：面对墙壁分腿站立，两臂直臂上举于体前扶墙，然后挺胸收腹，做拉肩展胸动作。

四、矫正肩高、肩低的训练方法

一些学生由于单肩背书包，长期两肩用力不均，造成高低不一，肌肉发达不一。矫正的重点应加强肩、颈、背肌肉锻炼。

练习 1. 单肩上提（斜方肌练习）

动作方法：哪个肩低就练哪一侧，肩低一侧手提哑铃分腿站立，然后做肩上耸动作。做 15 次，共做 5 组。

练习 2. 单手侧平举（三角肌练习）

动作方法：肩低一侧手握哑铃，垂直站立或坐立。然后做侧平举动作。做 12 次，共做 5 组。

练习 3. 腿架高的俯卧支撑移动

动作方法：两手俯卧支撑，两腿架高。然后两臂做直臂左右抬起的移动身体重心练习。做 1 分钟，共做 5 组。

思考与练习

1. 为什么用健美器械锻炼要因人而异?

2. 针对你本人的职业特点和身体条件，选择哪些锻炼内容、方法对你更有效果?

3. 女子选择拉力绳进行锻炼有何益处？与一般固定器械锻炼的效果有何不同?

4. 进行健美器械锻炼应如何保证安全，防止伤害事故发生?

第六章　服务姿态训练

教学目标

通过本章的学习，要求学生掌握以下内容：

- 训练合适的服务表情
- 掌握得体的步态与坐姿
- 熟悉不同岗位服务姿态

服务姿态，是指服务人员在服务接待工作中身体表现的姿势（如迎宾站立、托盘走姿、斟酒服务等）。在酒店服务接待工作中，对服务姿态是有严格规定的，要求将美的形体、美的仪表、美的语言及熟练的操作技能运用于服务的全过程。服务姿态与操作技能的关系是非常密切的，两者相互影响，相互促进。忽视这一点，工作中就难免出现这样或那样的问题，直接影响酒店的服务质量和经济效益。加强在校学生和岗位服务员服务姿态的培训，是酒店服务与管理教学的一项重要内容。

第一节　表　情

表情，一般指眼睛、眉毛、嘴巴、面部肌肉以及它们的综合运动所反映的心理活动和情感信息。

从运动生理学角度来理解，面部肌肉收缩会牵拉皮肤而形成不同的皱纹，赋予面部各种表情。表情的表现形式是丰富多样的，正如列夫·托尔斯泰所描述的那样，仅眼睛的表情就有 87 种。面部的一个微妙动作，一块肌肉的细微变化，都能表达一个人不同的感情。

表情的表现场所比较广泛，但作为职业性的表情，其表现形式与场所是有规定的。出于饭店工作特点的需要，自然表情和微笑表情被列为服务接待工作应遵循的一项原则，要求服务人员共同遵守。

人与人之间的自然表情、微笑表情是不相同的，有人微笑给人以甜美的享受，而有人微笑看上去就不舒服。表情姿态是具有共性方法和技巧的，并不是服务接待人员各自独特的表情姿态都能够符合饭店的要求。

自然表情、微笑表情，作为职业性表情来要求，其标准是统一的，这个统一的标准就是表情姿态。要达到标准，首先要了解、掌握面部表情肌肉的运动规律和肌肉收缩的程度，然后进行诱导法表情姿态训练。

一、自然表情

面部表情肌肉运动要领：额肌稍收缩，带动皱眉肌和眼上方的眼轮匝肌上引，眉尖段稍有上提，以前额不出现皱纹为宜；眼下方的眼轮匝肌放松，面部两侧笑肌稍有收缩，带动口角微侧拉；上、下唇方肌和口轮肌处于放松状态，嘴唇微闭。

二、微笑表情

面部表情肌肉运动要领：额肌收缩力相应加大，使整个眉位提高、眼轮匝肌放松；鼻两侧上唇方肌和颧肌收缩，稍隆起呈球状；面两侧笑肌收缩，有侧下拉的感觉；下唇方肌、颏肌和口轮匝肌放松；嘴角含笑，嘴唇似闭非闭，以露出不到半牙为宜。

三、诱导法表情姿态训练

1. 分别掌握上述两种面部表情肌配合和收缩的要领，面对镜子进行练习。

2. 诱导动作配合练习：用两手手指构成半圆形置于脸部前 5 厘米处，随即向左、右张开，面部表情肌跟随收缩运动。

3. 音乐诱导练习：静坐在椅子上，播放欢快、跳跃、节奏明快的乐曲，如《天鹅湖》曲、《青年圆舞曲》等。思想集中，感情投入，仿佛自己在欢快的音乐节奏声中翩翩起舞，脸上就会自然流露出甜美的微笑。

4. 忆情诱导练习：坐在沙发上，尽情回忆过去美好生活的瞬间，如在初、高中时代被评为三好学生，在领奖台上或工作中取得显著成绩的时候。回忆愉快、激动人心的往事，喜悦的微笑顿时会自然引发。

第二节　步　态

步态即行走姿态。人们走路的样子千姿百态各不相同，给人的感觉也有很大的差别。有的步伐矫健、轻松、敏捷、灵活、富有弹性，令人精神振奋；有的步伐稳健、端正、自然、大方，给人以沉着、庄重、斯文的感觉；有的步伐雄壮、整齐、铿锵有力，给人以英武、勇敢、无畏的印象；有的步伐轻盈、敏捷、行如风，给人以轻巧、欢悦、柔和之感。上述步态均能给人以美的享受。另有些人不重视步态美，或者由于先天性生理不足或后天的不良习惯，而又不肯下决心矫正自己的缺陷，任其自然发展，结果逐渐形成了一些丑陋的步态。比如，有的人走路总是摇头晃肩，左右摆动，给人以轻薄的印象；有的人弯腰弓背，低头无神，步履蹒跚，给人以压抑、疲倦、老态龙钟的感觉；还有的人摇着“八”字脚，晃着鸭子步。这些步态都十分难看。

饭店工作人员应掌握两种走姿步态：男性、女性便步式走姿；女性一字步走姿。

一、便步式走姿

动作要领：行走时，假设前下方有一条直线，两脚内侧交替踩迈，前摆腿屈膝程度不宜过大。脚跟先着地，然后迅速过渡到前脚掌，脚尖略向外，距离直线约 5 厘米，腿部具有力度感；上身自然挺拔，立腰、收腹，身体重心随脚前摆迅速跟上，勿落在后脚或两腿之间，身体平稳前移；头正、目光平稳，用眼睛的余光注意前下方，下颌微内收，目的是使脸面保持在垂直线上；肩平，肩峰稍后张，上臂带动小臂自然前后摆动，肩勿摇晃；前摆时，手不得超越衣扣垂直线，肘关节微屈约 30 度，掌心向内，前摆时勿甩小臂，后摆时勿甩手腕（如图 6-1）。

图 6-1

二、一字步走姿

动作要领：行走时，也假设前下方有一条直线，两腿交替迈步，两脚交替踏在直线上。左脚前迈时微向左前方送胯，右脚前迈时微向右前方送胯，

图 6-2

但送胯不要明显；两臂自然摆动，前摆臂时注意肩部稍平送，后摆臂时肩部稍平拉。其他动作要领与便步式走姿相同（如图 6-2）。

走姿步态总要求：

1. 男性步伐矫健、稳重、刚毅、洒脱，具有阳刚之美，步伐频率每分钟约 100 步；女性步伐轻盈、柔软、玲珑、娴雅，具有阴柔美，步伐频率每分钟约 90 步。

2. 行走时不可把手插在衣服口袋里，尤其不可插在裤袋里。

3. 眼睛注意平视前方，不要左顾右盼，不要回头张望，不要老是盯住行人乱打量。

4. 脚步要干净利索，有鲜明的节奏感，不可拖泥带水，也不可脚步声重如马达声。

5. 男性步幅（前后脚之间的距离）约 25 厘米，女性步幅约 20 厘米，在饭店内行走步幅不宜过大。遇到宾客，要主动用礼貌语言问候客人。

第三节　交谈与伏案工作坐姿

交谈坐姿：与人交谈前，坐姿能给对方第一印象。提倡服务接待人员温文尔雅的坐姿，不仅仅是为表现坐姿造型美，更重要的是通过这种美的姿态，表现出对对方的尊敬。

正确的交谈坐姿有三种。

一、正坐

动作要领：上体自然挺胸、立腰，两膝并拢，脚跟靠拢，小腿垂直地面或稍微内收；臀部坐于沙发面的前后 1/2 处，两臂自然弯曲，手扶膝部，目光注视对方（如图 6-3）。

在保持上述要领的基础上，手的摆放也可重叠置于膝部上方，或将一手臂横放在腿上，另一手臂搁在沙发扶手上（如图 6-4）。

应用范围：与宾客对面坐姿交谈时采用。

图 6-3

图 6-4

二、侧坐

侧坐分为左侧坐和右侧坐两种，也是接待工作中常用的一种交谈坐姿。

1. 左侧坐

动作要领：在保持正坐姿势要领的基础上，左脚和臀部左摆 45 度。左摆移动时，两脚跟稍提，脚趾点地，左脚趾随腿左转，同时右脚趾原地向左转，两膝靠拢；左脚左转到位后，右手扶在左手背上，置于左膝部之上（如图 6-5）。

2. 右侧坐

动作要领与左侧坐相同，方向相反（如图 6-6）。

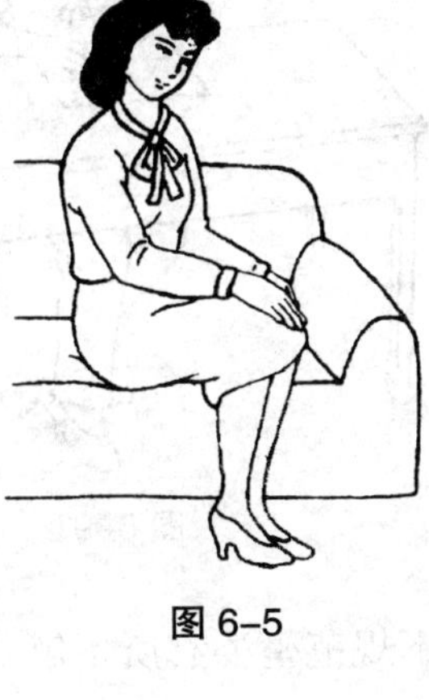

图 6-5

图 6-6

图 6-7

应用范围：分别与左、右侧宾客交谈时采用。

三、启掖步坐姿

动作要领：臀部所坐面积不得超过椅面的 1/2；右脚内收，左脚前伸，右膝迅速插入左膝下部或两膝内侧靠紧；头正、立腰、面带微笑；两臂自然屈肘，肘关节稍内收，左手放在右手背上（如图 6-7）。启掖步坐姿又称为脚恋式坐姿。

也可成左脚内收、右脚前伸的姿势，其他动作要领同上。在正坐和侧坐时，均可调换成启掖步坐姿。

应用范围：与宾客对面坐姿交谈时采用。启掖步坐姿，是女服务接待人员应该掌握的。

四、伏案工作人员的坐姿

动作要领：胸自然挺拔，立腰收腹；肩平，头正，上体稍前倾，眼睛与笔尖的距离保持 30 厘米左右，两臂屈肘扶在台面上（肘关节触台边为宜），两肘之间的距离为一肩半；两膝靠拢或稍微分开，小腿垂直地面（如图 6-8）。若坐的时间较长，两腿在不影响姿态美的前提下，可适当调换（如图 6-9）。在适当的情况下也可离开座位，做一些健身运动。

图 6-8

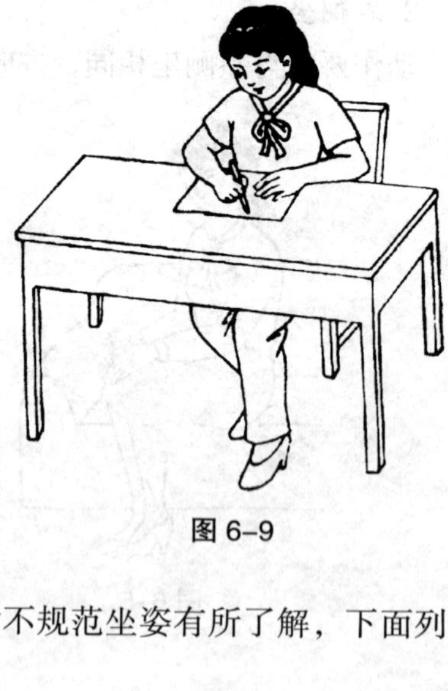

图 6-9

为了便于大家学习掌握正确的坐姿，对不规范坐姿有所了解，下面列举几种常见的不雅观坐姿（如图 6-10~ 图 6-14）。

图 6-10

图 6-11

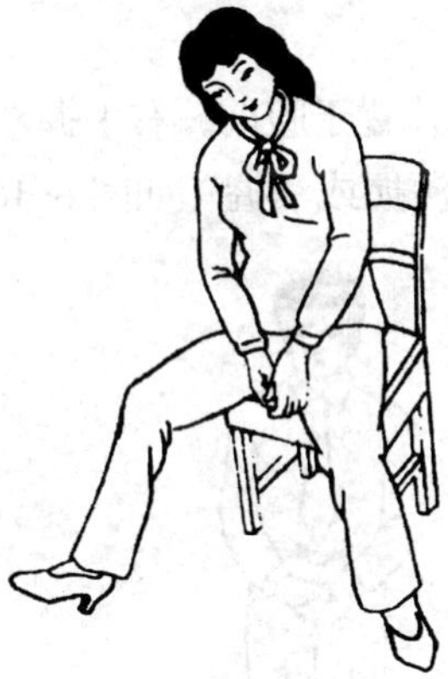

图 6-12

图 6-13

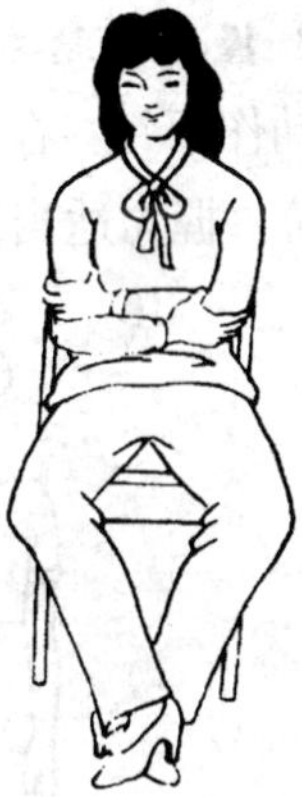

图 6-14

坐姿总要求：

1. 坐姿庄重、大方、娴雅。

2. 为增进感情的表达和交谈的友好气氛，可适当配合一些手势。但动作要适度，幅度不宜过大。

第四节　前厅服务姿态

一、迎宾员

1. 正立站姿

动作要领：表情自然，微闭嘴唇，下颌微收；两肩要平，稍向后振；胸向前上方自然挺拔，立腰收腹，夹臀前送；两臂下垂，手指并拢微屈；两膝并拢，脚跟相靠，两脚间夹角为45~60度，身体重心在两腿之间（如图6-15）。

一般要求：身高1.60米左右者，两脚间夹角为45度；身高1.65米左右者，两脚间夹角为55度；身高1.70米以上者，两脚间夹角为60度，身体重心稍前移2度。

2. 握指式站姿

动作要领：在正立姿势基础上，两臂屈肘，握手并置于腹前，右手握左手手指部位，握力适当，两手交叉点在衣扣垂直线上。勿深握或浅握（如图6-16）。

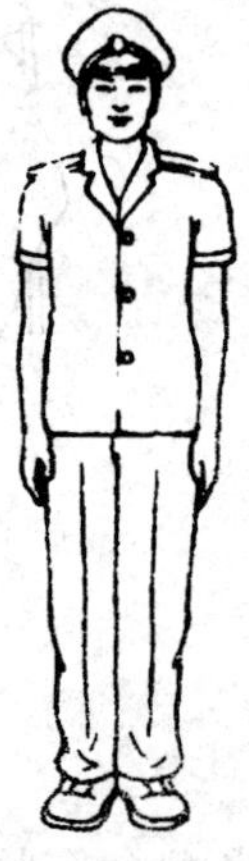

图6-15

图6-16

应用范围：与宾客交谈时或用礼貌用语问候宾客时采用。

3. 车门礼仪服务

动作要领：当来宾乘坐的车辆抵达时，迎宾员应做到车停人到；一手将车门打开 90 度，另一手手指并拢伸直，置于车门框上沿，以防宾客头部碰撞；两脚稍分开站立，立腰，上体微有前倾，两眼余光注视车门框上沿；见宾客下车时，用“小姐（或先生）请”礼貌用语欢迎宾客（如图 6–17）。待宾客下车后，将车门轻轻关上，行“招手礼”向司机示意。

图 6–17

4. 自动门礼仪服务

自动门礼仪服务由以下 7 个分解动作组成：

（1）迎宾员站位

动作要领：迎宾员站立于门外一侧，与自动门保持适当距离（以不影响开门为宜），身背与门面夹角呈 45 度，保持正立姿势。

（2）握指式站立

动作要领：当宾客走近 2~3 米处时，由正立姿势换成握指式站姿，同时用“小姐（或先生）您好，欢迎光临”的问候礼貌用语欢迎宾客。

（3）右转体 45 度

动作要领：宾客回礼后，迎宾员两手下摆的同时，向右转体 45 度，身体重心在右腿上。

（4）脚跟靠拢

动作要领：左脚与右脚靠拢的同时，右臂屈肘上抬，手与腰带平高，距离腹前约 10 厘米，掌心向内，手指不过衣扣垂直线，右臂肘关节向前略打开。

（5）“请”

动作要领：以右臂肘关节为轴，前臂平打开，手指向自动门中下方，同时

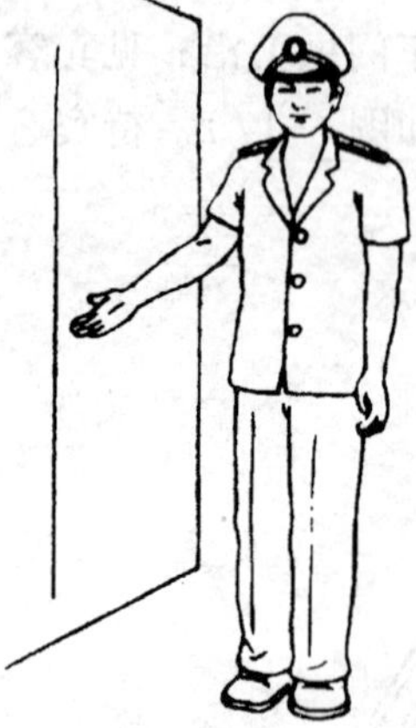

图 6–18

身体重心稍移向右前方，胸和脸部向左转并以礼貌用语“请”配合，微笑迎客，视线跟随客人移动（如图 6–18）。

（6）右手回收

动作要领：待宾客进门，其身体越过迎宾员的指尖时，迅速将右手收回。

（7）左转体 45 度

动作要领：向左转体 45 度，还原成站立姿势。

5. 转页门礼仪服务

动作要领：在自动门礼仪服务 1~5 分解动作要领基础上，主动帮助宾客转动转页门。门转动速度宜慢些，以便宾客安全入厅。

6. 推拉门礼仪服务

动作要领：在自动门礼仪服务 1~5 分解动作要领基础上，略抢先一步推门：第一步，先迈右脚，右手推门；第二步，左脚跟进；第三步，右脚跟进；第四步，左脚前迈，脚尖内扣，距离门框约 10 厘米处着地。身体右转，左手紧握门把，将门打开 90 度；右脚与左脚靠拢正立，同时右手做第二次“请”的动作，再次表示欢迎来宾。待宾客走进，右手收回，左脚上前一步，左手将门轻轻关上。

二、行李员

1. 工作台站立姿

动作要领与迎宾员正立站姿要领相同。

2. 提包行走姿态

动作要领：无论左、右手提包，均勿塌肩、晃臂、屈肘，手臂自然下垂，稳提包（箱）；行走采用便步式走姿，步伐轻松、稳健，上身挺拔、庄重；包（箱）勿摇摆。

3. 箱包车推姿

动作要领：箱包车安放行李后，行李员应在车后推车；两手扶车，两臂屈肘稍内收，保持正常行走姿态推车；眼视前方，余光注意车上行李，上体勿前倾，臀部勿后抬；两臂在行走力作用下推车，调节车向。勿在车前拉车或低头推车。

总体要求：行李服务姿态美，动作刚柔相济，体现力量美。

三、总台服务员

总台服务员对宾客服务，要掌握两种站立姿势，分别参照迎宾员正立和握指式站姿要领（如图 6-19）。

图 6-19

四、大堂经理和宴会预订员

大堂经理和宴会预订员走、坐姿，可以分别参照本章第二节步态训练法和第三节交谈与伏案工作坐姿的动作要领。

第五节　餐厅酒吧服务姿态

一、引座小姐

引座服务，一般由站立服务、引客、入座、服务、告退五个服务环节所组成。

1. 站立服务

动作要领：

（1）引座小姐在引座台内或餐厅大门一侧成正立站姿迎接宾客。站位、距离参照自动门礼仪服务要求。

（2）宾客走近 2~3 米处时，由正立换成握指式站姿，同时用“小姐（或先生），您好”“请问小姐（或先生），有几位”“请”或“请跟我来”等礼貌用语欢迎宾客，使用礼貌用语“请”需将语言和动作配合一致。

2. 引客

动作要领：引座小姐做出“请”的动作后，随即领客走入餐厅。走姿采用“一字步”为佳，行走速度每分钟为 90 步，步幅为半脚距离。

3. 入座、服务与告退

动作要领：

（1）安排入座：先女宾后男宾，引座小姐需两手扶握椅背两侧，将座椅稍提拉开适当距离，然后用“小姐（或先生），请坐”的礼貌用语与动作配合一致，示意宾客入座，宾客就座时，迅速调整椅位。

（2）口布服务：引座小姐应从宾客左侧，用右手将杯中的口布取出，轻轻打开，迅速向宾客示意其取用。

（3）告退：服务完毕，引座小姐成握指式站立，同时配合礼貌用语“小姐（或先生），请慢用”招呼宾客，接着，一脚后退一小步，向另一脚方向转体 90 度离开。

二、值台服务员

1. 站立服务姿态

值台服务员主要应掌握正立、握指式、背后握指式和调节式四种站立服务姿态。

图 6–20

（1）正立和握指式站立服务姿态，可参照本章第四节前厅服务姿态（迎宾员站姿）动作要领。

（2）背后握指式站姿

动作要领：在正立站姿要领基础上，两臂后摆，左手握右手或右手握左手手指部位，置于臀后，两臂肘关节自然内收（如图 6–20）。

（3）调节式站姿

动作要领：在背后握指式站姿基础上，左腿支撑，身体重心偏移到左腿上，同时右膝放松微前屈，右半部身体处于放松状态。勿脚跟开立、含胸、胯侧摆。

单腿支撑时间约90秒，然后交换腿支撑。交换时速度慢些，凭自我感受，不要有明显的交换动作。

应用范围：正立、背后握指式和调节式站姿，用于宴会厅一侧站立服务；调节式站姿不作为主要站姿运用，它属于一种积极性放松站立姿态，一般在站立时间较长或感到疲劳的情况下采用；握指式站姿，是上前与宾客谈话时的姿态要求。

2. 斟酒服务姿态

动作要领：服务员站于宾客右侧，稍偏右后方，保持约30厘米距离；两脚跟靠拢或成丁字步站立，上体自然挺拔，立腰收腹，勿含胸、侧体、送胯；托盘及左肩部尽量向外侧打开，与宾客头部错开较远的距离，以消除客人见托盘靠近而产生的思想顾虑；接着，右手持酒瓶中下部，从靠近自己胸前的部位经过，手臂自然前伸，稍有屈肘；斟酒时，商标朝向宾客，瓶口高于杯口1~2厘米，最好采用胸式呼吸或憋气式助控，以保持手臂和瓶口的稳定性，上体稍侧身，保持挺拔；酒斟八成，斟好后，瓶口稍提高并内旋约30度将瓶收回（如图6-21）。

3. 派菜服务姿态

动作要领：派菜是西餐服务的一种方式。服务员站立于客人左侧，两脚呈“丁”字步，左脚在前、右脚在后，左脚跟与右脚跟距离10厘米；两腿直立，身体重心偏在左腿上，上体稍微前倾，收腹，臀部勿后摆，两臂自然屈肘稍内收，派菜按顺序进行（如图6-22）。

图6-21

图6-22

4. 分菜服务姿态

动作要领：中餐分菜不同于西餐派菜，分菜几乎在宴桌中央进行，要求服务员具有收腹提重心的较好体能素质。分菜时，两脚前后站立，稍微分开，左手拿叉或勺子，右手拿刀或筷子，两臂自然前伸，按不同的菜肴进行分菜。腹部与宴桌边至少保持 5 厘米的距离（如图 6-23）。

5. 托盘行走姿态

托盘行走姿态是餐厅托盘服务员传菜、传汤时必须掌握的一项服务技术。托盘有轻托和重托两种，一般采用轻托的方法。

轻托走姿要领：

（1）托盘：按规定理盘、装盘后，左手掌心向上五指张开，用手指和掌根两侧共 7 个点接触托盘底面，掌心、盘心在同一垂直线上，掌心勿触及盘底；大小臂成 90 度，托盘置于腰左前方，盘内沿离腰 2 厘米，盘外沿不得超过衣扣垂直线，也不要有意外摆。

（2）行走步态：采用便步式走姿，步幅比正常行走时稍小，频率稍慢些；前迈腿的脚跟一定要先着地，然后迅速柔和地过渡到前脚掌，切勿全脚掌同时着地，或前脚掌先着地，以免造成顿足，盘摇瓶晃，导致翻盘现象的发生。

（3）行走体态：行走时，将意识集中在胸骨上方第二个纽扣上，向前上方 45 度自然挺胸，有夹臂、立腰、重心紧跟前迈腿的感觉；平肩，自然地前后摆臂，眼视前方，余光注意前下方，表情自然，姿态优美，体现服务员良好的气质（如图 6-24）。

图 6-23

图 6-24

第六节　客房服务姿态

一、电梯迎宾服务姿态

动作要领：服务员面对或偏侧电梯门约 2 米处，成正立站姿（站位可根据楼层布局适当调整）；当服务员、行李员引领宾客欲走出电梯时，随即上前一步，换成握指式站姿，同时用“欢迎小姐（或先生）”的礼貌用语，并配合以“请”的动作。

二、开门接待服务姿态

动作要领：服务员用钥匙将门打开后，采用迎宾员推拉门礼仪服务姿态，迎宾客入房。

三、送茶礼仪服务姿态

动作要领：按程序将茶泡好后，服务员托盘走至宾客右后侧站立，用“小姐（或先生）请用茶”礼貌用语招呼宾客；然后右脚上前一步，身体重心移到右腿上，同时上体稍左转，右手取杯，将茶杯从自己胸前经过，摆放在桌上；茶杯摆放时，右手小指自然弯曲，先触及桌面，再顺势前推，杯底轻擦桌面，逐渐抵达杯位，杯与桌边保持 10 厘米距离，杯把顺势朝向宾客的右手方；茶杯摆好后，右手做一次“请”的动作，随即右脚后退一步成正立。然后，左脚向左后方后退一小步，右转体 90 度离开。

四、握手姿势

动作要领：无论站、坐，服务员在与对方握手前，上身应注意正立站姿要领，右手前伸，自然屈肘，手约与对方腰带平高，握对方右手掌指部位，握力适度，左臂自然下垂；上体稍前倾一点，眼睛注视对方，点头示意，微笑迎客。

握手要注意男女之分：与男宾见面时，男、女接待员均可主动伸手握手；与女宾见面时，女接待员可主动伸手握手，男接待员一般不可主动伸手，先采用握指式站姿礼貌迎客，女宾若主动握手，男接待员应迅速迎握。

五、上下楼梯姿势

上楼有上楼步和跑楼步两种步法。

上楼步动作要领：上楼步是以走式踏上楼梯，速度比地面行走稍快些。上楼时，前摆腿屈膝抬起，后蹬腿微屈支撑，两脚交替踏上，两臂前后自然摆动，上体稍前倾，头正，眼视前方，余光注意前下方（如图 6–25）。

跑楼步动作要领：跑楼步动作要领基本上与上楼步相同，不同的是速度加快，前脚踏梯脚跟稍抬起，两臂自然屈肘（如图 6–26）。行进间前后摆臂，勿外展、外摆肘关节。

下楼步动作要领：前摆腿脚踏楼梯，微有屈膝缓冲，脚趾略偏向外侧，两眼视前下方，其他动作要领同上楼步（如图 6–27），行进间勿外展肘关节。

图 6–25

图 6–26

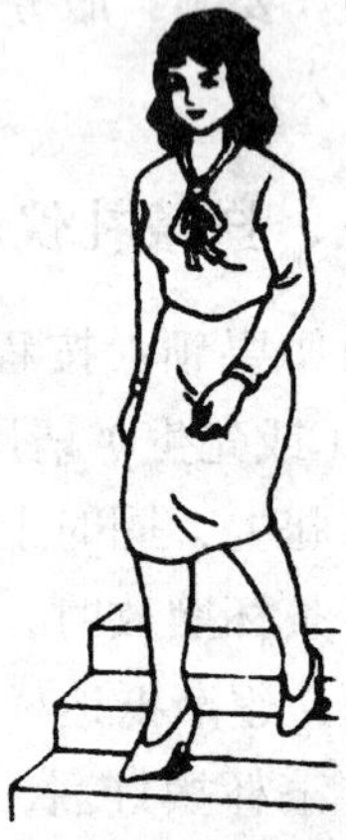

图 6–27

思考与练习

1. 自然表情和微笑表情的要领是什么？怎样进行诱导法表情姿态训练？
2. 何时采用便步式走姿与一字步走姿？分别进行两种走姿的训练。
3. 分组练习交谈与伏案工作坐姿，纠正不良坐姿。
4. 进行角色扮演，练习不同部门、不同岗位的服务姿态。

第七章　舞蹈训练

教学目标

通过本章的学习和训练，应使学生掌握：

- 舞蹈的作用与特点，加深理解有关舞蹈方面的理论常识及舞蹈的种类、产生等
- 练习掌握古典舞、民族民间舞、交谊舞技巧

第一节　舞蹈基础知识

教学目的：通过基础知识部分内容的学习，使学员进一步掌握舞蹈的作用与特点，加深理解有关舞蹈方面的理论知识及舞蹈的种类、产生等知识。

教学提示：此部分内容将讲解与观摩录像的方法相结合，充分利用现代化教学手段，提高学员的学习兴趣，并加深对舞蹈基础知识的理解和掌握。

一、什么是舞蹈

在人类学家看来，“自从有了人类就有了舞蹈，舞蹈同人类一样古老”。“舞蹈不仅是一切艺术之母，而且是一切语言之母”，这是英国哲学家科林伍德说的。

舞蹈，是非文字语言的艺术，因而与文学、戏剧、电影等艺术形式相比，它是抽象的，需要观众调动自己的想象力，才能够感知其中的内容。但与无标题音乐、抽象派绘画相比，它又是如此的具体，舞者的喜、怒、哀、乐、忧、惧、爱，只需一举手、一迈步、一扬眉、一转脸，就能够得到淋漓尽致的表现。

舞蹈，以人体为表现工具，通过有节律、有组织和经过美化的流动性动作来传情达意，它是一种表情性时空艺术。由于舞蹈以千姿百态的动作为语

言来塑造艺术形象，借以抒发情感，因而我们也称舞蹈为人体动作艺术。总之，舞蹈是以有节律的、美观的人体动作为手段，来表达人的内在心态，反映社会现实生活的一种艺术。

二、舞蹈的起源

舞蹈，是人类最早创造的艺术形式之一。舞蹈起源可以从古代遗留下来的崖画、石雕和出土文物之中，看出最初产生的印记。可以说，劳动创造了艺术，劳动创造了舞蹈。

从我国古代留传下来的史料和文物中看出，氏族社会中的原始舞蹈与狩猎和农耕密不可分。舞者手中拿着牛尾作道具，脚踏节奏，边歌边舞。原始舞蹈还可以模仿鸟兽形态来表达原始人狩猎成功的欢乐。我国内蒙古乌兰察布草原上的古老岩画上的舞蹈形象说明，狩猎活动是原始人得以生存和获得欢乐的重要基础。马克思说过“劳动创造了美”，物质生产劳动的实践是原始人最基本的实践，也是他们赖以生存和发展的基础，因此，原始人的一切审美活动、艺术活动都和生产劳动紧密结合。

三、舞蹈的产生与发展

根据舞蹈的不同风格，可以划分为古典舞、民间舞、芭蕾舞、现代舞。

1. 古典舞

古典舞具有强烈的民族风格，古典舞蹈是历史的产物，规范性强，善于表现民族气质。

古典舞是从古代传下来的。中国汉代、唐代、宋代都曾是舞蹈兴盛的时代。中华人民共和国成立后，在中国民间舞的基础上，经过历代艺术家的提炼、加工和创造，逐渐形成了中国古典舞所具有的规范性的技术和严谨的程式化动作。舞蹈工作者继承了古代汉、唐、宋以来的传统舞蹈和戏曲舞蹈的精华，如：手形兰花指，手臂要呈弧形，步子要走圆等；古典舞基本步子“圆场步”，是表现古代妇女走路时脚不能露在裙子外面（像水上漂）；“山膀”则表现古代武士形象。古典舞很讲究内在的韵律感，动作要有点与线的连接，点要清，线要圆，做动作时要强调内在感觉，如手动眼随，手停眼止等。神要领形，形要有神，在表演上要有手、眼、身、法、步的密切配合。

“心、形、劲、律”，是古典舞中特有的四个字。心，是强调动作内在感，要有心劲，不盲乱；形，外形动作要规范，不能走样；劲，指要有节奏感、力度感、分寸感，外在节奏与身心结合；律，指运动规律。除此之外，古典舞特有的典型特点还有欲前先后，欲左先右，欲紧先松，欲沉先提。

2. 民间舞

民间舞是指在人民群众中广泛流传，具有鲜明的民族风格和地方特色的传统舞蹈形式。它是产生于人民的劳动和斗争生活，在世代相传的过程中，经过人民群众不断加工创造而形成的。我国是一个多民族的国家，不仅汉族地区具有丰富完整的民间舞艺术，藏族、蒙古族、维吾尔族、傣族、朝鲜族、苗族、彝族、满族等民族各自都有十分丰富多彩的传统和独特的舞蹈风格。

3. 芭蕾舞

芭蕾舞起源于意大利，兴盛于法国。“芭蕾”一词原为意大利语（bello），意为“跳”或“跳舞”。所谓“跳”，当然是脚部的动作，所以长期流行所谓“西方舞以足蹈为主”之说。“芭蕾”是一种经过职业舞蹈家提炼加工、高度程式化后的剧场舞蹈。法国宫廷的舞蹈大师们为重建古希腊人那种融诗歌、音乐和舞蹈为一体的戏剧理想，有意识地创造了“芭蕾”这样一种综合性艺术。

法国皇家舞蹈学院是1661年创立的第一所正规的芭蕾教育机构。到了19世纪，先后在巴黎出现了“浪漫芭蕾”的黄金时代，推出了《仙女》《吉赛尔》《葛蓓莉亚》芭蕾舞剧。在19世纪70年代，俄国进入了“古典芭蕾”这个整个芭蕾史上的鼎盛时期，代表作有《睡美人》《胡桃夹子》《天鹅湖》这三大经典舞剧。

芭蕾舞的四大原则是“开、绷、立、直”。

“开”指的是舞者需要从肩、胸、胯、膝、踝五大关节部位向外打开，尤其是两脚应该向外开180度，将人体理想化。

“绷”指的是舞者需将肢体各部位绷起来，尤其是脚背、腿、膝、脊椎、颈椎等。芭蕾是一种线条艺术，将各部位绷直将延长肢体原有的线条。

“立”指的是舞者需将头、颈、躯干、四肢作为一个整体，傲然挺立，气宇轩昂，从风度上要有贵族气派。

“直”指的是舞者背部要像门板似的向上挺直。

我国的芭蕾从20世纪50年代开始得到了发展。

4. 现代舞

现代舞是20世纪初由美国舞蹈家邓肯创造的一种舞蹈。它摆脱古典芭蕾的程式和束缚，以自然的舞蹈动作，自由地表现思想感情和生活。后来许多舞蹈家继承了邓肯的主张，又各自发展创造，形成了许多不同风格的现代舞流派。现代舞蹈家主张表现内心的需要和冲动，从自然中寻找艺术美的形式，它以自然和自由为原则，强调时间、空间、演员的动作意识以及与动作有关的精神之间的协调，因此也称“自由舞”。现代舞在世界上蓬勃发展，它以极大限度的人体动作、自由的表现形式和独有的艺术表现力而展现异彩。

第二节　古典舞

一、古典舞基本手形、脚形、手位、脚位

1. 基本手形

（1）兰花掌：手指伸直后，中指向上挑起，拇指向中指靠拢（用于女性）。

（2）虎口掌：手掌伸直后，虎口张开，拇指根部向手心用劲，形成一个自然沟，手掌的外缘用劲（用于男性）。

（3）半握拳：食指至小指收至掌心成空心拳，拇指紧贴于中指。

（4）实心拳：食指至小指握成实心拳，拇指紧贴于中指。

（5）单指：将食指伸直，拇指与中指指尖相搭，其余二指自然弯曲。

（6）剑指：食指与中指并紧伸直，拇指与其他二指相搭于手心处。

2. 基本脚形

（1）绷脚：脚背绷起，脚趾向下压。

（2）勾脚：从脚跟部，使全脚向上勾起。

（3）扡脚：经绷脚后，脚尖与脚腕尽量向里翻。

（4）勾绷脚：脚背绷起，脚趾向上回勾。

3. 基本手位

（1）山膀位：手臂成弧形，平抬于身旁，大臂高度与肩平。

（2）按掌位：手臂成弧形，按于胸前，高度平于胸窝处。从肩部至手形成斜坡式。

（3）托掌位：手臂成弧形，撩至头前上方，掌心朝上托起。

（4）提襟位：双臂成弧形，半握拳，架于体旁，虎口斜对胯骨处。

（5）扬掌位：手臂伸直，至身体斜上方扬起，手心向斜上方。

4. 手臂基本姿态与动作

（1）单山膀

（2）双山膀

（3）单托掌

（4）双托掌

（5）托按掌

（6）顺风旗

（7）山膀按掌

（8）冲掌

（9）穿掌

（10）端掌

（11）摊掌

5. 双手配合动作

（1）晃手

（2）摇臂

（3）云手

（4）小五花

（5）盘手：里盘腕、外盘腕

6. 脚的位置

（1）正步位

（2）小八字步

（3）大八字步

（4）丁字步

（5）踏步：小踏步、大踏步（又叫大掖步）

（6）弓箭步

（7）虚步

二、组合训练部分

1. 地面身韵组合训练

教学目的：典型身韵的基本元素可概括为："提、沉、冲、靠、含、腆、移、旁提”，这些元素是由心意带动呼吸，又由呼吸去支配腰部而体现的。通过身韵训练，可以初步掌握古典舞的“形、神、劲、律”的统一。在掌握动作的过程中要特别注意腰部的感觉，使舞姿、动作更富有韵律感。

教学提示：在教授组合动作的过程中，首先明确训练目的。坐姿训练，是为了固定腰、胯而防止乱晃，感受到以腰为轴的身韵。训练时不仅要运用腰部动作，同时要有气息的运用，强调动作间的连接及“点”与“线”的运用（“点”即呼吸点，“线”即姿态延伸）。

身韵组合音乐：1=F　4/4

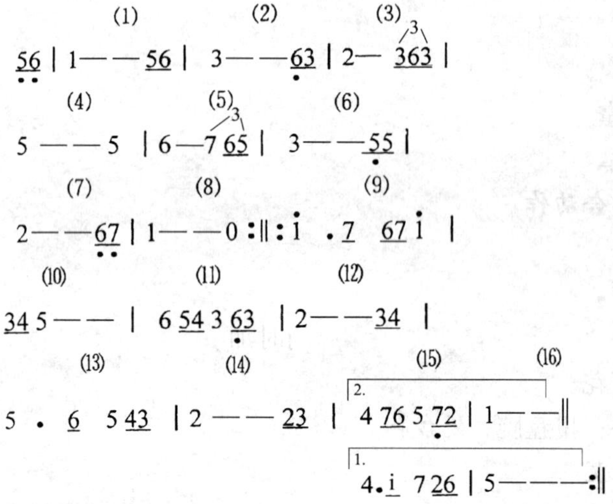

组合动作：

准备动作：双腿盘坐，两手叉腰。

前奏：盘坐叉腰，提沉一次。

1—2 小节：提沉一次，同时右手胸前盘腕一次。

3—4 小节：提沉一次，同时左手单手盘腕一次。

5—6 小节：提沉一次，同时双手胸前小五花一次。

7—8 小节：重复 5—6 小节动作。

音乐重复：

1—2 小节：提沉同时向 2 点、6 点做“冲、靠”一次，同时右手至胸前按掌位，左手叉腰。

3—4小节：提沉同时向8点、4点做“冲、靠”一次，同时左手胸前按掌。

5—6小节：展胸、含胸一次，展胸时，胸向前腆出，同时双臂从胸前向两侧展开，含胸时，胸部含回，同时双臂由两侧向里合掌至头前。

7—8小节：重复5—6小节动作。

9—10小节：向右起做云间转腰，右手随腰转动后，从左侧胸前向右平展。

11—12小节：右手由原路线收回至左侧，左手交叉于胸前后向左平展，再至叉腰位，右手由右下方撩起至托掌位，向左下旁腰。

13—16小节：动作同9—12小节，方向相反。

音乐重复：

9小节：提沉一次，同时双臂波浪一次。

10小节：经右横拧腰，右手从右侧腰间平撩至胸前按掌，再向右后拧腰，向左仰胸，眼看左上方（近似卧鱼）。

11—12小节：动作同9—10小节，方向相反。

13小节：双腿跪起，双臂经上晃至左侧山腰按掌位。后两拍，再由上晃至右侧山膀按掌位。

14小节：双臂继续经上晃一周，同时加上含胸、提沉的韵律。然后回至左侧山膀按掌位，同时做右侧旁提。

15—16小节：动作同13—14小节，方向相反。

音乐重复：

9小节：双臂向右前方摆出，同时身体做左侧旁提。

10小节：此动作继续重复，只是向右前摆动两次，一拍一次。

11—12小节：动作同9—10小节，方向相反。

13小节：右臂经前含胸后撩至右旁，掌心向上。同时左侧旁提，眼看8点，左手后背。

14小节：右臂经头上方盖至胸前，同时做右侧旁提，后两拍时，右臂打开至右旁，同时做左侧旁提。

15—16小节：动作同13—14小节，方向相反。

结尾还原动作（利用其中7—8小节音乐作为还原动作）：

17—18小节：提沉一次，小五花一次，再提起，双臂波浪展开，沉时双手收回，左手叉腰位，右手至按掌位，同时身体向6点方向后靠，眼看2点结束。

2. 古典手位组合训练

音乐：1=F 2/4

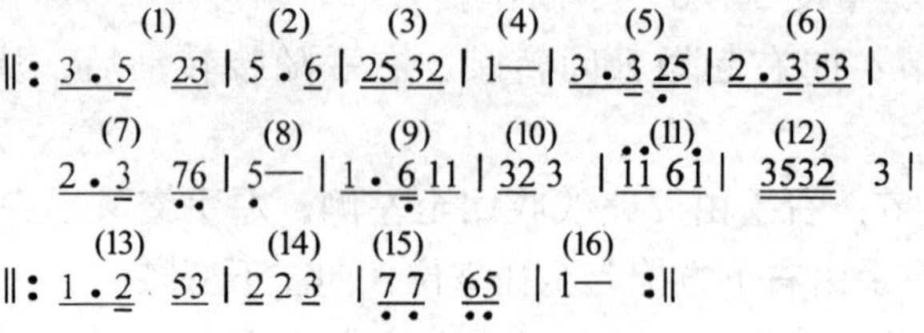

组合动作：

准备动作：左丁字步，双手兰花掌叉腰准备。身对 2 点，眼看 1 点。

第一遍音乐：

1—2 小节：左手叉腰，右手撩至单山膀位。

3—4 小节：右手叉腰，左手撩至山膀位。

5—6 小节：双手撩至头上后，向下切掌至胸前。

7—8 小节：双手从胸前向外继续分掌并撩至顺风旗位，同时向 2 点上左脚，成小踏步。眼随手后，面向 8 点。

9—12 小节：脚位不动，经右按、左撩，左按、右撩，双手交替晃撩后成托按掌位，身体随手的动作，回至左旁腰姿态。

13—14 小节：左脚向旁跨，同时双手经左向上双晃手一周后，至胸前端掌，手心相对。

15—16 小节：后撤右脚成左小踏步位，同时向左下方做冲掌动作。

第二遍音乐：

1—2 小节：右脚向旁跨，同时双手向右做双晃手一周。

3—4 小节：撤左脚成小踏步位，同时双手撩至顺风旗位。

5—8 小节：脚位不变，手经左按、右撩，右按、左撩，双手交替晃撩后成托按掌位，身体随手的动作回至右旁腰姿态。

9—12 小节：双手经下做双晃一周后至右山膀按掌位，同时左脚收至左丁字步位。

13—16 小节：双手做云手后拉至双山膀位。

音乐结尾句（13—16 小节）：

双手至头上做里腕花一次后收至双手叉腰位。

3. 盘腕亮胸组合

音乐：1=F　2/4

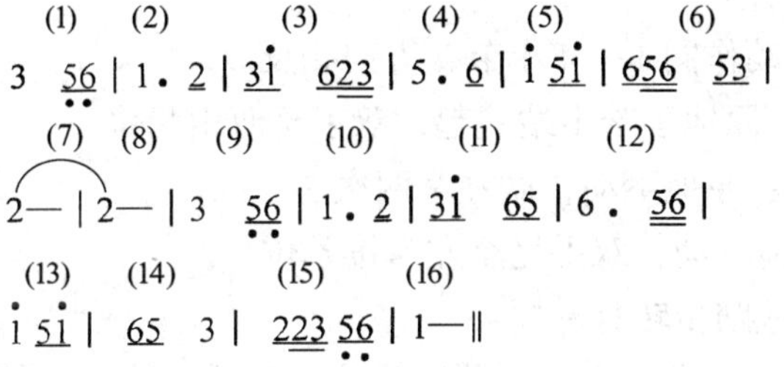

组合动作：

准备动作：双手叉腰，左丁字步。

第一遍音乐：

1—2 小节：左脚上前，重心前移，同时右手胸前做外盘腕一周。

3—4 小节：重心后移，左脚尖前点，同时右手提腕至右旁后变立腕，平拉至胸前，屈肘对 1 点。身体向左横拧。

5—8 小节：动作同前，脚、手动作相反。

9—10 小节：左脚向 8 点上步，双脚并立提踵，同时右手头上大盘腕，身体随之展胸、含胸。

11—12 小节：右脚继续上步，双脚并立提踵，同时左手头上大盘腕，身体随之展胸、含胸。

13 小节：左脚上步并立，双手头上大盘腕，同时展胸。

14 小节：双手收至腰间后，从两侧平拉至体前，双手外腕相靠，同时双脚正步、半蹲。

15—16 小节：站立，向前上右脚。同时双手做小五花，脚下转一周，动作时注意仰胸及腰部的姿态。转后成左小踏步位，双手至左胯旁亮相。

第二遍音乐：

1 小节：左脚向 8 点上步，重心前移，同时右臂至右旁展开，掌心向上，做亮胸动作。

2 小节：前腿弯曲，后腿伸直，脚尖点地，同时右手从腋下向斜后方刺出，眼看右后方。

3小节：右脚站立起，左脚尖至2点前方点地，同时右手至头前上方提腕。

4小节：右腿弯曲，重心向下，左脚尖前虚点地，同时右手掌心向上，下至胸前，做亮胸动作。

5—6小节：动作同1—4小节，方向相反。

9—10小节：原地小踏步站立起，双手至双山膀位。

11—12小节：原地不动，做穿掌两次。

13小节：原地不动，双手晃至左膀按掌位。

14小节：原地踏步转身一周。

15—16小节：面向8点，右前踏步位，双手经体前交替单晃手后，至左手前上方，右臂至右后方打开，亮相。做动作时，双腿经微蹲后渐渐直立。

4. 古典身韵步法训练

教学目的：通过古典舞身韵、步法训练，可以提高学生的舞蹈基本素质，掌握舞蹈的基本韵律，从而了解古典舞内在的韵律与美感，以及手、眼、身、法、步的协调配合。

教学提示：教授此组合应强调音乐的节韵与舞蹈韵律的配合，以及手动眼随、手止亮神的感觉，在做摇步时要求上体姿态的协调配合，做圆场步时，注意松弛、快速的步法与上体各种舞姿的变化。特别强调圆场与盘腕拧腰的姿态配合，以及整个舞姿腰部、胸腰部位的韵律配合。

古典舞身韵、步法组合训练：

音乐：4/4

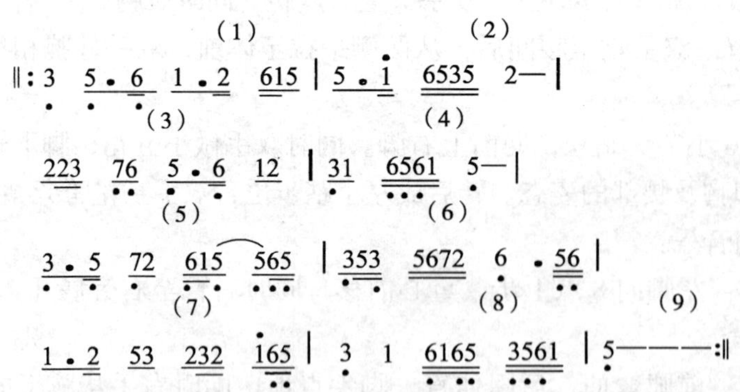

组合动作：

准备动作：左丁字步，双手兰花指叉腰，身向 2 点，眼看 1 点，准备。

第一遍音乐：

1 小节：前两拍，左脚向 2 点上步，成小踏步位，同时双手由胸前打开至顺风旗位；第三、四拍时，重心后移，左脚前点地，同时右手至按掌位，左手叉腰。

2 小节：保持上体舞姿，左脚起向 2 点走摇步 4 步。注意保持右手按掌位，向左拧旁腰，眼看 1 点。

3—4 小节：动作同 1—2 小节，方向相反。

5 小节：双手从右下方起向上双晃手一周后至右侧下方，同时右脚向旁跨出后，左脚撤至后方成踏步位。

6 小节：前两拍右腿主力腿半蹲，左脚尖向前伸出，同时双手盖至体前；后两拍双手从胸前平摊开，同时向左横走小碎步。

7—8 小节：动作同 5—6 小节，方向相反。

9 小节：保持原姿态，原地踩碎步。

第二遍音乐：

1 小节：左脚起向 8 点上步，右脚跟上，并步提踵，同时，双手做头上方大外盘腕，要展胸；第二拍时，含胸，双腿微蹲，双手收至腰间；第三、四拍时，双手从腰间向外划至体前，手腕相靠，同时，左腿半蹲，右腿向 8 点伸出，脚尖点地。

2 小节：保持原姿态，双手按拍节做小波浪 4 次，同时向两侧打开，右手高，左手低，眼随右手看 2 点。

3—4 小节：动作同 1—2 小节，方向相反。

5 小节：左脚向前上步，重心前移，双手至左侧山膀按掌位，后两拍时，右脚向前上步，重心前移，双手至右侧山膀按掌位。

6 小节：左脚向前上步，双脚并步，同时双手经下、左、上，晃手一周，再至右侧山膀按掌位。

7 小节：右脚向后撤，重心后移，双手晃至左侧山膀按掌位，后两拍时，左脚向后撤，重心后移，双手晃至右侧山膀按掌位。

8 小节：动作同第 6 小节，只是由上步改为退步后做。

9 小节：双手由两侧划至胸前，左脚尖向前伸出，然后双手平摊，同时重心向前移。

第三遍音乐：

1 小节：从右转向 5 点走圆场步，同时右手起做胸前单手里盘腕一次，然后背手，左手至按掌位，右脚在前，向右拧腰，头向 1 点。

2 小节：继续向 5 点走圆场步，同时左手起做胸前里盘腕一次，然后背手，右手至按掌位，左脚在前，向右拧腰，头向 1 点。

3—4 小节：重复 1—2 小节动作。

5—6 小节：全体转向 1 点，顺风旗位走圆场步，全体列队走“二龙吐须”后走成大圆圈。

7—8 小节：大圆圈上向逆时针方向走圆场步，同时加摇臂 4 次。

9 小节：走回原位，顺风旗姿态，小蹭步位。

第四遍音乐：

重复做第一遍音乐动作。

结尾句：左丁字步，双手头上里盘腕一次后，双手叉腰，还原动作，眼随右手还原后，看 1 点。

5. 表演性组合

教学目的：通过表演性组合训练，提高学生舞蹈的表现力，学会用身体语言表达情感，体会如何运用舞姿去表现歌词，表现音乐。

教学提示：在教授组合之前，先请学生了解歌词大意，教授动作中，要强调姿态的表现力、语汇的表达。例如，在做山膀位走圆场时，要求眼睛随手的方向好似看见辽阔的大海。又如，在做大掖步、双手做织渔网动作时，要求动作拉开，幅度要大，这样才能表达出渔家姑娘勤劳、朴实的真实情感，同时强调姿态的优美韵律。

表演性组合：

音乐：2/4

组合动作：

准备动作：左手叉腰，右手山膀位，从 3 点准备出场。

1—2 小节：左手叉腰，右手山膀，圆场步，从 3 点出场（眼随手好似看见辽阔大海）。

3 小节：上右脚成小踏步位，保持原姿态。

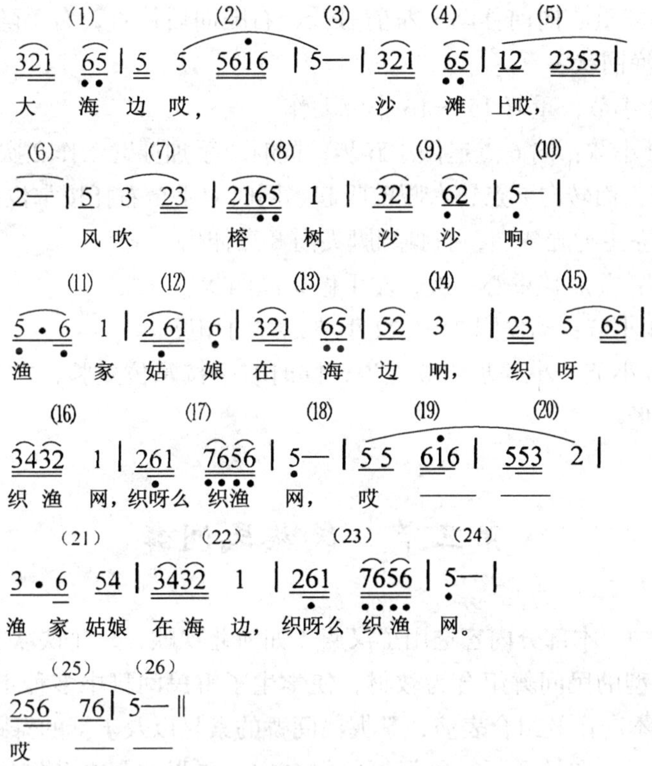

4—5小节：保持原姿态，继续向左走圆场步一周。

6小节：动作同第3小节。

7小节：左脚向1点上步，重心前移，同时双手由右侧经上晃至左侧山膀按掌位。

8小节：动作同第7小节，方向相反。

9—10小节：左脚向旁跨出，再撤右脚成小踏步，同时右手先撩掌经盖掌，左手再撩掌经盖掌成右侧托按掌位，同时踏步蹲下。

11—12小节：保持原踏步蹲姿态，双手向8点摊掌。

13小节：站起，右脚迈出，双脚尖并立，同时双手右上方提起。

14小节：右腿向6点撤至大掖步位，右手右上方托掌，左手由右上方经胸前摊掌打开，同时眼随手，好似看大海。

15小节：大掖步重心后移，左脚尖前点地，右手从前向回收手做织渔网状。

16 小节：重心向前移动，左前弓步，右腿向后伸直，右手随重心向体前拉出，做织渔网状。

17—18 小节：重复 15—16 小节动作。

19—20 小节：向 6 点退做小碎步，同时双手加摇臂动作 2 次。

21 小节：面转向 8 点，右腿前吸起，同时双手至右托按掌位做腕花一次。第二拍时，左主力腿弯曲，右脚绷脚尖向 8 点伸出。

22 小节：前后移重心一次，左手做织渔网状。

23—24 小节：动作同 21—22 小节，方向相反。

25—26 小节：小碎步向 6 点退，同时右手按掌位立腕，左手至山膀位，做遥望状退场。

第三节　民族民间舞

教学目的：本部分内容选用了汉族（如河北秧歌、东北秧歌）、藏族、蒙古族等较典型的民间舞组合为教材，使学生了解民间舞中多种不同风格的舞蹈特点、基本动作及组合表演，掌握民间舞的素材以及丰富的舞蹈语汇。

教学提示：在教授不同民间舞的组合中，要强调基本动作的规范性，明确基本动作名称，掌握不同民间舞的音乐节奏型及舞蹈风格韵律的表演。另外，可根据学生的掌握程度及课时的限制，选用其中适当的部分组合内容进行教学。

一、汉族民间舞

1. 河北秧歌组合训练

（1）河北秧歌基本特点

河北秧歌又称冀东秧歌，一般形式分为“洛子”“拉花”“地秧歌”等几大类。它的内容丰富多彩，形式多样，“花灯”“狮子”“旱船”等也属秧歌范畴。其中角色各异，如“妞”在河北秧歌中，表现闺门少女或年轻小媳妇一类的人物，手持扇子、手绢，表演含蓄、轻盈，特点是步子小、体态妖娆，动腰如同风摆柳。

（2）基本动作简介

①8字扇

②胸前端扇

③肘下平端扇

④膀旁贴扇

⑤奔月扇

⑥肩扛扇

⑦偷看扇

⑧左搭右闪

⑨合开扇

⑩搓扇

（3）组合动作

组合音乐：2/4

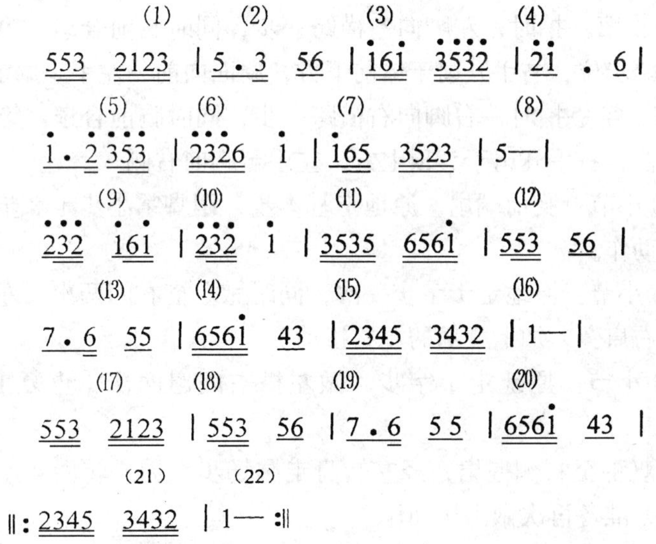

准备动作：右手持扇子，左手持八角巾，从6点准备出场。

第一遍音乐：

1小节：第一拍，左脚向前迈出，前脚着地，同时右腿伸直向后抬起，右手持扇从胸前向头上方划出，左腿主力腿微颤动一次。第二拍，换右脚向前迈，左脚后抬，同时左手持八角巾从胸前向头上方划出，右腿主力腿微颤一次。

2 小节：重复第 1 小节动作。

3 小节：左脚起，按拍节横走四步，同时右手合扇持扇至体前下方，双手随步子左右摆动。

4 小节：左脚横跨一步，右脚原地踏一步后，左脚撤至小踏步位，扭动两次，双手至体下方，左右摆动，上体略后靠，重心在两脚上。

5—8 小节：重复 1—4 小节动作。

9—12 小节：重复 1—4 小节动作。

13 小节：第一拍时，左脚横跨一步，同时胸前合扇。第二拍时，撤右脚成踏步位，双手至左胯旁，开扇（胯旁贴扇）。

14 小节：第一拍时，右脚向右横跨一步，同时胸前合扇。第二拍时，撤左脚成小踏步位，双手至右胯旁，开扇（胯旁贴扇）。

15 小节：第一拍时，左脚向左横跨一步，同时胸前合扇。第二拍时，右脚后撤成小踏步位，右手开扇于体前下方，扇面向前，左手至扇前位。

16 小节：第一拍时，右脚向右横跨一步，同时胸前合扇。第二拍时，撤左脚成踏步位，右手开扇于头顶上方，左手至胸前右侧。

17—18 小节：胸前端扇，原地走基本步，用脚掌小步走 8 步，同时加上腰部的扭动动作。

19—20 小节：原地走十字步一次，同时做左搭右闪两次（左侧肩旁搭扇后横翻扇至右肩旁，加上腰部的左右扭动）。

21—22 小节：原地走十字步，做左搭右闪扇两次（重复 19—20 小节动作）。

间奏：双手至右侧握扇，经左转身走圆场步一周，转回 4 点位。撤左脚成小踏步位，准备再次做出场动作。

第二遍音乐：

1—4 小节：重复第一遍音乐 1—4 小节动作。

5—8 小节：动作同 1—4 小节，只是横排两人换位做。第 5、6 小节动作，两人面对面换位做；第 7、8 小节动作，两人背身横走换位。第 8 小节时其中一人要转向 1 点做。

9 小节：原地走四步，胸前平端扇随步子左右摆动，第四步时，右手右胯旁立扇。

10 小节：重复第 9 小节动作，只是转身向 7 点做。

11 小节：动作同第 9 小节，只是转身向 5 点做。

12 小节：动作同第 9 小节，只是转身向 3 点做。

13 小节：左脚向 8 点跨出，右腿紧跟后边，然后微颤一次。右手经头上绕扇后至头右侧方成奔月扇，左手至左前上方，眼看 8 点上方。

14 小节：第一拍时，右腿向右后方撤退一步，左脚收至右腿旁，同时右胯旁贴扇。左手随之收回，第二拍时，动作同第 13 小节姿态。

15—16 小节：身向 8 点，向右横走碎步后，左脚尖向前擦出，主力腿弯曲，同时双手胸前伸直抖扇。第 16 小节时，身继续向 8 点，向左横走碎步，右脚尖向前擦出，主力腿弯曲，同时双手胸前伸直抖扇（好似看风筝）。

17—22 小节：重复第一段 17—22 小节动作。

结尾句：左脚上步，右腿后撤成大掖步，右手将扇晃至头上立扇，左手至左前上方，亮相，眼看 8 点。

2. 东北秧歌组合训练

（1）东北秧歌的基本风格特点

东北秧歌，是我国东北地区有着悠久历史的民间舞蹈。白山黑水养育了东北地区的劳动人民，他们有着热情、泼辣和豪爽的性格，因此，他们的舞蹈体现了强烈的生活气息和时代感，具有泼辣、幽默等风格特点。

（2）东北秧歌常用鼓点

一鼓：咚　0 古儿 | 龙咚　仓 ||

二鼓：咚　0 古儿 | 龙咚　仓 | 咚·不　咚 | 仓　0 |

三鼓：咚　0 古儿 | 龙咚　仓 | 0 古儿　龙咚 | 仓　咚·不 | 咚　仓 ||

四鼓：咚　0 古儿 | 龙咚　仓 | 0 古儿　龙咚 | 仓　0 古儿 | 龙咚 | 仓 | 仓
咚·不 | 咚　仓 ||

五鼓：咚咚 | 0 古儿　龙咚 | 仓 咚 | 0 古儿　龙咚 | 仓　0　古儿 | 龙　咚 |
仓古儿　龙咚 | 仓 咚 | 0 古儿　龙咚 | 仓　咚不 | 咚　仓 ||

（3）基本动律

①压脚跟：有不同脚位的压脚跟，如正步、小踏步、大八字步、弓箭步

等，都有该动作。压脚跟时，预备拍后半拍双脚跟提踵，前脚掌着地，双腿挺膝。前半拍迅速双脚落脚跟，全脚着地，一拍一次或两拍一次。压脚跟的腿要求直膝，音乐强拍时压脚跟，提起脚跟的时间要短，落地的时间要相对地长一些。

②双膝屈伸：就是不同特点的双膝活动，有硬屈伸（双膝快速屈伸并富于弹性）、软屈伸（膝关节的屈伸要有内在的柔韧感，音乐重拍的动作身体重心向下）、挺膝（双膝挺直以表现动作俏皮的特点）。

③上身动律：东北秧歌的身体韵律主要由左、右摆动和前后扭动即前后画“∞”字组成。横摆身，身体的左右侧胸腰交替提压，好似木偶摆动。前后扭身，以腰为轴，以肩为主，身体左右两侧交替前后扭身，肩与上身扭动形成一体，胯不要扭动。此动作在东北秧歌中即为“稳相”。

（4）手巾花

①单臂花：一手做里挽花，方向、节拍根据舞蹈需要变化。

②双臂花：双手一齐做腕花。

③交替花：双手交替于胸前腕花。

④蚌壳花（亦叫盖分花）：第一拍双臂由上向下或由外向里双手做挽花，称为盖花。第二拍双手做外挽花，由原路线回原位，称为分花。盖分就像蚌壳关闭。

⑤蝴蝶花（亦叫十字花）：第一拍双臂体前交叉，手按掌位里挽花，第二拍经下弧线至体两侧做里挽花。双臂行走路线应是弧线形。

⑥扁担花：双臂于体两侧平伸，双手里挽花，三拍一次或两拍一次。

⑦展翅花：双臂在体侧45度处做里挽花，也可在双手里挽同时双臂下打，与身相贴，然后再迅速回原位。

⑧扬臂花：手臂由手腕带动，由下经体前向头上扬臂甩腕。

⑨片花：掌心向上，以腕为轴，手掌向里平移，同时小臂稍抬起，然后从小臂下掏出成指尖向旁，接着继续向上转腕一圈成手心向上，为里片花。外片花与之相反，可一拍或二拍完成。

⑩碎绕花：用拇指、食指、中指捏着手巾，然后以手腕带动，由外向里连续绕手巾称里碎绕花，由里向外绕称外碎绕花。

（5）基本舞步

①秧歌后踢步：以右脚为例，预备拍时，左腿屈膝，同时右小腿后踢抬

起（不要过高），音乐强拍右脚落地同时双腿挺膝，身体重心立即上移。脚跟落地后，重心经脚掌外缘，过渡到全脚掌。左右脚交替，反复进行，动作时膝部屈伸要脆。

②秧歌前踢步：

第一种做法：预备拍主力腿膝关节自然弯曲，动力腿勾脚直腿正前方踢出（不要高），音乐强拍动力腿勾脚挺膝，并快速擦地收回。同时，主力腿挺膝，身体重心上移，随即双膝再稍屈（一拍完成），左右脚交替反复进行。这种做法也叫硬前踢步。

第二种做法：预备拍双脚挺膝，同时动力腿勾脚（或绷脚），向正前擦地踢出（出脚要快），音乐强拍动力腿勾脚收回，然后双腿慢屈膝，身体重心下移，左右脚交替进行。这种做法也叫软前踢步。

③秧歌垫步：以右脚为例，第一拍前半拍右脚向前迈一步，脚跟先落地，后半拍左脚掌在右脚跟后垫一步。第二拍前半拍右脚又向前迈进一步，后半拍，左脚离地，准备向前迈步，步法节奏是 ×××0，起步的脚左右交替进行。

④十字步：做法基本同基本舞步中的十字步，但要求双手在两侧划“∞”字摆动，身体要有扭动感。

（6）东北秧歌基本动律组合

音乐：1=C　2/4

(前奏)

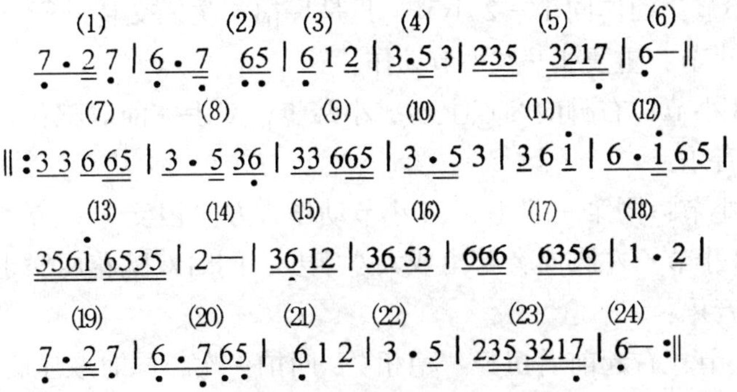

组合动作：

准备动作：

双手持手巾正步站好，前奏最后两小节时双手腕花，后叉腰，同时双脚提压脚跟一次。

第一遍音乐［前6小节为前奏，因此（7）—（24）小节为舞蹈动作的1—18小节］：

1—2小节：正步双膝颤膝，两拍一次，做4次。

3—4小节：正步双膝颤膝，一拍一次，做4次。

5—16小节：动作同1—4小节，重复做。

17—18小节：双手体前掸手巾后，双腕花于身体两侧，同时双脚提压脚跟两次。

第二遍音乐：

1—2小节：上身两拍一次提压式（先左后右交替进行，提压时加双脚提压脚跟两次）。

3—4小节：动作同1—2小节，只是一拍一次，交替进行，做4次。

5—16小节：重复1—4小节动作。

17—18小节：双手体前双腕花，后叉腰，同时左脚向2点上一步成小踏步。

第三遍音乐：

1—2小节：上身两拍一次左起交替提压2次，提压胸腰时加单脚提压脚跟2次。

3—4小节：动作同1—2小节，只是一拍一次，交替进行，做4次。

5—16小节：重复1—4小节动作。

17—18小节：右脚向8点上步成小踏步，双手体前双腕花，后叉腰。

第四遍音乐：

1—16小节：同第三遍1—16小节动作，方向相反。

17—18小节：左脚向旁跨出成大八字步，同时双腕花屈肘于胸前。

第五遍音乐：

1—2小节：右起前后扭身“稳相”，两拍一次，同时双压脚跟2次。

3—4小节：右起前后扭身即“稳相”，一拍一次，同时双压脚跟4次。

5—16小节：重复1—4小节动作。

17—18小节：收左脚成正步，同时双腕花，后叉腰。

第六遍音乐：

1—2小节：左起后踢步，两拍一次，做2次。

3—4小节：左起后踢步，一拍一次，做4次。

5—16小节：重复1—4小节动作。

17—18小节：双手体前摔手巾后双腕花叉腰，同时提压脚跟一次。

二、藏族民间舞

1. 藏族民间舞的基本风格、特点

藏族舞可分为“弦子舞”和“踢踏舞”两种形式。“弦子舞”动作柔美、开朗，富于抒情性。而“踢踏舞”多采用脚下的多种步法，节奏鲜明欢快、动作热情奔放，善于表现洒脱活泼的情绪。

藏族舞的特点：动作有下沉感，膝部松弛，双脚自然外开勾脚，上体动作在随舞步移动时有整体感。

2. 基本舞步

（1）“弦子舞”基本舞步

弦子舞基本舞步中，膝关节的屈伸应有柔韧性。

①平步：二拍或一拍一步，以右脚为例，预备拍左膝屈膝，身体重心下移，同时右腿屈膝右脚离地。前半拍右脚落地，双腿膝关节慢慢伸直，身体重心上升；后半拍右腿屈膝，身体重心下移，同时左腿屈膝，左脚离地，抬落腿时应有艰难、沉重的感觉，膝关节的屈伸要体现内在的柔韧性。

②靠步：在平步的基础上，动力腿用脚跟靠在主力腿脚掌内侧，同时双膝慢慢伸直。

单靠：两拍一步，以右脚为例，第一拍右脚原地平步一次，第二拍左脚跟靠在右脚掌内侧（也是平步感觉，只是脚跟落地）。可原地行进或旋转地做单靠。

长靠：四拍一步。做法同单靠，只是走三次平步，第四拍靠步。一般左右方向行进做长靠。

连靠：一拍一步，可原地做连续靠步。

③撩步：二拍一步，以右脚为例，第一拍右脚原地平步一次或向前上一步，同时左腿屈膝上提，第二拍小腿前撩的同时，主力腿膝关节伸直，也可

四拍左右腿交替平步三次，然后撩步一次，也叫三步一撩。

④跺步：右脚有节奏地全脚跺地，多用于舞蹈的开始，或者舞蹈时随节奏左、右脚交替跺步，打节奏。

（2）“踢踏舞”基本舞步

“踢踏舞”基本舞步的身体动作重拍向下，双膝始终要保持松弛状态，随步法每拍上下自然颤动二次。

①第一基本步：此处舞步动作均以右脚为例（以下不再强调）。第一拍前半拍后腿稍屈膝，右脚稍离地提起，同时左腿直腿、左脚原地前脚掌离地抬起后拍地下落，亦称“刚达”。后半拍落右脚。第二拍，左右全脚交替踏地，动作重复，左右相反。

②退踏步：第一拍前半拍右脚掌向后退踏一步，后半拍左脚提起再踏地。第二拍前半拍右脚向前全脚踏地，后半拍右脚抬起离地，左腿膝关节上下颤动 4 次，做退踏步时，重心不要前后移动。

③七下退踏步：第一拍右腿稍屈膝，右脚稍离地提起，同时左脚掌拍地一次。第二拍左腿稍屈膝，左脚稍离地提起，同时右脚掌拍地一次。第三拍重复第二拍动作。第四拍左脚落地，右脚向前，全脚掌踏地，重心向前移动。

④抬踏步：第一拍前半拍右腿屈膝，右脚离地，同时收回小腿，左脚“刚达”一次；后半拍右脚落地。第二拍前半拍左脚全脚踏地一次，后半拍休止。再接左脚，动作相同，只是方向相反。

⑤踢踏步：左丁字步准备，前半拍右腿屈膝，身体重心下沉，右脚掌翘起，同时左腿屈膝，左脚离地；后半拍左脚全脚落地，同时右脚掌拍地，双腿稍伸直。此动作连续重复。

⑥第二基本步：右起一个第一基本步，左脚向左旁踏两步后，右脚与左脚再交替踏两次（此步法 8 拍完成）。

⑦第三基本步：右起原地“刚达”两次，左脚“刚达”两次（此步法 8 拍完成）。

3. 手臂动作

（1）撩袖

①单臂撩袖：单臂由下经体前或体侧向上撩袖，到位后手腕向上或向外摆动，带动水袖，两臂可随舞步交替撩袖。

②摆袖：双臂下垂，以肘部带动全臂做向前、后、左、右或里、外任意

方向的双摆袖或交替摆袖。在体侧绕“∞”字时有大小之分。

（2）甩袖

①单臂掏甩袖：以右臂为例，左小臂由体侧经体前向下盖掌，同时右小臂由手腕带动（手心向下），从体下经左臂与胸之间掏出，至头上甩袖。

②双臂甩袖：双臂屈肘平抬于胸前，两手相对，手心向下，做动作时双手由胸前向上、向外掏臂甩袖，也可以做双小臂屈肘里绕环，然后双臂屈肘回收于肩上，双小臂再向前抛出甩袖。

（3）献哈达

以右腿为主力腿，屈膝侧弯，右脚全脚落地，左腿提膝撩出，脚跟落地，双臂由腰两侧掏手，双手向前方两侧平伸开，手心向上，身体前倾，头略低，以示虔诚之意。

4. 藏族舞蹈组合训练

（1）弦子组合

音乐：1=b　2/4

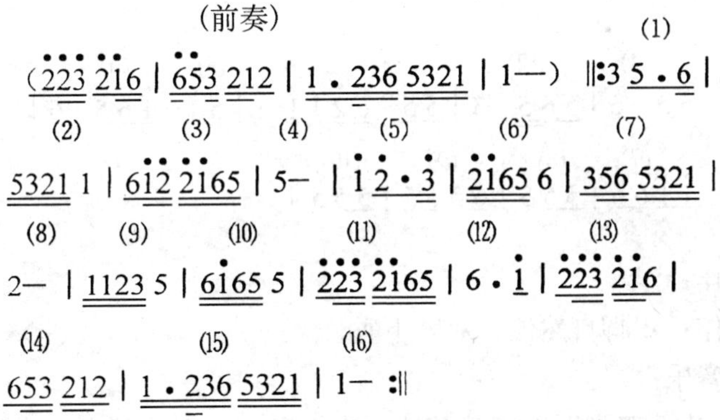

组合动作：

准备动作：身向 8 点，双臂至右后下方，成右丁字步。

第一遍音乐：

1—4 小节：右脚起，向 8 点走三步一撩，共 4 次，双臂至右侧下方，面向 8 点，向右倒旁腰。

5—8 小节：右脚起，做单靠步 4 次，双臂随步法胸前平摆袖 4 次。

9—16 小节：右起做长靠步，先向右侧走，再向左侧走，交替做 4 次，做时加甩袖动作，注意重心随步法移动。

第二遍音乐：

1—4 小节：右脚起向 5 点，后退做三步一撩 4 次，双臂先至右侧，两次三步一撩后，双臂交换至左侧下方。

5 小节：右脚向 2 点做单靠步一次，同时双臂晃袖至头上方，上体稍后倾。

6 小节：左脚向 6 点后退做单靠步一次，同时双臂至左侧山膀按掌位，下右旁腰。

7—8 小节：向左转一圈，同时做连靠步 4 次，右臂掏甩袖至右旁同时下右旁腰。

9—12 小节：动作同 5—8 小节，方向相反。

13—14 小节：向 1 点走平步 8 次，一拍两步，双手至胸前平托哈达。

15—16 小节：献哈达，双手礼动作。

（2）踢踏组合之一

音乐：1=F　2/4

(1) 5566 | (2) 565 3 | (3) 55 62̇ | (4) 1̇— | (5) 51̇ | (6) 1̇65 6 |

(7) 1̇1̇66 | (8) 553 | (9) 6565 | (10) 555 ‖

组合动作：

准备动作：双脚自然位，双臂下垂。

第一遍音乐：

1—2 小节：双脚原地交替踏地，半拍一步，右脚起走 8 步，做动作时要有下沉感，双臂自然摆袖。

3—8 小节：做第一基本步，每小节一次，共 6 次，双臂前后自然摆袖。

9—10 小节：做右起抬踏步两次，双臂左右摆袖。

第二遍音乐：

1—2 小节：同第一段 1—2 小节动作。

3—8 小节：做退踏步 6 次，每小节一次，双臂前后自然摆袖。

9—10 小节：右起抬踏步两次，双臂左右摆袖。

（3）踢踏组合之二

音乐：1=F　2/4

前奏：

（2 2 3　6 5 | 3 3 5　2 3 2 1 | 1− | 1− | ）

(1) (2) (3) (4) (5)

323　55 | 1̇21̇ 61̇65 | 5− | 5− | 1̇21̇ 61̇65 |

(6) (7) (8) (9) (10)

335 2321 | 1− | 1− | 112 65 | 323 5 |

(11) (12) (13) (14) (15) (16)

535 65 | 3− | 223 65 | 335 2321 | 1− | 1− ‖

组合动作：

准备动作：双脚自然位，双臂自然下垂。

第一遍音乐：

1—4 小节：右脚起做第一基本步 4 次，双臂前后摆袖。

第 5 小节：右脚起七下退踏步，做两次，前后自然摆袖。

9—10 小节：身体向 2 点，原地嘀嗒步，双臂从两侧向里摆袖，后再向外打开。

11—12 小节：右脚起，七下退踏步一次，前后自然摆袖。

13—16 小节：身向 2 点，原地嘀嗒步 8 次。

第二遍音乐：

从头重复一遍，只是结尾的最后一拍时，右脚在前丁字步位，跺步同时，右臂向上撩袖，左臂至左侧，同时喊：“嘿！”

三、蒙古族民间舞

1. 蒙古族民间舞风格、特点

蒙古族民间舞蹈热情、剽悍、有力，通过模仿矫健的大雁、活泼的骏马，表现热烈的摔跤场面和欢快的挤奶情景等，用丰富的舞蹈语汇反映出他们热爱美丽辽阔的大草原和歌颂幸福新生活的思想感情。

2. **基本手位、脚位、舞步**

（1）基本手位

①一位：双臂平伸于小腹前，掌心向下。

②二位：双臂至体前侧下举，掌心向下。

③三位：双臂体侧平伸，掌心向下。

④四位：双臂向斜上方提腕伸出。

⑤五位：双臂由肘于左或右胯旁按掌。

⑥六位：双臂肩侧屈，手指触肩。

⑦七位：双手握拳，拇指伸出叉腰间。

⑧八位：双臂后背于体后端掌。

（2）基本脚位

①自然位：脚跟并拢，脚尖左右分开，夹角略大于60度，重心落在两脚上，面向正前方。

②基本位：以右脚为例，左脚自然位，右脚尖点地于正前方，膝关节朝前方或稍微向右外开。

③大八字位：与大八字步相同。

④踏步位：与小踏步和大踏步做法相同，身体重心可在前脚，也可在后脚。

（3）基本舞步

①平步：身体端正，半脚尖向前走，或全脚掌落地走。

②踏跐步：左小踏步准备。以右脚为例，第一拍右脚向右侧划弧迈步，经过脚掌全脚落地，屈膝，同时左腿也屈膝离地，身体重心下沉，第二拍左脚掌踏地，每一步身体随之有上下的弹性起伏。

（4）马步

①走马步：第一种，原地走马步。靠双腿膝关节的微颤，身体重心上下移动，可一拍或两拍一次，以示马在慢步行走。

第二种，行进走马步。以右脚为例，前半拍，左腿挺膝立半脚尖，同时右腿提膝，向正前方掏小腿迈步，后半拍右脚落地后屈膝，重心前移，左腿变动力腿准备起步，继续重复前面的动作。

②小跑马步：正步准备，两腿交替经前提膝抬腿后，前脚掌落地，半拍一步，以示小马在轻轻地跑动。

③吸跳马步：正步准备，动作时主力腿蹬地跳起，同时动力腿正吸腿，两腿交替进行，以示马奔驰向前，一般一拍一步。

④长跑马步：基本位准备，做动作时前半拍右脚向正前方蹿跳一大步，后半拍左脚经右脚内侧继续向前迈一步，紧接着右脚再上一小步，步法节奏是 ×××　×××，以示马在急速奔驰。

⑤踏点马步：基本位准备，开始做动作时重心可在前脚也可在后脚，可原地也可以行进，主要靠主力腿的膝关节富有弹性的屈伸来完成动作。以右脚为例，右踏步准备，前半拍左腿屈膝，全脚落地，右腿屈膝，脚掌离地，后半拍右脚落地，左脚离地，以示马在行走。

⑥进退马步：以右脚为例，第一拍前半拍右脚掌向 8 点踏地，同时左腿向上提膝，脚掌离地，后半拍左脚掌踏地，右脚掌离地。第二拍前半拍，右脚后撤于 4 点，脚掌踏地，同时左腿向上提膝，脚掌离地，后半拍左脚掌落地，右腿向上提膝，脚掌离地。这样交替反复进行，以原地动作象征马的奔跑，做动作时身体重心及双胯保持上提，双腿膝部要打开和放松，进退点地可单点，也可做双点，以表示马跑的不同速度。

⑦滑步马步：自然位准备。以右脚为例，第一拍双腿并拢，自然屈膝，前脚掌原地交替踏两步（先右后左），第二拍右脚落地屈膝，重心移至右脚，中腰右侧移，身体要正，眼看正前方，同时左腿滑出，向旁伸腿踢起，后半拍迅速收回成自然位。连续做时，动作相同，方向相反。

3. 基本动作

（1）手腕动作

①硬腕

②柔腕

（2）肩的动作

①硬肩

②耸肩

③柔肩

④笑肩

⑤圆肩

（3）骑马手臂的动作

①勒马（拉缰绳）：里腕花后手至胸前压腕拉缰绳，臂肘下屈小臂平行，

可单手拽缰绳也可双手拉缰绳。

②举鞭：右手持鞭，由下往前向头上举，叫举鞭，也称扬鞭。

③加鞭：右手持鞭，由上往前、向右甩鞭，称加鞭。

④挥鞭：右手持鞭，高举于头上抖动手腕，叫挥鞭。

4. 组合动作

（1）硬腕平步组合

音乐：1=G 2/4

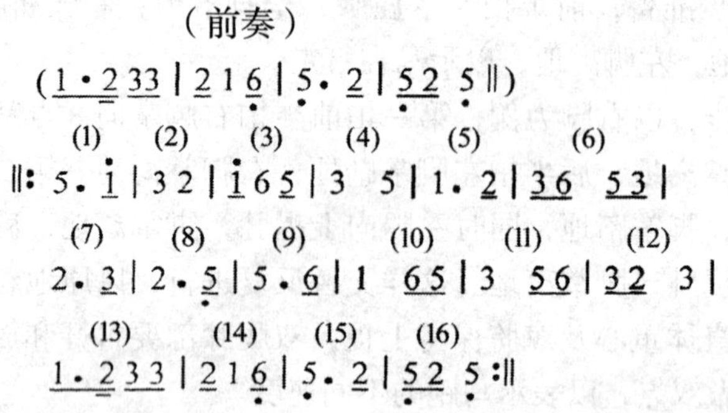

准备动作：右小踏步，双手一位手，向6点靠，前奏不动。

第一遍音乐：

1—2小节：右脚向前上步，重心前移，双手一位手，双提腕两次。

3—4小节：右脚向前上步，重心前移，双手二位手，双提腕两次。

5—6小节：右脚向前上步，重心前移，双手三位手，双提腕两次。

7小节：右脚向2点弓腿出脚，双手提腕一次，右手尽量向2点方向，看2点，重心向右腿移动一下。

8小节：右脚向6点撤步成大踏步，只是重心在两腿之间，右腿稍弯，右手至四位，左手至三位，双提腕一次。

9—14小节：动作同1—6小节，不同的只是左脚起向后退做。

15—16小节：动作同7—8小节，方向相反。

第二遍音乐：

1—3小节：左脚起向前走平步6步，一拍一走，双手一位手，交替提压腕6次。

4小节：左脚向前踏点一次，双手一位手，交替提压一次。

5—7 小节：左脚起向后平步 6 次，一拍一步，双手二位手，交替提压腕 6 次。

8 小节：原地左脚踏点步一次，双手二位手，交替提压一次。

9—11 小节：左起向前平步 6 次，双手三位手，交替提压腕。

12 小节：原地左起踏点步一次，双手三位手，交替提压一次。

13—16 小节：左起向足尖走 8 步，同时双手至四位手，提压腕 8 次。

第三遍音乐：

1—4 小节：右脚向左后撤，前脚掌踏地，重心稍向后移，双手左侧五位手交替压腕，2 次慢 4 次快。

5—8 小节：动作同 1—4 小节，方向相反。

9—16 小节：重复 1—8 小节动作。

第四遍音乐：

1—2 小节：左起向前拖步一次，双手从胸前向上双提一次向两侧划，第 2 小节时右脚向前上一步，重心前移，双手三位手，提腕一次。

3 小节：右脚向左前点地，左手四位手，右手二位手，提腕一次。

4 小节：右脚向右后方点地，右手至四位手，左手至二位手，双提腕一次。

5—8 小节：动作与 1—4 小节相反，换脚做。

9—16 小节：动作同 1—8 小节，只是向后退做。

第五遍音乐：

1—4 小节：从 8 点起右脚开始走 8 步平步，向右边走转一周，双手至左侧山膀按掌位，交替提压腕 8 次。

5—8 小节：从 2 点起向右转走 8 步，手的动作方向相反。

9—16 小节：重复 1—8 小节动作。

第六遍音乐：

1—2 小节：从右转向 5 点，右脚在前，右手至四位手，左手至胸前，交替提压腕两次，上身向左后靠，眼看右上方。

3—4 小节：面向 5 点，左脚上步，双手动作同前，方向相反。

5—8 小节：动作同 1—4 小节。

9—10 小节：从右旋转面向 3 点，右起四步足尖平步，双手至胸前交替提压腕 4 次。

11—12 小节：向后撤右脚成踏步位，右手叉腰，左手至胸前，动硬肩 4 次，重心尽量向后靠。

13—16 小节：右起足尖平步 8 次，双手四位手交替提压腕 8 次。

（2）肩组合

音乐：1=F　2/4

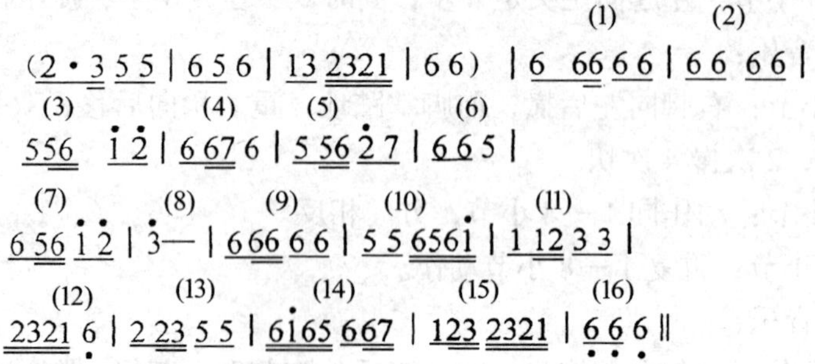

组合动作：

准备动作：右脚小踏步，双手至一位，上身向 6 点靠。前奏时不动，最后一拍挺腰起泛儿。

第一遍音乐：

1—2 小节：右脚向前弓步，重心前移，身体前倾，做硬肩 4 次。

3—4 小节：重心后移，后腿弓，前腿伸直，脚尖点地，做硬肩 4 次。

5—8 小节：重复 1—4 小节动作。

9—10 小节：右脚起向前走三步平步，同时做硬肩 4 次，走时有拖地的感觉。

11—12 小节：右脚起向后退走三步平步，同时做硬肩 4 次，走时有向后靠的感觉。

13—16 小节：重复 9—12 小节动作。

第二遍音乐：

1—4 小节：向 3 点横走 6 个踏步，眼看 2 点，做硬肩 6 次。

5—6 小节：右腿向 3 点横跨出弓步，重心后移，做硬肩 4 次。

7—8 小节：右腿撤至 6 点，上身重心随右腿移动，做硬肩 4 次。

9—10 小节：动作同 1—8 小节，方向相反。

第三遍音乐：

1—2 小节：左腿向旁横跨，重心移左脚，右脚尖点地，眼看 2 点，右肩做单耸肩两次。

3—4 小节：左脚不动，右脚撤至左后方，眼看 2 点，做双耸肩两次。

5—8 小节：动作同 1—4 小节，方向相反。

9—10 小节：向 1 点右起平步 4 步，做硬肩 4 次，走时有拖地的感觉，背向后，第四拍时向右侧旁腰，转身背向 1 点。

11—12 小节：向 5 点走，动作同 9—10 小节。

13—14 小节：动作同 9—10 小节（向 1 点走）。

15—16 小节：右脚向 8 点上步，成左小踏步，做硬肩 4 次，眼看 2 点亮相。

第四节 交谊舞

交谊舞，又称交际舞，是人们沟通情感的一种形体语言，是任何语言都无法代替的艺术，既可以给人们的生活带来一种情趣，也是一种有益身心健康的体育运动。我们学习交际舞，可以培养美感，陶冶情操、增进友谊、促进健康，同时也可以提高自身舞蹈的动作节奏感、协调性和再现力。

交谊舞，起源于中世纪的欧洲。当时的一种舞步名为“宫廷舞”，是宫廷贵族作为彼此寒暄的见面礼。直到 19 世纪初期，华尔兹舞的出现，才使这种贵族独享的“宫廷舞”变为社会中人人可舞的社交舞。到了 20 世纪初期，交谊舞在英国兴起后，由英国有关方面会同各国舞蹈家共同研究，制定了便于交谊舞比赛的某些规则和基本规范，把十种交谊舞收入其中，定名为标准舞，作为舞蹈竞技上被用作指定舞步的舞蹈。

这十种舞蹈分成两大类，一类为国际标准交谊舞；另一类为拉丁舞。这些舞蹈有华尔兹、探戈、弧步（布鲁斯）、快步、伦巴、桑巴、恰恰恰、斗牛舞（怕索）、牛仔舞（吉特巴）等。

一、华尔兹

华尔兹，又名圆舞，这是因为在整个华尔兹舞蹈进行中，大部分时间都在不停地旋转。

华尔兹，原是欧洲的一种土风舞。到 18 世纪末，成为极流行的社会舞厅舞。华尔兹不论舞步与乐曲，都和其他舞有显著的不同之处，主要区别是，华尔兹是三拍舞步，所以有人称之为“快三步舞”或“慢三步舞”。“慢三步舞”保持着典雅的风格，音乐为 3/4 拍；而“快三步舞”也称威尼斯华尔兹，它的特点是速度快，显得朝气蓬勃，有较多的旋转，而旋转的角度很大，使得步子无法迈开，只得用脚尖或脚跟来代替迈步。总而言之，华尔兹舞步轻快、明朗而动人，温文尔雅，具有诗意。西方人称华尔兹是“舞中之后”。这也是华尔兹能流行百年并成为标准舞步的主要原因。

（1）教学要求与提示

①华尔兹是三拍舞步，因而每小节的第一拍为强拍，后两拍为弱拍。

②由于华尔兹是在不停地旋转，因而在舞步的表现中，第一拍步子在移动中应大些，同时也应为第二、三拍的旋转做准备；而第二、三拍为了旋转，总是比第一步的移动距离要小些。

③华尔兹的舞步在旋转时，需要有较明显的起伏动作来配合。几乎每一个舞蹈都有起伏。实际上，所谓的起伏是指身体随舞步旋转的方向而倾斜。华尔兹舞步是圆滑的舞步，也就是说，舞步是连绵不断、此起彼伏的，所以具有飘逸灵动的风格。

（2）基本舞步

①基本动作练习（如图 7–1）

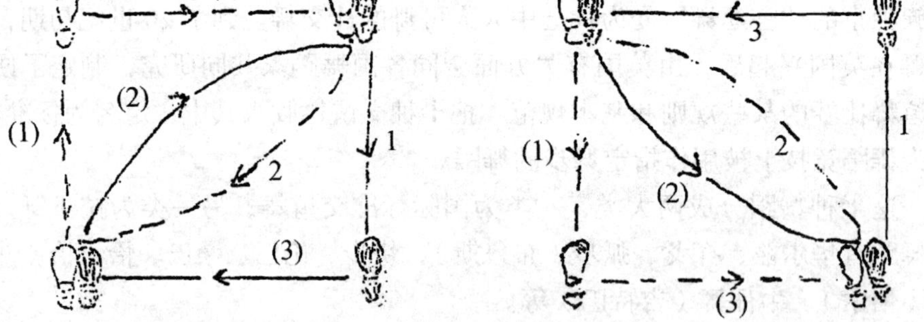

图 7–1

华尔兹三步舞蹈的特点：左脚开步，一定是左脚收步；右脚开步，则右脚收步。三拍子即是左—右—左或右—左—右，两只脚总是交替进行，绝不可第一步出左脚，下一组舞步还出左脚，这样是无法跳下去的。

②四种基本动作组合（如图 7-2）

这种舞步与前边基本练习动作的不同点是：舞步的移动不是呈正方形，而是在第三步时变成了斜方向进行，不论是前进还是后退，都是斜进、斜退。

③左转与右转（以左脚为例）

动作说明（如图 7-3）：

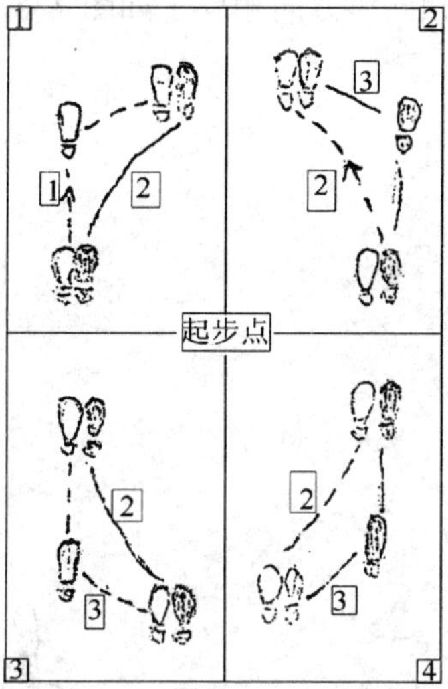

图 7-2

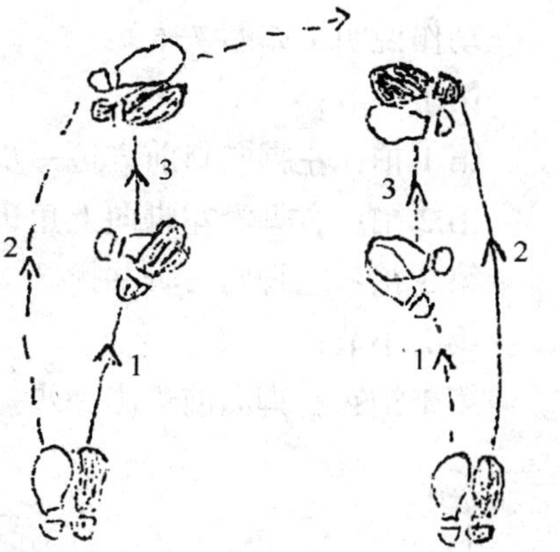

图 7-3

第 1 拍：左脚迈出一步。

第 2 拍：右脚在左脚后，左脚同时用脚掌左转配合，同时右脚再向前迈出一步。

第 3 拍：左脚向右脚并拢（此转身方位为 90 度）。

右转同左转动作相同，只是右脚开始，动作方向相反。

④左转身

此步为转身 180 度，由 6 拍完成（如图 7-4）。

动作说明：

第 1 小节：

第 1 拍：左脚向前迈出后，同时脚掌碾地转。

第 2 拍：右脚从左脚后横过，配合左脚，继续迈出。

第 3 拍：左脚向右脚并拢（90 度转）。

第 2 小节：

第 1 拍：右脚向后退出一步，同时脚掌踉地转。

第 2 拍：左脚从右脚前横退一步。

第 3 拍：右脚从左脚并拢（90 度转）。

⑤右转身

右转身 180 度，从右脚开始，动作与左转相同，方向相反（如图 7–5）。

⑥摇步

此动作由 6 拍完成（以男子、左脚为例）。

动作说明（如图 7–6）：

第 1 小节：

第 1 拍：左脚向斜前方迈一步。

第 2 拍：右脚沿左脚向上角迈出。

第 3 拍：左脚向右脚并拢。

第 2 小节：

第 1 拍：右脚向前迈出一步。

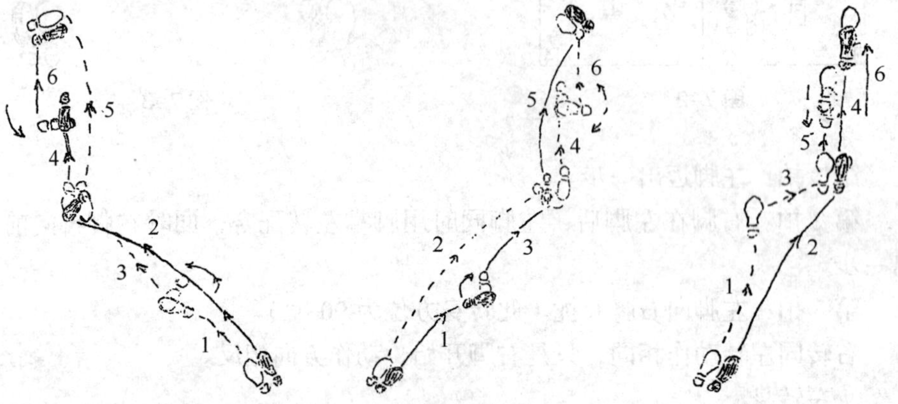

图 7–4　　图 7–5　　图 7–6

第 2 拍：左脚向前迈至约距右脚半步的地方。

第 3 拍：身体随脚步稍前后移动一下，舞步变成右脚向前，左脚在后，左右略点地一下，重心先集中在右脚，再回至左脚。

注意：此舞步在慢华尔兹中并不多见，多用于快速华尔兹中间歇性的休息。

⑦后退转换舞步

华尔兹舞蹈进行中，舞者大部分时间是在不停地旋转，但也有一些舞步不一定要急速地旋转，而是用直线舞步进行，这就是后退转换舞步。它与摇步的舞步有些相仿，整个舞步由 6 拍完成（共 6 步）。

动作说明（如图 7-7）：

第 1 小节：

第 1 拍：左脚向后直线式后退一步。

第 2 拍：右脚同样直线式后退一步。

第 3 拍：左脚直线式后退一步，但步子要小，退至距右脚跟处较近的位置。

第 2 小节：

第 1 拍：右脚向后退一步时，用脚掌踝地向右旋转 90 度。

第 2 拍：左脚横过右脚之前，再向左平迈出，但距离要小。

第 3 拍：右脚向左脚并拢。

注意：起伏动作在第三步中进行。

⑧向右急转

整个舞步由 6 拍完成（如图 7-8）。

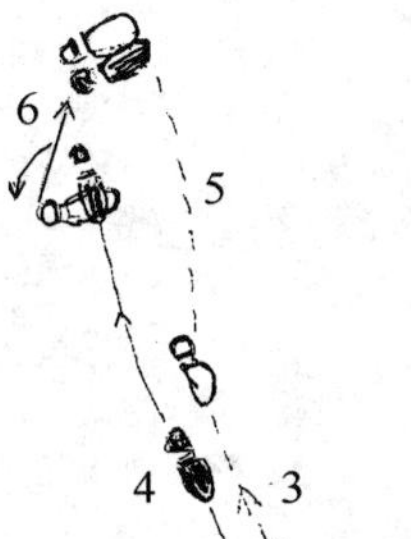

图 7-7

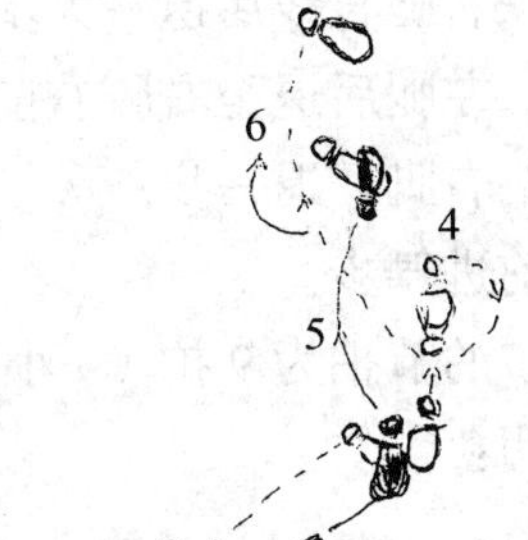

图 7-8

第 1 小节：

第 1 拍：右脚向右前方进一步，并用脚掌踉地转，同时左脚在右脚后横过，与右脚配合移动。

第 2 拍：左脚在移动踉地时，顺势横过跨出。

第 3 拍：右脚向左脚并拢时，刚一到位，左脚就要后退，这一步与右脚并拢的时间连续。

第 2 小节：

第 1 拍：左脚向后退一步，用脚掌踉地，与身体做 180 度的反方向移转。

第 2 拍：在左脚与身体做 180 度旋转时，右脚自然随之再向前上一步，这一步必须做半圆形移转。

第 3 拍：右脚落地后，用脚掌踉地移转，左脚在右脚后横过，再横向迈出一步。

⑨后退锁步

后退锁步在华尔兹中是一种简单的花式舞步，此舞步由 6 拍完成。

动作说明：

第 1 小节：

第 1 拍：左脚向前一步，同时脚掌踉地移转，身体随之转身。

第 2 拍：右脚横过左脚后方，再向右移出一步。

第 3 拍：左脚收至与右脚并拢。

第 2 小节：

第 1 拍：右腿直线后退一大步。

第 2 拍：左腿后退至右脚右前方。

第 3 拍：右脚后退一步。

⑩后退前进舞步

整个舞步的节拍为 9 拍（3 小节）。

动作说明：

第 1 小节：

第 1 拍：左脚直线前进一步。

第 2 拍：右脚沿左脚前进方向，向右上方迈出。

第 3 拍：将左脚伸到右脚的右后方。

第 2 小节：

第1拍：右脚横出一步，步子距离不宜太大。

第2拍：左腿从右脚后横过，向前跨出一步。

第3拍：右脚向左脚并拢。

第3小节：

第1拍：左脚向左上方横出一步。

第2拍：右腿沿左脚的左方，向前迈出一步。

第3拍：左脚向前迈出一步，需要注意的是，这一步仅到右脚的前半步就停止。

二、布鲁斯

即慢四步舞的原名，其舞曲来源于美洲丛林中黑色人种的忧伤的乐曲。舞蹈传入英国后，被改编成慢速稳健的舞厅舞。布鲁斯舞步的特点是举步庄重，是一种保留着宫廷色彩的社交舞蹈。动作步法简练，起步固定在同一只脚，简便易学，适宜年纪较大的人跳。

布鲁斯基本节奏为：慢、慢、快、快，共6拍。

（1）基本舞步（以男子为例）（如图7-9）

1—2拍：左脚直线后退一步（2拍）。

3—4拍：右脚沿左脚后退路线继续后退一步（2拍）。

第5拍：左脚后退一步，沿着右脚后退方向，呈一直线。此时身体方向已与开步时有所改变，已略向左转（1拍）。

第6拍：右脚后退一步，后退时沿着左脚边缘呈曲线后退（1拍）。

左转：左转节奏为慢、慢、快、快，一共6拍。

（2）动作说明（以男子为例）（如图7-10）

1—2拍：左脚向斜上方迈出一步，或者可以直线迈出，无论采用哪种形式，当转身时总是要脚掌贴地转向左方（2拍）。

3—4拍：当用左脚掌移转方向时，整个身体也同时移转。为了与之配合，在左脚贴地移转时，右脚要同时在左脚之后横过，再贴地而转，同时左脚移到右脚旁（左转180度）（2拍）。

第5拍：左脚向正后方后退一步（1拍）。

第6拍：右脚经左脚旁继续后退一步（1拍）。右转同左转动作相同，方向相反。

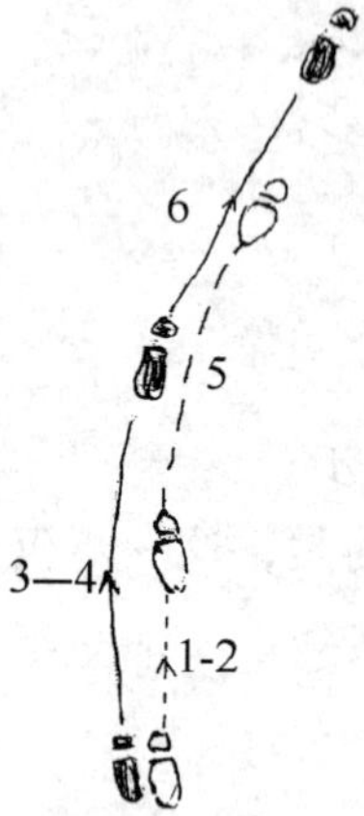

图 7-9

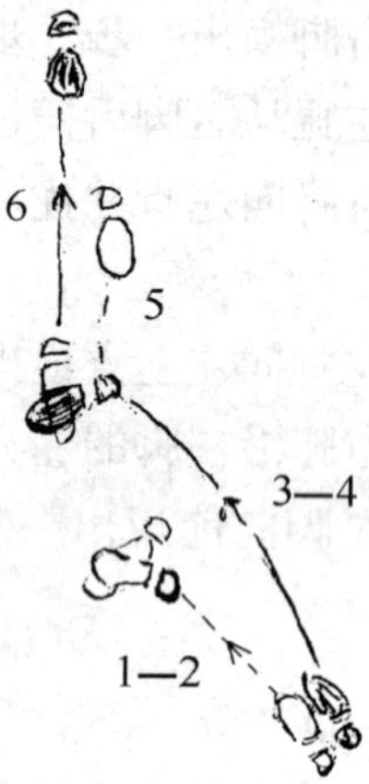

图 7-10

三、探戈

探戈是起源于阿根廷的一种粗壮有力、长于表现强烈激情的牧人舞。20世纪初，作为一种表演舞介绍到欧美等国家后，发展成为一种高雅活泼的舞蹈形式，用于社交舞会。探戈舞步在前进时，总是斜行横进的，节奏时快时慢，舞步坚实有力，因此被称为“舞中之王”。

在进行中，由于探戈特殊舞姿的需要，舞者需要略微将两脚跟提起，两膝微弯。它的舞曲是两拍的（每小节两拍），速度表现为中速。当舞步需要前进时，总是欲前而后，而需要后退时，又欲退而前。

男子左手与女子右手相握，也有独特的方式。女子右手除大拇指外，4 指紧靠，放在男伴左手掌中部，大拇指则在下方；而男伴则将左手 4 指并拢，紧握女伴的右手，再将手向前弯（即男伴握女伴手时手掌向上，手背向后倾斜）。

（1）探戈的基本舞步（如图 7-11）

舞步的节奏为快、快、快、快，一共 4 拍。

第 1 拍：起步点的位置在舞步的中间，应右脚在前，左脚在右脚之后少许的地方。左脚向后退一步（1 拍）。

第 2 拍：当左脚到了合适地方之后，右脚才好开步，应自左脚之右方擦过，向后斜退一步（1 拍）。

第 3 拍：左脚从站好的地方，横出一步（1 拍）。

第 4 拍：右脚从左脚后方横过一步（1 拍）。

提示：

开步时，两膝微屈，第一步左脚移动到合适地点之后，身体要与正前方成 45 度角。

在第一、二两步中，男子身体是头与上身向前倾，腰背与臀部向后，左脚在后，右脚在前，一前一后，整个身体形状如月形。

第三、四两步要横出，防止直线而出。

（2）横进步

横进步是探戈舞步中最基本而又最常用的舞步基础，可加入其他舞步，完成组合。

舞步的节奏为快、快、快，一共 3 拍。

以男子为例（如图 7–12）：

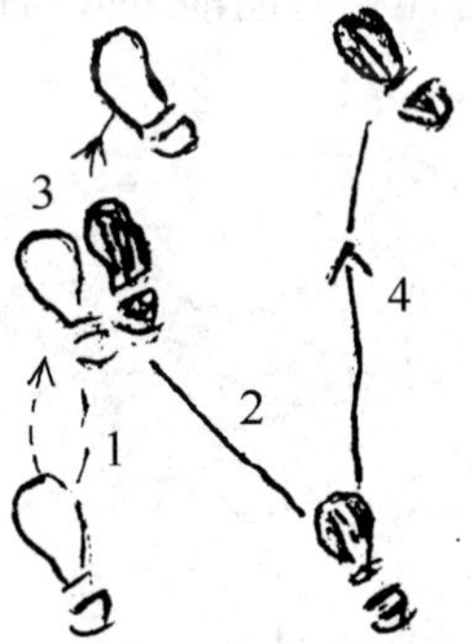

图 7–11

图 7–12

第 1 拍：起步时左脚在右脚之前小半步，两膝微屈。左脚提起，微离地，向左上方移动，面部与正前方成 45 度角（1 拍）。

第 2 拍：右脚自左脚之后横迈出一步（右上方角度横移），与左脚成不等边三角形（1 拍）。

第 3 拍：左脚在右脚的前方横移一步，移到右脚的右方，才完成这一步（1 拍）。

第一步与第二步移动时要轻盈、快捷，要用脚跟提起来移动。第三步，要表演出欲退而前的风格，身体应顺脚势先行微微退后，然后再跟随脚步向前。

（3）并进步

并进步是最常用的舞步，是探戈舞步所特有的形式。它的节奏为快、快、快、快（4拍）。

动作说明（以男子为例）（如图7-13）：

第1拍：左脚与右脚平行横出一步，在横出时，左脚微微倾向后方，同时，左脚前部已向左转，以便做第二步的准备（1拍）。

第2拍：右脚横过左脚之前，向前伸出去，向与左脚平行的方向迈出一点（1拍）。

第3拍：左脚经右脚之后横出一步，这一步应与第二步右脚平行（1拍）。

第4拍：右脚向左脚并拢（1拍）。

提示：第一步为慢步，应尽可能迟缓，第二、三步快捷，且应该一气呵成，第四步也要迟缓慢步，右脚向左脚并拢时，应尽量迟缓而有力。

（4）分进步

分进步是最普通的舞步，男子、女子身体相对向前进或后退。

舞步节奏为：快、快、快、快（4拍）。

动作说明（以男子为例）（如图7-14）：

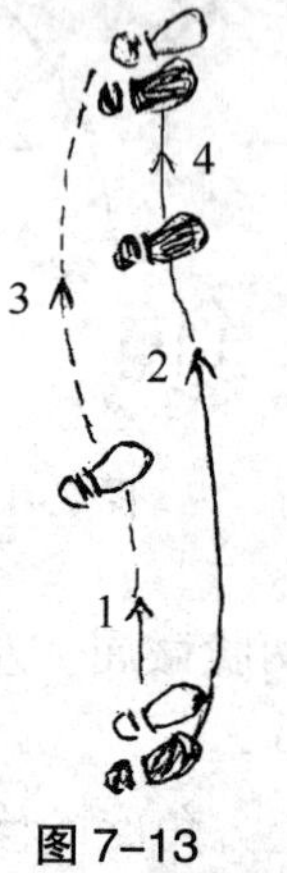

图7-13

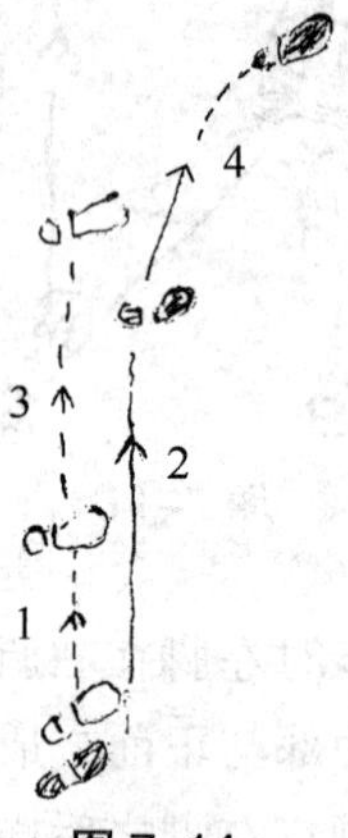

图7-14

第1拍：起步时，右左两脚一前一后站立，两膝微屈，然后左脚横出一步（1拍）。

第2拍：右脚在女子之左旁伸出一步，在此步中男子身体面向左方，女子身体面向右方斜前相对（1拍）。

第3拍：第三步是左脚在右脚的后方移过，到达合适地点（1拍）。

第4拍：右脚再向前进一步，伸向女伴左脚旁（1拍）。

提示：第一步是屈膝前进的，第四步虽然是慢步，也要屈膝，要表现出欲前而后。

（5）侧退步

整个舞步节奏为：快、快、快、快（共4拍）。

动作说明（以男子为例）（如图7-15）：

第1拍：左右脚一前一后站立，两膝微屈，左脚横平退一步（1拍）。

第2拍：右脚在左脚的后方经过，斜退一步（1拍）。

第3拍：左脚在右脚之前横过，身体和前进方向接近（1拍）。

第4拍：右脚向左脚并拢（左右脚一前一后并拢）（1拍）。

提示：整个舞步都是在屈膝中进行，第一、四步是慢步，第二步要硬朗。

（6）摇转步

摇转步是在舞步前进中转身，然后再后退一步。在前进一步与后退一步时，身体方向变化并不太大，主要是在第一、二、三、四步中。至于第五、六、七步，只是作为配合第一至第四步而用。

舞步节奏为：快、快、快、快、快、慢、快，一共8拍。其中慢为两拍，后文同。

动作说明（以男子为例）（如图7-16）：

第1拍：男子第一步用右脚开步，右脚向前迈出一大步（1拍）。

第2拍：左脚在右脚后方移动横过（1拍）。

第3拍：右脚轻轻提起，向左方横移少许转向，然后落地。这一步要有欲退而前、欲前而退的表现（1拍）。

第4拍：左脚略微横起向左移动半步。这并不是平等横退，而是向左方半步后退，此步动作有延缓（1拍）。

第5拍：右脚向后退一步，只要顺势移转即可，左右两脚有如步行的样子（1拍）。

第6—7拍：左脚向左后方移动（2拍）。

第8拍：右脚向左脚并拢，不是平行并拢，而是左脚在前、右脚在后半步位并拢（1拍）。

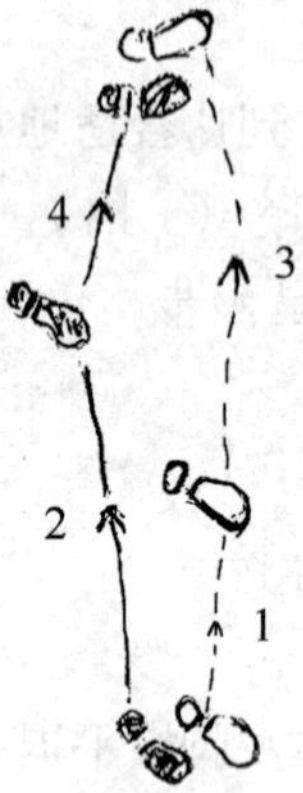

图 7–15

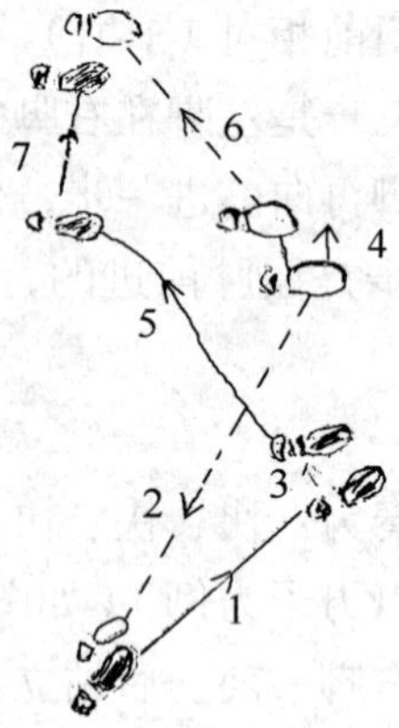

图 7–16

（7）横进左转

横进左转共由十步组成，开始的四步是基本四步。整个舞步中第五、六两步是最突出的。开始的左转在一、二、三、四这四步中是两个左转连接的过程舞步。整个舞步的节奏是：快、慢、快、快、慢、快、快、快、快、快，一共是 12 拍。

动作说明（以男子为例）（如图 7–17）：

第 1 拍：左脚向前伸出一步，同时脚掌贴地而转（1 拍）。

2—3 拍：右脚经左脚后横过，再横出一步（2 拍）。

第 4 拍：左脚向左上角曲线伸出一步（2 拍）。

第 5 拍：右脚经左脚旁前进，再迈出一步（1 拍）。

6—7 拍：左脚在原来位置，做摇步一次，在这一舞步中，身体并不移转，只向后一摇即可，重心在脚掌上（2 拍）。

第 8 拍：右脚和左脚的舞步相差不多。在这两步中左脚只一摇就行，但在第六步中，要用右脚做一步平行的横移。这也就是，当第五步与第六步连续进行时，身体是一前一后地移动，第五步摇动时，只用脚掌移动，第六步移动是右脚横移一步（1 拍）。

第 9 拍：左脚后退一步（1 拍）。

第 10 拍：右脚后退一步（1 拍）。

第 11 拍：左脚在右脚之前横过一步（1 拍）。

第 12 拍：右脚向左脚并拢（1 拍）。

（8）分步左转

分步左转是指两脚不并步前进的意思。这种分步左转并不经常地运用在舞程里。

舞蹈步的节奏为：快、慢、快、快、慢、快，一共是 8 拍。

动作说明（以男子为例）（如图 7-18）：

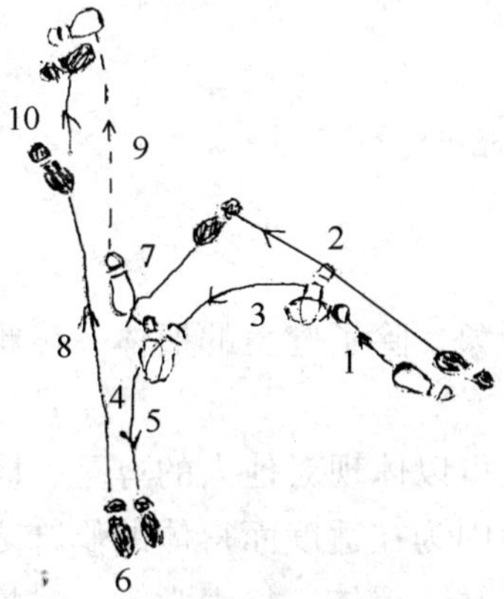

图 7-17

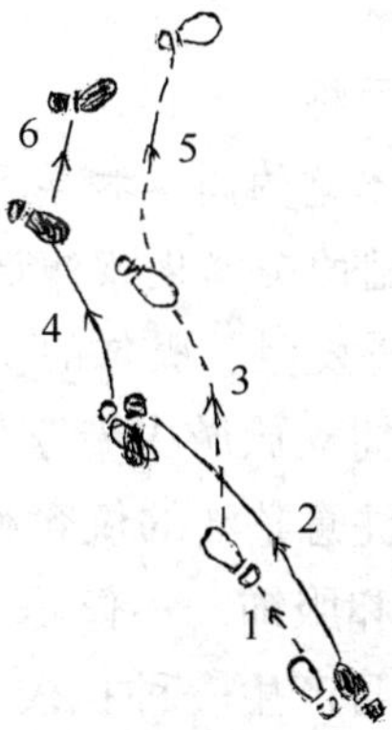

图 7-18

第 1 拍：左脚向前迈一步（1 拍）。

2—3 拍：右脚沿左脚旁后退一大步（2 拍）。

第 4 拍：当右脚移动时，左脚已经开始移动，否则，右脚绝不可能完成 180 度的转身。左脚移动表示身体也同时移动（1 拍）。

第 5 拍：右脚向后退一步（1 拍）。

6—7 拍：左脚在右脚前方横过一步（2 拍）。

第 8 拍：右脚横移一步（1 拍）。

思考与练习

1. 如何将古典舞、民间舞、芭蕾舞、现代舞从理论上概括地区别开来？你能分别说出它们各自的产生与风格特点吗？

2. 如何区别不同民族民间舞的不同基本动作、节奏型以及舞蹈的风格特点？

3. 听音乐即兴表演出符合音乐特点及节奏型的相应动作。要求：节奏准确，动作规范，富于表现力。

第八章　仪表（选修材料）

教学目标

通过本章的阅读和学习，要求学生掌握：

- 基础的美容化妆知识
- 懂得发型、服饰的搭配技巧

为了树立旅游中专学生的良好整体形象，除了健美的形体、优雅的举止外，还要注意整洁的仪容和得体的着装。

化妆和服饰，不仅是工作的需要，也可以体现对他人的尊重，同时也能使学生自身产生一种积极、奋进的动力。因为在适度而得体的修饰之后，学生往往会发现一个美丽的、崭新的自我，举止得体，仪表堂堂，愉悦的心情油然而生。化妆和服饰也影响着周围的环境，可以营造一种温馨而热烈的氛围。本章介绍有关化妆、发型、服饰方面的知识，以便学生形体训练之余阅读、实践，努力做到容貌美、发型美、服饰美和形体美的统一。

第一节　美容化妆

在社会生活中，美好的容貌是一张最好的通行证。人们对美好的东西总是欣赏、赞美的。天生丽质的人毕竟是极少数，绝大多数人相貌平平，因此俗话说“三分容貌，七分打扮”，掌握美容化妆的方法尤为重要。

一、了解自己的皮肤

皮肤可以分为中性、油性、干性、混合性、过敏性五种类型。

1. 中性皮肤：表面滑润、平滑、纹理细腻，额头到鼻部稍微有光泽，化妆后不易因出汗、流泪而冲掉。这类皮肤是较为理想的皮肤。

2. 油性皮肤：表面油亮，毛孔粗大，易长粉刺，化妆后易脱落。油性皮肤者以年轻人居多。

3. 干性皮肤：表面干燥无光，分泌物少，毛孔细小，无弹性，易生皱纹。

4. 混合性皮肤：额、鼻、下巴等部位为油性皮肤，其他部分为干性皮肤。80% 的女性为这类皮肤。

5. 过敏性皮肤：对某种物质较为敏感，一经接触就会出现红肿、斑疹、痒痛等症状，不适合使用化妆品。

如何测定自己的皮肤类型呢？晚上洗脸后，不用任何化妆品，第二天早晨用软面纸在鼻翼两侧轻擦，油迹不多者为中性皮肤，过多者为油性皮肤，基本没有者为干性皮肤。皮肤的类型不是永远不变的，它将随着年龄的增长而改变，一般会逐渐由油性变为干性。

二、皮肤保养的一般方法

重视皮肤的保养是永葆青春、延缓衰老的重要措施。皮肤的保养是根本，而化妆则是一种锦上添花的手段。

1. 注意饮水

人们把细腻、健康、湿润、富有弹性视为皮肤美的四条标准。皮肤含有很高的水分，缺水就会使皮肤变得干燥，失去光泽，因此，每天要注意饮水。一般健康人每天至少要喝 8 杯白开水，以利于皮肤保持适当的水分。

2. 注意防晒

紫外线对皮肤的弹力纤维有明显的破坏作用，过度日晒会导致弹力纤维断裂，皮肤粗糙，甚至出现褐斑、雀斑，所以，夏天外出应戴帽子或打伞，防止阳光直射。

3. 饮食营养

要适当控制米、面等主食摄入量，多吃新鲜蔬菜、水果，少饮烈性酒和刺激性饮料，少吃煎、炒、炸食品。保证每天早、晚各饮一杯牛奶，会起到滋养皮肤和美容的效果，能增加皮肤的光泽。

4. 精神愉快

尽量保持愉快乐观的情绪，积极参加娱乐活动，建立良好的生活情趣。活泼开朗的性格是皮肤的“润滑剂”。情绪坏，催人老；情绪好，保年少。笑口常开，使人容光焕发，脸色红润，富有魅力和美感。

5. 适度运动

“生命在于运动”，皮肤也要靠运动来保持自己的活力。不运动，皮肤容易松弛。因此，选择适合自己的适度运动，可促进皮肤的血液循环，加速新鲜血液的补充，可以改善皮肤的红润度和健美的弹性度。

6. 保证睡眠

健美的皮肤不仅需要营养，还需要合理的休息。因为睡眠可以促进细胞的分裂，加强皮肤的血液循环，从而消除疲劳，使皮肤获得更多的氧，满足新陈代谢的需要。要注意保证睡眠，避免熬夜，提高睡眠质量。

7. 坚持护理皮肤

（1）清洁皮肤。皮肤和外界环境接触，不可避免要受到尘土、微生物的污染，再加上皮肤本身的新陈代谢，分泌皮脂，产生汗液和脱落的表皮，如果不经常清洁皮肤，会长粉刺，且易产生皱纹，加速皮肤老化。要坚持每天用洁面乳清洁皮肤，而且要注意回到家后立刻洁面，不要等到睡觉前再做。

（2）科学按摩。按摩是一种被动的皮肤运动的形式，它不仅可以改善皮肤血液循环，提高新陈代谢，增加细胞的活力，减少皱纹，还可以提高面部的肌肉弹性，防止皮肤松弛下坠。可以到美容院请美容师按摩，也可以自我按摩。基本方法是用指腹按照肌肉的纹理由内向外、由下向上进行螺旋按摩。每天早晚洗脸后，涂上按摩膏，认真按摩 5 分钟。

三、淡妆化妆方法

旅游中专学生处在最漂亮也是最爱漂亮的年龄阶段，轻妆淡抹、若隐若现的化妆，不但可以使人显得更漂亮，也是体现尊敬他人的必要礼节。参加活动、外出实习，要接触社会人士，要使自己漂亮、得体，办事效率变得更高，给人的印象是非常重要的。因此，掌握淡妆的化妆方法，提高化妆技巧，是十分必要的。

生活妆、学生妆、工作妆，都是化淡妆，彼此之间差异不大，故不再分开说明。

淡妆，要求明朗、端庄、浓淡适中、自然清雅，强调自然美。淡妆不需要浓妆艳抹，只是轻施脂粉，恰当地减弱和遮蔽面容上的缺陷，给面容增光添彩，看上去协调、舒服，使自己充满活力与信心，显得更加健美。

化淡妆的基本程序如下：

1. 洗脸：化妆前要彻底地将脸洗净。洗脸要用洁面膏或优质香皂，搓起泡沫来。用清水冲洗干净，擦干。

2. 拍化妆水：化妆水分两类，中性皮肤适合使用柔软性化妆水；油性皮肤适合使用收敛性化妆水。要用一块化妆棉蘸上化妆水，轻轻拍打整个脸部。

3. 涂乳液：化妆棉蘸上乳液，均匀地涂满脸部。以手背抚脸部轻拭，使乳液尽可能多地渗入皮肤，以脸部有油湿的感觉为宜。

4. 施美容霜与粉底霜：脸上有凹洞，或想稍微改变原来肤色者可使用。脸有黑斑、雀斑的女性可采用较深肉色的美容霜来掩盖；脸色黯黄者，可采用浅肉色美容霜，这样既可弥补缺点又不失自然。粉底霜要涂得薄、抹得匀。

5. 扑蜜粉：薄薄地拍上一层蜜粉以固定粉底，再用大号的美容工具刷把多余的粉末刷去。

6. 画眉：眉笔修成扁平状，沿着眉的生长方向画短笔，眉头重而宽，眉梢轻而窄，然后用眉刷使之均匀自然。

修剪眉毛时应注意自己的脸形。如果脸盘宽大，眉就不宜修（拔）得过细；五官纤细的人，也不适宜修得太浓密。

7. 涂眼影、画眼线：眼影有膏状和粉状之分，颜色有亮色和暗色之别。亮色使用效果突出、宽阔；暗色使用效果是凹陷、窄小。眼影颜色的亮暗搭配，应强调眼睛的主体感，涂眼影时，应使贴近睫毛的部位重些，两个眼角的部位也应重些。涂后用海绵头轻轻揉开。

画眼线时，使用眼线笔紧贴睫毛画，上眼线画得重些，下眼线切忌画得过粗过重。

8. 涂腮红：涂腮红能改变脸形，长脸横涂腮红，圆脸微量竖涂腮红，显得有生气。

腮红的正确涂法是擦在颧骨上，均匀有层次地擦，不要界线分明地涂，那样，看起来会很不舒服。

如果脸形较圆，可以自颧骨最高外侧竖下刷，不要向两边延伸。

如果脸形较方，宜从面颊中央开始刷腮红，经过颧骨至太阳穴的位置。

椭圆形是最美的脸形，可以从面颊两旁的颧骨往发际和离眼睛一个指头宽的地方斜刷。

9. 涂口红：涂口红时，应先用唇线笔勾出理想的唇形，唇线的颜色应略深于所用唇膏的颜色。画唇线时，从嘴角向中间勾画，勾完唇线再涂里面。

10. 定妆：化妆结束后，遇到环境的变化，如天气闷热、出汗等，都可能破坏所化的妆，所以对大多数人还需要一道工序——定妆。

定妆的方法是用粉扑从油脂分泌最多的鼻头扑起，从内向外，薄薄地扑上一层定妆粉。扑完以后，用柔软的刷子将多余的香粉拂掉。

干性皮肤和皮肤晒得较黑者，则不用扑定妆粉。

化妆后要全面检查，尽量不要显露修饰的痕迹。应该指出的是，生活淡妆要在自然光下化，以确保浓淡适度。

四、美容化妆应注意的问题

1. 化妆固然可以使容貌增添光彩，但是，无论是什么品牌的化妆品，都会对皮肤有一定的影响。建议开始化妆的年龄越晚越好，化妆的次数越少越好。

2. 化妆品的选择，不宜盲目追求高价，崇尚外国的品牌。应该根据自己的皮肤类型，慎重地选用，不能杂牌混用。最好使用同一系列的化妆品。

3. 要重视皮肤的护理，在保养皮肤上下工夫。培养对皮肤有益的生活卫生习惯，坚持定期做护理美容。注意观察自己的皮肤变化，及时调整饮食，保证良好的生活规律。

4. 加强化淡妆的技巧训练，提高化淡妆的水平。这是化妆很重要的方面。化淡妆的技能不仅要掌握，而且要在实践中不断地学习、实践、改进和提高。

5. 美容化妆还要注意礼节，使其文明与高雅。

（1）化妆的地点应该在盥洗室、洗手间、化妆室里进行。在公共场合、办公室、男性面前化妆均被视为是不礼貌的，既是对他人的妨碍，也是对自己的不尊重。

（2）参加较重要的活动和较隆重的仪式时，必须认真化妆，否则会被视为是失礼的。

（3）上班时，化妆过浓过重，也会被上司和同事认为不舒服、不礼貌。

（4）年轻人尽可能地不化妆或少化妆、化简妆，中老年人在交往中要适当化淡妆。反之，会被视为不礼貌。

（5）不可滥用他人的化妆品，不要借用他人的化妆品，不论是谁，不论是否急需，都不要借用他人的化妆品，这不仅不卫生，也不礼貌。

（6）外出旅游或参加活动时，不要化浓妆，否则在自然光下会显得不自然。

第二节　发　型

头发是构成仪表的重要部分，也可以说是一种自然装饰品。恰当的发型会使人容光焕发，充满朝气。选择发型不仅应该适合自己的脸形、身材、气质等，同时要适合自己的职业特点。一切妆饰的美感都在于和谐适度。除此之外，对头形、脸形有缺陷的人来说，可以利用头发制作各种发型，来弥补头形、脸形的不足，使其匀称美丽。

一、脸形与发型

人的脸形，一般有长方形、方形、椭圆形、菱形和三角形等；人的头形，有大、小、阔、扁之分；颈项则有长、短、粗、细之别。其间各有交叉，如头有大而扁、小而圆、长而尖；颈项有细而长、粗而短等。

椭圆形脸又称鹅蛋脸，与瓜子脸近似，轮廓匀称，是女性较完美的脸形。男性则以方脸形为较理想的脸形。女性的头形不宜过大，以小而圆润为好，颈项以稍细长而饱满为理想。发饰的作用，就是要通过梳理，使头发起掩盖、衬托、填补的作用，给人以近于完美的脸形、头形和颈项的感觉。因此，在梳理发型时，要结合本人的脸形、头形和颈项等特点，选择适当的发饰。如果片面追求某一局部的奇特变化，往往会失去平衡，给人以极不协调的感觉。

二、不同脸形的发型设计

（一）女士脸形与发型

1. 椭圆形脸的发型设计

这是东方女士的最佳脸形，俗称鹅蛋脸、瓜子脸。拥有这种脸形，在选择发型时就有较大自由度。如果抛开体型、年龄、发质等其他诸多因素，单就脸形而言，无论何种发型，都容易适合椭圆形脸。

在梳理头发的造型时，可以将椭圆形脸饱满漂亮的前额充分展示出来，使头发作为一种良好的陪衬，令人赏心悦目。

2. 圆形脸的发型设计

在设计发型时应增加整个头面部的长度而压抑宽度，也就是利用发型的轮廓与结构造型来重新制造一个椭圆形，这个椭圆形是由发型与脸形共同组成的。

盘束发和留短发对圆脸形较为合适。但都要使整个头部的上半部分显得丰隆，额前的头发应该高起来，两边的头发应服帖，努力地将头发向头顶部及后侧理顺，形成一个顶部饱满、两侧简洁的造型，塑造一个椭圆形的头面轮廓。这类发型，不仅适合年轻人，对于中年人也同样十分理想。

3. 方形脸的发型设计

方形脸的发型设计要点应以柔破刚、以圆破方。发型应该削去棱角，使脸形趋于圆润。

方形脸适合留波浪发型，以曲线的美掩盖方形的欠缺，达到椭圆形脸的效果，短发型要注意将顶部头发做成大的波浪起伏状，将方阔的额头用头发遮掩，使人丝毫感觉不到方形脸可能造成的硬朗感。用头发弯曲线条变化，增添柔和优雅的美感。

4. 长方形脸的发型设计

长方形脸的主要特点是有棱角、脸部线条偏硬。在设计发型时应加重脸形的横向。刘海儿一定不要向上梳，可以适当地用刘海儿掩盖前额。年轻的可留齐刘海儿。分头缝不可中分。如果头发卷曲，两侧的发角外翻，可以使脸形看上去丰满一些。

长方形脸不宜留与下颌齐平的直发，也不适合留齐平式童花头。

5. 菱形脸的发型设计

根据椭圆形脸的特征来进行比较，菱形脸要弥补的是额部，要减弱或遮盖的部位是颧骨。

菱形脸适合留蘑菇式发型，使两侧头发厚度大一些，用刘海儿掩住前额。

6. 三角形脸的发型设计

发型设计时尽可能增加额头两侧头发的厚度。采用侧分，使头发掩盖尖窄的额头，头发不要向后背。

倒三角形脸的发型应尽可能隐藏过宽的额头，增加脸下部的丰满度。

（二）男士脸形与发型

短发型适合快节奏的生活特点，又能体现青年人意气风发的精神面貌。一般地说，男士头发以 5~6 厘米长为好。

男士的发型选择要与脸形相配，脸长的不留太短的头发，下巴较方的人可以留些鬓发。

三、体型与发型

体型与发型虽没有直接的关系，但在设计发型时也要看本人的体型。

体型可分为高瘦型、矮小型、高大型、短胖型。

（一）女士体型与发型

1. 高瘦型

不宜留很短的发式或将头发高高盘于头上。可以留长发、直发或大波浪的卷发，或者是内层次的平妆式。

2. 矮小型

不宜留披肩长发。发型的设计应从增加高度来考虑。可剪成超短式，或将头发高盘于头顶，给人一种向上提的感觉。

3. 高大型

以短直发为好，也可使用大波浪的卷发，这样显得大方自然。

4. 短胖型

不宜留披肩发，头发也不可烫得过于蓬松。应留轻便的运动式或将头发盘起将脖子露出，以从视觉上增加一定的高度。

（二）男士体型与发型

男士的发型要适应体型，中等个头的人什么发型都合适。而高瘦的应该留分段式长发。短胖或瘦小的人应当剪短发。

男士发型又应与服装相配，若穿西装，则发型应该吹风定型，齐齐整整。

（三）在校学生的发型

应该简洁明快，适合学生的年龄特点，避免发型成人化，最好不要选择各种怪异的发型。

第三节　服　饰

俗话说“人配衣服马配鞍”，完美的形象，离不开得体的服装。

怎样的着装才算得体和谐呢？

首先，要依据自身的条件，如体型、肤色、年龄、身份等特点选择服装，择装时还要考虑服装本身的诸多因素以及搭配技巧，考虑不同的场合、不同的季节和时间的需要。当我们的服装能满足以上各方面的条件和要求时，就做到了“得体”，穿上这样的服装展示在人们的面前，才能够表现出和谐的美。

下面简单介绍有关服饰的基本知识。

一、着装的色彩

俗话说“先看颜色后看花”，颜色在服装中显得格外重要。着装色彩的适宜及色彩搭配的和谐能产生强烈的美感，给人留下深刻的印象。根据自身的特点，选择合适的服装色彩，并进行合理搭配，是美化着装的一个重要手段。

1. 色彩的视觉效果

色彩浓淡给人的感觉不同，浅淡的明色给人以轻快的感觉，深色、暗色使人感觉凝重、沉稳。应该根据场合的需要和自己的特点，去选择适合自己的服装色彩。

色彩能给人以扩张感或收缩感，暖色、明亮的颜色会造成扩张感；冷色、深暗的色彩会造成收缩感。体型较胖者，一般宜选用冷色类的服装为宜。

色彩能造成华丽感或质朴感。根据不同的场合需要，选择不同色彩的服装至关重要。

2. 服装色彩与肤色

服装色彩的选配，千万不要忽视一个关键的色，那就是人的肤色。中国人是黄种人，其中又有的偏白，有的偏黑、偏红。偏白皮肤的人对服装的色彩选择面较宽，色彩不论明暗、深浅都是可以的；肤色偏黑的人要避免穿颜色过于深暗的服装，选择一些色彩明亮鲜艳的服装，能收到意想不到的效果；皮肤偏红的人就不要选择那些鲜艳的大红大绿的服装。在选购服装面料色彩时，一定要在镜子前与自己的肤色比照一下，以确定是否合适。各种肤色的人穿白色的服装都较为适合。

3. 服装色彩的搭配

服装色彩的选择，既要考虑到身材、肤色等因素，也必须注意服装本身色彩的搭配和谐。“没有不美的颜色，只有不美的搭配。”可见搭配的重要。

（1）除了花色服装外，一身服装的颜色不能超过三色，包括上、下、内、外。

（2）多与安全色搭配。安全色是指黑色、白色、灰色，它们与任何颜色相配都比较安全。

（3）同类色搭配。使用同一色系，上深下浅，内深外浅。例如，可穿着深驼色、浅驼色、深米色、浅米色的套装或套裙，显得高雅。

（4）呼应的配色方法。上呼下应，里呼外应，如上身是白蓝条的衬衣，裙子是蓝色的；上身是黑红花的毛衣，裤子是黑色的。

（5）还要与自己的肤色相配。

色彩搭配合适，就会产生统一和谐的美感。

二、服装的款式需与体型相配

人的体型差异很大，而且往往难以十全十美。根据统计，中国女性中只有约 10% 的人体型较好，可见理想体型之难得。对于体型上存在不完美的问题，我们力求通过服装来解决。要正视自己，观察自己的体型有哪些不如意的地方，客观地找到体型的缺陷，根据体型的特点去选择、设计能够扬长避短、隐丑显美的服装款式。

体型较好的人，对服装款式选择的范围较大，着装时应该更多考虑服装与肤色、气质、身份、场合等的协调。

体型较胖的人最好选择上下一色的深色套装，裤子的长度应略长一些，衣裤不应过于紧窄。女士忌穿连衣裙，忌用单调的横条纹。

体型瘦的人，应尽量减少露在外面的部分，穿长袖衬衫、长裤、长袖立领的连衣裙都较合适。胸部较平的女士应在胸前做点缀，或打些褶。穿褶裙、喇叭裙也较合适。

体型瘦小的人，为了看上去高大些，应该选择简单而直线条的服装。如合身的外套或夹克、有条纹的裤子等。

腰粗的人应选肩部较宽的衣服，以产生肩宽腰细的效果，女士不宜穿腰间打褶的裙，不宜把衬衫扎进裙子或裤腰中。

颈长的人，适合穿领较高的服装。颈短的人可选择无领或低领的款式。通过领型的变化，遮盖颈过长或过短的缺陷。

服装的面料质地不同、花型不同，会造成大小、形象上的不同感觉。

粗呢、原毛料、宽条绒等，使胖人看上去更胖，增加笨重感；绸缎、化纤发亮的面料，使人看上去丰满，胖人不宜；较挺括的料子会使瘦人看上去较丰满；过于薄、透的面料，对于各种体型的人来说都不合适，不宜用来做服装。

大花型的面料有扩张的效果，小花型的面料有收缩感。使用花色面料可以适当掩盖体型不美的部分。

三、服装要与场合、身份相配

不同的场合、不同的身份，着装的要求不同，一般分为正统服装和便服。正统服装又可以分为礼服和上班服装。

1. 礼服

国际上许多隆重的场合都要求男士着质量上好的深色西服套装。我国较正式的场合，需要穿礼服的时候，男士一般着中山装或西服套装，配好领带；女士则着旗袍、套裙或单色连衣裙。服装要整洁，男士穿西装，内穿单色衬衫，衬衫下摆必须塞在裤子里边，系好袖扣和领扣，打领带。裤子的裤线应该挺直。

参加婚礼的服装应整齐、美观、大方。参加葬礼或吊唁活动时，男士和女士应该穿庄重的深色服装。晚礼服应该华贵典雅。

2. 上班服装

各单位情况不同，要求也不同。有的企业要求员工统一着装，以显示良好的企业形象。上班的服装庄重整齐是必需的，它表明了公职人员的责任感和可信任程度，也表现了对服务对象的尊重。穿新潮服装是不妥的，女士穿超短裙、健美裤，男士穿背心上班更不妥。

3. 便装

包括家常服装、运动便装。外出旅游，或参观游览，或休闲在家，着装可随便些，一般以宽松合适为宜，可以根据自己的爱好去选择，但是应该适度。太松垮或太暴露的服装都不妥。

4. 对不同身份的人着装的要求不同

学生的服装应适合自己的年龄、身份，以自然、质朴为原则，款式和线条要简洁流畅，如新款的校服、宽松的夹克衫等，合体的运动服、T恤衫、连衣裙等也都是较合适的。

四、饰物的使用

饰物是整个装扮的灵魂。适当的点缀，有画龙点睛之效。

饰物一般分为装饰饰物和生活饰物。装饰饰物包括首饰、发卡、胸针、丝巾等。生活饰物包括眼镜、围巾、领带、帽子、皮包、鞋袜等。

饰物选配得当，使人增添魅力，但若使用不当，则会影响服饰的整体美。

下面我们简单地介绍男士、女士常用的饰物。

1. 男士饰物

鞋袜：适合男士穿着的皮鞋应为黑色或其他深色。黑色皮鞋可以和各色的衣服相配，而且适合于各种场合。男士的正规鞋应该是黑色、系鞋带的。穿西装时配穿的袜子应该是黑色或其他深色的，高及脚胫，不能穿短袜或穿破或脏的袜子。若穿旅游鞋，一定要穿便服或是牛仔服，不宜穿西服。

手帕：男士应该备有手帕。男士的手帕分装饰用和普通用两种。装饰用的应插在西服上衣的上口袋里。普通用的则放在裤子的后兜里，用于擦汗、擦手等。

包：男士的手提包或是公文包上不宜带有饰物，且以深棕色或黑色为宜。

笔：职业男士最少应该携带一支钢笔，应插在西装上衣内侧口袋中。

其他：钥匙串不应挂在腰间，也不应放在兜里。男士不应该使用过多的饰物。

2. 女士饰物

鞋袜：女士的正规鞋应该是黑色的、船形的、半高跟的舞台鞋。鞋的颜色和款式越简单越单一越好。袜子的长短应该以使裙子的下摆掩盖袜子为好，最好是接近肤色的连裤袜。袜子破了的不能穿，掉了丝的不能穿，补了的也不能穿。夏天天热时可以光脚穿凉鞋。

围巾、帽子：女士的围巾及帽子应与服装协调。若是服装色彩单纯，或是色彩较为暗淡，应该用花色巾、帽；若服装本身很花哨，则应选择素色的巾帽。同时还要与体型相配，个子高的人巾帽宜大一些；身材纤细的人，巾帽宜小一些。长脸形的人不宜戴高帽和小帽；宽大脸形的人宜戴小檐高顶帽；尖下巴的人，帽子不应把额头遮住。

首饰：首饰的选配应当与场合、身材、脸形、服装、身份相协调。

戒指：一般戴在左手上，要遵照传统和习惯。已婚或已订婚者戴在无名指上，恋爱中的人戴在中指上，戴在食指上表示求爱，戴小指上表示独身。一般情况下，一只手只戴一枚戒指。

项链：颈项细长者可戴短项链、细白金链，颈项粗短者可选用长的项链，年龄大者戴珠宝、金属粗链子。

耳环：耳环要与脸形相辅相成。圆脸形用长耳坠较合适；长脸形可用宽耳环。上班族宜戴耳钉或不超过耳垂的耳环。

以上我们从几个方面谈了着装如何做到得体、和谐，通过了解服装搭配的知识，可以提高着装的品位，体现自己的个性，体现自己的风度。只要我们根据自己的气质、职业、风格、体型、肤色等特点，追求或端庄文雅，或活泼开朗，或洒脱大方的不同着装风格，那么在社会交往中就会给对方留下美好的印象，使自己仪表出众。